閱讀的方法

找到文明世界中，本該如此的我

羅振宇——著

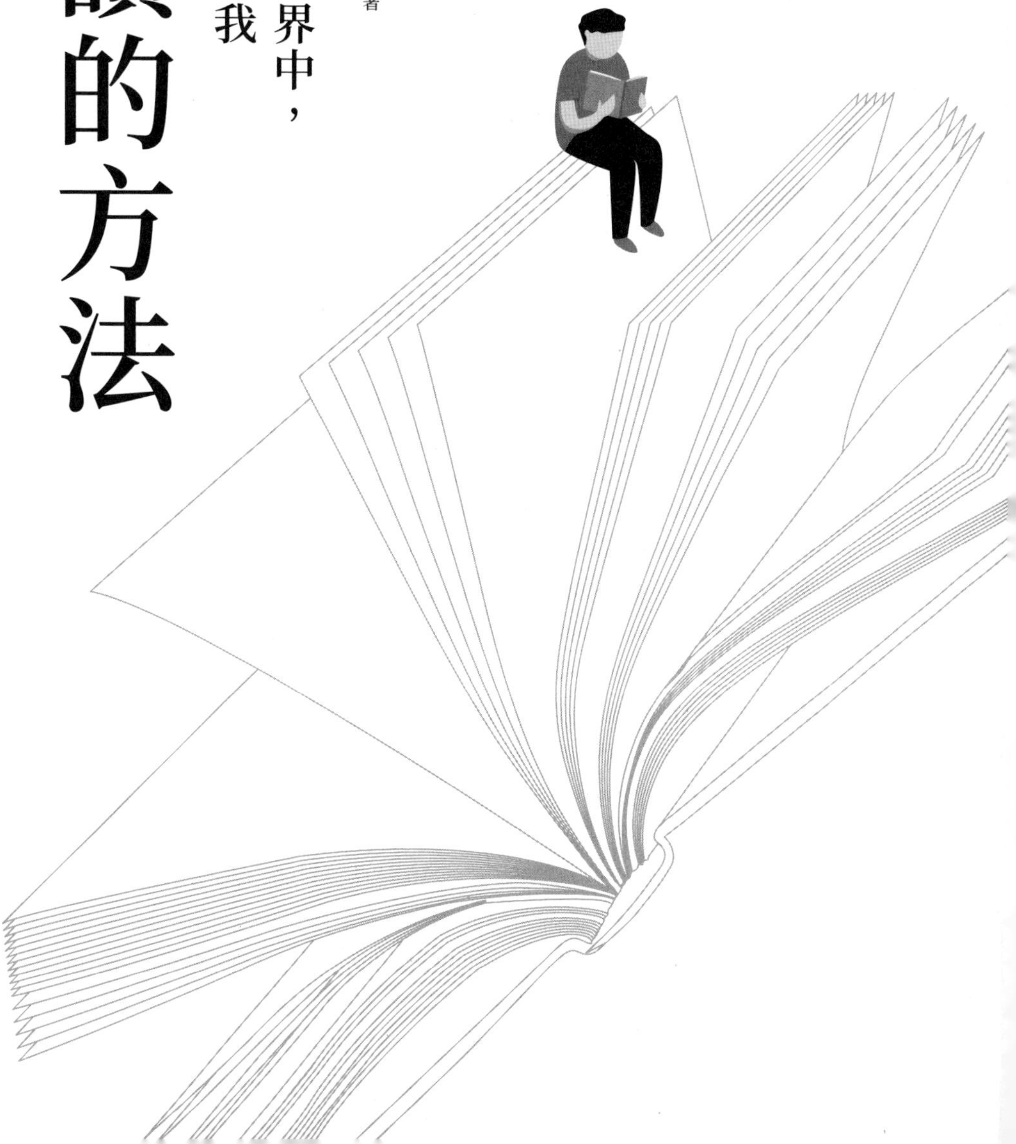

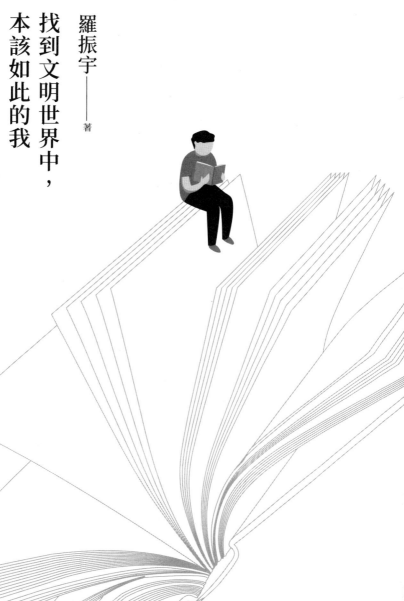

目次 CONTENTS

第二章　遙遠的地方

第三章 奇妙的創新

第四章 極致的體驗

※編註：本書提及之書名、作者名、文章摘錄皆以原書簡體版本呈現。
若內文提到的書目有繁體版，會以❶❷❸……以此類推做註記，書末附有繁體書目對照表，供對照閱讀。
註記爲①②③則是原書註解，可參閱書末的參考資料。

推薦序

閱讀，可以眞正走進你的生命

脫不花

親愛的朋友：

謝謝你翻開這本書。

這本書緣起於很多人第一次見羅胖（羅振宇）時必問的幾個問題：「你爲什麼能讀那麼多書？不累嗎？」「怎麼才能像你一樣讀那麼多書還不累呢？」好吧，答案就這麼來了。這本書能讓人愛上閱讀、輕鬆閱讀、海量閱讀，而且，不累。

爲保證你獲得最佳體驗，請你先閱讀這份《閱讀的方法》的閱讀方法。

第一，請你不要從頭到尾逐字閱讀。這本書適合像抽籤、拆盲盒一樣來讀。

在任何時候，隨手翻開任何一頁都可以做爲開始，也可以在任何一頁結束。把當天讀到的這些內容，做爲趣味思考題，和自己腦內激盪一下。用羅胖的話來說就是：在頭腦裡操練起來！其實，這也是這本書所要揭示關於閱讀的最大的祕密：任何一本書，都可以隨時翻開、隨時闔上。不必把讀書太當一回事，隨便翻翻、到處戳戳，就挺棒的。因爲這種平視書的視角，閱讀成了一件輕鬆愉快的事情，可以眞正走進你的生命。

這種隨便翻翻的態度，會耽誤一個人嚴肅、完整的閱讀經驗嗎？

「請妳轉告羅胖，我聽他介紹一本書，聽了二十多遍。」偶遇一位企業高階主管，他如是說。我問爲什麼，他說：「很早之前，無意間聽羅胖講曾國藩。我學工科的，對中國歷史了解得不深，聽著挺有趣。當時還買了他推薦的那本書，其實也沒看。但是過了兩年，我事業上遇到一個很大的變動。有一天，我腦子裡突然蹦出來羅胖講那本書時所用的主題：『成大事者不糾結』，我就把那集內容反覆地聽，還把當時買的那本書找出來讀，順著內容找了好多相關主題的書。直到我跨過那個檻。」在這位朋友的故事裡，我最喜歡「腦子裡突然蹦出來」這幾個字。

多麼奇妙，當下看來無用的資訊，其實是因爲它涉及你的盲區，你還不知道怎麼用，甚至都沒有意識到它已經嵌入了你的頭腦裡，但它在未來某個時刻可能就會「突然蹦出來」，跟別的資訊一起，幫你勾勒出一幅全新的圖景，而在這幅新圖景裡，自有你此前未曾抵達的遼闊之處。

還有什麼比遼闊更美好嗎？沒有了。

第二，請你不要把這本書讀「完」。

也就是不要把這本書收回到書架上，而要讓它保持「隨時可讀」的狀態。

你可以把這本書「扔」在床頭、茶几上、浴室洗手檯面上，甚至捲得亂七八糟塞在每天帶出門的帆布袋裡，唯獨不要恭恭敬敬地把它「供」在書架上。你可以躺著讀、趴著讀、蹺著腳讀，乃至蹺著腳還嗑著瓜子讀，唯獨不要正襟危坐地讀。

很多人太在意讀書的架勢了，也因此未能享受讀書的樂子。很多時候，這種樂子小得不能再小。

比如，只是爲了跟朋友吹個牛：「哎，你知道嗎，我昨天看了一個段子，柯林頓當時被彈劾、被全美國人罵，他爲啥沒崩潰？」

再比如，只是爲了給孩子講個道理：「哎，蘋果爲什麼是圓的？生薑爲什麼長得奇形怪狀？」

還可以更小：「原來把辦公桌底下的垃圾桶拿走，就能調節心情啊！」甚至可以小到只能意會：「啊，『無知之幕』這麼複雜的哲學概念，居然有人用一個過生日切蛋糕的例子就說明白了，舉重若輕，有趣有趣。」

別急，這幾個小樂子分別在本書的第四十七頁、第七十二頁、第一〇一頁和第五十二頁，一翻就有。

像這樣因爲閱讀而得來的大大小小的樂子，這本書爲你串聯了超過一百六十個，來自一百六十多部著作。是的，你可以從這一本書裡體會到一百六十多本書共同創造的高峰體驗。

哪怕一個人不好意思拿一個哲學概念去跟別人吹牛，哪怕他還做不到向別人轉述這個比方的精妙之處，哪怕他的工作好像用不到什麼哲學——都不妨礙他從閱讀中體會到巨大的樂趣。這種樂趣是和一個隔山望海的作者瞬間靈魂相通的樂趣，是頭腦裡的某個開關忽然被「喀噠」一聲按下的樂趣。

想體會一下佛祖拈花，迦葉微笑？只需要閉著眼翻開這本書的任何一頁，讀上五分鐘就行。

等地鐵時、臨睡前隨便讀點什麼，有什麼意義？對於這個世界來說，可能沒有任何意義，但它能讓你打從心底裡覺得：剛才這五分鐘，還滿不錯的。你對自己更滿意了，覺得自己很棒——這難道不是非常了不起的意義嗎？這個世界夠緊張了，放輕鬆點，請相信你對自己滿意的那五分鐘，就爲這個世界貢獻了五分鐘的平和、美好與喜悅。

第三，請你不僅要使用這本書，還要「使用」羅胖這個人。

羅胖說，爲了寫這本書，他準備了一輩子。這倒是實話。在我認識的人裡面，他讀書之多、之快、之雜、之生冷不忌，都堪稱冠軍。他人生的每個關鍵時刻幾乎都是用一本特定的書來錨定的。比如，他回憶自己的性別意識覺醒，是因爲冬夜讀《聊齋志異》；他想要成爲一名知識服務者的決心，則源自大學老師用湖北話講《楚辭》的某個瞬間。

我一度挺同情他的——除了讀書，沒有任何嗜好；特別是自從讀上電子書，連在書店裡「一擲千金」的快感也沒有了。有一次我問他：「你不喝酒，是不是挺遺憾的，永遠不能體會酒友之間的關係？」

他不以爲然地說：「能啊，就是『五花馬，千金裘』唄！」

還有一次，我遇到一個候選人，有點糾結，隨口跟他講：「這個人各方面條件都不錯，不過自己創業好幾年了，我不確定他能不能重新進入一個組織管理一個局部業務。」結果他扔給我

《槍炮、病菌與鋼鐵》的電子書連結：「妳看看這本書，先看爲什麼斑馬不能被馴化那段。」

你別說，是我格局小了。讀書做爲一種長期的腦力訓練，不僅有無窮樂趣，還會讓人獲得一種寶貴的能力，就是把不同事物之間隱祕的聯繫完全打通的能力。一個讀透了書的人，世界在他們眼中是一張遼闊的地圖，總有未知之地等待進發；一個讀透了書的人，無論在何種境遇中，都能「面對複雜，保持歡喜」，不糾結、不慌張，看得全、看得開。有如高手行棋，超脫於事物本身，跳脫出得失之外。

我不是在說羅胖，我是在說讀透了書之後的你。

在這本書裡，請不要把羅胖當成作者、老師，而要把他當成你的「導遊」。是的，經年累月，他就像一個敬業的導遊，站在一個叫「人類偉大精神寶庫」的景點大門口，高聲吆喝：「這位客人，這邊請！」此時你就要直接「使用」他：「我想體驗什麼什麼，來，給張路線圖吧！」

即刻啓程吧。祝你內心遼闊，且行且歌。

脫不花　於北京二〇二二年三月九日

（本文作者爲《溝通的方法》作者）

前言

爲了寫這本《閱讀的方法》，我其實準備了很多年。

但眞的到了下筆的時候，有朋友嚇唬我說：「你這書恐怕沒人看。」

「爲什麼？」

「你想啊，如果一個人連閱讀的方法都沒掌握，他怎麼能讀完這本《閱讀的方法》呢？」

這當然是個玩笑。但是我懂他背後的意思：閱讀眞的需要方法嗎？

這倒是一個非常嚴肅的問題。

說到底，求知是人的一種本能。大腦和身體一樣，都有飢渴的時候，都需要新鮮的養分，和滑雪、開車不同，閱讀不需要先有方法才能行動。我見過愛讀書的人都是從橫衝直撞開始，抓到什麼讀什麼，在興趣和問題中不斷衝浪，直到學業有成，也未必有什麼成型的讀書方法。

那閱讀眞的不需要方法了嗎？

據說有人問過《高效能人士的七個習慣》❶的作者史蒂芬·柯維一個問題：「如果我不愛我的老婆了，我該怎麼辦？」

柯維說：「那你就愛她吧。」

這人說：「老師，你沒聽明白，我問的是我不愛我的老婆了，該怎麼辦。」

柯維說：「不是我沒聽明白，而是你沒聽明白。我是說，如果你不愛她了，那你就去愛她吧。」

類似的話，我聽過好多次。我有一位朋友是個英語老師，有學生問他背單字有什麼好方法，他說：「就是你願意去背啊！」有人問自己的主管，怎麼樣才能開會不遲到，主管說：「就是你堅決不遲到啊！」還有人問，怎麼樣才能做到以誠待人。我在一部話劇的臺詞裡找到了答案：「沒有任何道路通向眞誠，眞誠本身就是道路。」①至今，這句話還貼在我辦公室的牆上。

很多事情都是這樣：行動本身就是方法。

這本《閱讀的方法》不想跟你講任何大道理，它只有一個目的：讓你願意拿起書來，開始讀。

• • •

閱讀的方法，本來有兩條路。

一條路，是對書負責，也就是教你如何高效率地把一本書喝乾榨淨。

如果你是要應對升學考試，或者是要學習某些專業知識，這類方法確實有用。市面上有很多講這類方法的書，中國古代也有很多這樣的實踐。比如明朝的張溥，讀一本書，先抄一遍，再高聲朗讀一遍，然後把抄的紙燒掉，再重新抄，重新朗讀，重新燒，這樣大約七八遍就可以背誦，這就是所謂「七焚讀書法」。

不過，我要提醒的是：這樣讀書，需要極強的目標感和極大的心力支撐。經歷過高考的人，都知道其中滋味。

我高考結束的那天，親眼見到一位同學把自己桌上的、抽屜裡的書整整齊齊地收拾好，拿到操場上一把火燒掉了。他說：「這輩子，我再也不碰書了。」我完全理解他那一刻的感受。後來這些年，我又遇到過很多有學位、有知識，但就是堅決不讀一本「無用」之書的人。有一次，我和一位學者聊起這個現象，他歎氣，說了一句很重的話：「厭學，是心靈的癌症。」

不管多有效的「讀書方法」，如果只顧對書負責，而不管人的感受，最終導致一個人厭學，那一定是得不償失的。

而你眼前這本《閱讀的方法》則相信另一條路：對自己負責。所有的方法，都是相對於目標而言的。這本書只有一個目標：讓你樂於閱讀。所以，與其說它是「閱讀的方法」，不如說它是「愛上閱讀的方法」。

愛上閱讀的方法說來也簡單，就是：一個段落不喜歡，就跳過去；一本書不喜歡，就換一本。就像一個闖進遊樂場的孩子，奔跑撒野，輾轉於個個項目之間，碰到不感興趣的，轉頭就走；遇到喜愛的，就玩個不亦樂乎，單純享受玩耍帶來的快樂。這個過程中，唯一需要護持的，只有心頭那一盞燈火：能持續覺察到閱讀帶來的樂趣，以及閱讀對自我心性的增進。

我知道，這種讀書的主張不太符合社會通行的觀念。

關於讀書，有很多聽起來很有道理的「清規戒律」：要讀經典、要讀原著、要逐字閱讀、要精讀、要結構化閱讀、要做筆記……說這些「要」的人，都是好意。他們把書看成了一座高聳入雲的山，把讀書看成了步步登高的朝聖，知其路途艱辛，所以生怕我們行差踏錯，誤入歧途。但你有沒有想過，書籍的世界，其實並不是一座山，而是一張網？山，需要費力地攀爬，而網，允許我們愉快地從一個節點跳到另外一個節點；山，有從低到高的次序，而網，處處相通，沒有前後高低之分，只要你願意，任何一條路都可抵達終點；山，只有一個頂點，而網，每一個節點都有變成樞紐的可能。

舉一個我自己的例子。上初中的時候，我家書架上有一本《演員的自我修養》❷。繁體字、豎排版，我看不懂，但是這書名讓我覺得演員這個職業很高級，所以報名參加了學校排練的話劇。因爲成了演員，我莫名其妙地找來了一本《悲劇心理學》，看了幾頁，沒意思便扔下了。但是透過這本書，我知道了作者朱光潛是我的安徽老鄉，所以又借了他寫的《西方美學史》❸來看。當然，還是看不懂又扔下。但我從中知道了幾位古希臘哲學家的名字，尤其覺得柏拉圖的「洞穴比喻」很有意思，於是將它寫進了一篇作文，受到了表揚。既然受到了表揚，我覺得自己也不好意思不學點哲學，於是就……這麼一路滑到了今天。

這段看上去都不能被稱為「閱讀」的閱讀經歷，既沒恆心，也沒有系統，既沒有循序漸進，也沒有切實的收穫，幾乎犯了所有讀書方法論的大忌。

但是那又怎樣呢？回頭來看，這個過程中的每一本書都沒有辜負我。它們從不逼我讀完，也從不問我要什麼心得，它們只是一站站地接力把我送到下一本書的面前。其中有很多知識的觸角，像一顆顆暫不發芽的種子一樣蟄伏著，在後來的日子裡偶爾鑽出地面。很多年之後，我才知道自己早已深受其惠。

對書負責的方法，常常把人當作一個空碗，等著書往裡面注入知識的甘露，要求人必須涓滴不漏地接受它、消化它。而對人負責的方法，更注重人的感受。它相信，人的心靈有無限擴展的可能性，只要一直保持讀的「意願」，總會由一個興趣催生出無數興趣，由一個問題帶來無數問題，無休無止、無窮無盡。

一個願意在書籍世界流連的閱讀者，他的任何行動都會觸發意外的相遇；遲早有一束微光會照亮他，讓他「突然淪陷」。他此後的一生，既能享受閱讀的快樂，又能得到閱讀的回報。閱讀將成為與他終身相伴的習慣。

• • •

被興趣引導的閱讀生活，是什麼樣的？

我自己從事知識服務行業，日常工作寫稿，要看很多書。我每天都會閱讀的是電子書，而且是在一個三十四英寸的電子閱讀器上看電子書。爲什麼用這麼大的螢幕？因爲一個畫面鋪滿三千字，我可以將一眼看過去捕捉到的資訊最大化。一本十萬字的書，按三十幾下鍵盤就瀏覽完了。所以，我日常瀏覽書的速度非常快，一天至少兩本。你可能會說，這樣生吞活剝，也就是翻翻而已，這不是鬧著玩嗎？你說得對，確實是翻翻而已，也確實是玩，我可以沒有任何負擔地找自己喜歡的書。但這麼「玩」的人其實挺多的。

比如，傳播學家馬素．麥克魯漢，西方世界公認的博學大神。他說自己買書，進到書店，拿起一本，直接翻到第六十九頁，這一頁寫得好他就買，寫得不好就放棄。

麥克魯漢還有一種「玩法」就更駭人聽聞了——翻開書，唯讀右半邊。這樣讀下來，速度快了一倍，但是資訊丟失不會超過一〇％，所以還是很划算。②這是高人手段，我承認自己做不到。但麥克魯漢還是給了我們一個重要的啓發：讀書如交友。

一個萍水相逢的人，我們沒有必要把他從頭看到腳；只憑第一印象，甚至只憑心情，就可以決定要不要和他深交。稍一接觸，發現他在人品上有瑕疵，就可以果斷放棄與他的交往。反過來，即使和一個人沒有深交，也不妨礙我們從他那裡獲取幫助，或者與其建立合作。這都是交朋友的常態。爲什麼讀書就不能這麼做呢？

我每天快速瀏覽電子書，就相當於參加各種社交活動，見形形色色的人。過程中當然會碰到值得細讀的書，那就標記一下，買一本紙質書放到書架上。

如果正好有問題要請教它，那我就讀起來，覺得不錯，還會做一些摘錄和筆記。每年我這樣精讀的書，至少有十本。但這都是因爲水到渠成的緣分，而不是因爲任何壓力。就像跟一個朋友，交情到了必須深聊一次才行的地步，那就乘興而去，興盡而返啊！紙質書讀完，如果覺得價值很高，我通常會再買幾本送人。就像遇到一個有價値的新朋友，我會把他介紹進已有的朋友圈子。

世上有無數的書，世上也有無數的人。用擇友而交的方法擇書而讀，有何不可？

・・・

當然，聽我說到這，你可能會覺得壓力好大：爲了讀到一本好書，花的時間也太多了吧？前面說了：不要低估人的心靈。這裡我要再補充一句：也不要低估書的魅力。

一個文明想要存續，就必須像一個強悍的物種那樣，有能力避開進化剪刀，把自己的基因傳遞下去。知識就是文明的基因，書籍則是基因的載體。每一個寫書的人，都要力爭把書寫得好看、易懂，讓我們讀者能夠愉快地接受。這是文明賦予他的責任。有的書寫得不好看但又很重要，怎麼辦？放心，自有人會去做形形色色的解釋、普及和轉述的工作，接力完成傳遞文明的使命。

書籍世界其實不是什麼莊嚴的藏寶聖山，而是一處繁華的鬧市。個個店鋪的主人都在挖空心思吸引我們進去、逗留、成交，所以，我們讀者在這鬧市上走來走去，哪怕目光游移、心不在焉也無妨。在逛街的時候，吸引我們注意、攔住我們腳步的責任，難道不是商家的嗎？讀書人已經來了此地，還逗留了足夠多的時間，居然空手而回——一個有自尊心的商家絕不會允許這樣的事情發生，更何況是一個流傳了數千年的強大文明呢？

都說書籍是人類精神的結晶，對它的價值和魅力，我們也要有基本的信心。「開卷有益」不是一句空話，那是一個文明對其傳承者的基本承諾。只要保持興趣的火苗不滅，愛上閱讀這件事就必然會發生。

這種讀書方法，中國古代早就有人嘗試過。誰？陶淵明。

陶淵明說自己「好讀書，不求甚解」。這句話其實一直沒有被眞正認可，「不求甚解」四個字成了貶義詞。但是別忘了，陶淵明緊接著還說了一句話：「每有會意，便欣然忘食。」每當對書中內容有所領會的時候，就會高興得連飯也忘了吃。精彩的文明從來不會讓我們失望。只要「好讀書」，即使「不求甚解」，也終會有「欣然忘食」的極樂一刻。

• • •

「愛上閱讀的方法」其實很簡單：因爲興趣，所以行動。那就不妨再追問一層：我們爲什麼要讀書？

一種回答是：書那麼厲害，你憑什麼不讀？所謂「萬般皆下品，惟有讀書高」，本質上說的就是這個意思。但事實上，讀書只是我們提升心智的方式之一，並不高人一等。人類歷史上，有大量傑出人物是不讀書的。劉邦不讀書，禪宗六祖慧能幾乎不識字，蘇格拉底甚至反對寫書，我還見過很多不讀書但深明事理的人，不讀書不妨礙他們做出貢獻，成就自己。

另一種回答則是：讀書可以換取利益啊。最典型的就是相傳由宋眞宗寫的那篇《勸學詩》：「富家不用買良田，書中自有千鍾粟；安房不用架高粱，書中自有黃金屋；娶妻莫恨無良媒，書中有女顏如玉；出門莫恨無隨從，書中車馬多如簇。男兒欲遂平生志，六經勤向窗前讀。」③這就是赤裸裸的利誘了。

上面兩種回答，一種是威逼，一種是利誘。它們都能為我們提供閱讀的動力，但這種動力很難持久。

那閱讀的動力還能從哪裡獲得呢？在阿蘭·德波頓的《藝術的慰藉》❹裡，我看到了一個有趣的視角。德波頓在這本書第一頁就誇下海口，說他要解決一個大問題：藝術有什麼用？

藝術能有什麼用呢？這麼問好像就已經唐突了藝術。那麼多藝術家都愛說：為了藝術而藝術，但他說，藝術不僅有用，還要把藝術視為工具。

德波頓的論證是：做為人類，我們有很多想做的事情，但由於我們身體構造上的不足，必須借助工具。我們需要切割，但缺乏這樣的能力，所以必須發明刀子；我們遠行時需要攜帶水，但缺乏這樣的能力，所以必須發明瓶子。

不僅身體，人類的心智也有不足，也需要用工具來彌補。比如，人的記憶力有限，必須借助繪畫幫我們留住最美好的瞬間；再比如，人的思維經常失之瑣碎，必須借助雄偉的建築物讓自己感受到莊嚴。所以，藝術和其他工具一樣，都是用來彌補不足的，好讓我們成爲更健全的人。

這個角度很開腦洞。

通常，我們都把現在這個「我」看成行動的主體，世間的一切不過是「我」達成目標的工具。在這個意義上，讀書是爲了對外獲取資源，把現在這個「我」養得更強大。

但是按照德波頓的視角，現在這個「我」，距離那個本該如此的、最終完成的「我」，還有很長的一段路要走。我們這一生的努力，不過就是奮力前行，爬到終點，揭開那張命運的底牌看看：「我」本來應該是什麼樣子？

這個視角也可以用來回答：爲什麼我們要閱讀？

因爲我們生在文明之中，文明對我們有一個承諾：一個更好的、心智更健全的、認知更完善的未來之「我」正在前方等待著。那是「我」應得的、本該如此的、命中註定的。透過各種路徑，「我」一定有辦法抵達它。閱讀只不過是其中最便宜、最易得、最豐富的一條路。我必須承認，這個角度對我很有說服力。仔細揣摩愛讀書的人的內心，你會發現這是很多人愛上閱讀的理由：在人世間走這一遭，如果不能知道自己本來應該成爲什麼樣子，哪能甘心？

• • •

擺在你面前的這本《閱讀的方法》，看起來還是滿厚的。所以，我設計了一個「隨機漫步」的結構，來減輕你的壓力：一共二十四篇內容，每一篇你都可以在二十分鐘之內讀完，每一篇都呈現了書籍造福我們的一種方式。你可以隨便挑選其中一菸去讀，如果覺得興致未減，也可以隨意跳躍到其他章節。整本書，你既可以一次讀完，也可以隨時再次光臨。

我期待這樣的結構設計能充分展現對你的尊重。一本好書應該像一位溫潤的戀人，你若不找他，他就不煩你；你若去找他，他也有豐富的內在可供探尋。

二十四篇內容，我把它們分成了四個章節。

第一章，「強勁的大腦」——你會看到一代代寫書的人，把人類文明的精華雕琢成一顆顆璀璨的寶石，等著你去發現。當你和它們相遇，「推理」「轉念」「抽象」「凝結」「俯瞰」「選擇」這六個章節的內容便會成爲你的工具，幫助你提升思維，去把握這複雜世界的底層邏輯。

第二章，「遙遠的地方」——遠方的景色總能滌蕩我們的心靈，讓我們從日常生活的瑣碎中抽離出來，感受大自然的美妙。讀書，也是我們看見遠方的一種方式。「風物」「棋局」

「窺視」「他顧」「意義」「行動」六篇，將會向你展示「紙上臥遊」能看到的六種風景，讓你感受到生活在別處的樂趣。

第三章，「奇妙的創新」——做爲喜新厭舊的動物，我們常因創新而感到興奮。那麼多寫書人探索出來的六種創新方式：「結網」「建構」「怪談」「設定」「遷移」「追光」，也許能啓發你在自己的領域裡做出改變。

第四章，「極致的體驗」——影像時代，我們總是小看文字的力量。但如果翻開書，你會發現裡面有很多古已有之的體驗，比如「情感」「趣味」「快意」「苦痛」「角色」「文心」。你在書裡獲得的，絲毫不比透過其他媒介獲得的差，甚至別有一番獨特的滋味，讓你細細品味。

這四個章節從「內」「外」「新」「舊」四個方向帶領你探索如何成爲更好的自己。至於二十四篇內文，則是在探索過程中發生的二十四個「心靈事件」。

相信我。每一章的道路上，你都會有奇遇。

• • •

這本書還有一個獨特的設計，我稱之爲「小書展」。

在正文中，我穿插了很多其他書裡的有趣片段。它們跟主線之間的關係是若即若離的。它們被擺在那裡，就像是博物館裡被擺放在參觀動線上的展品。你一邊行走，一邊左顧右盼，就可以看到這些景致。

之所以這麼做，是爲了治癒我們對書的一種偏見。面對一本書的時候，我們經常本能地問：這本書是講什麼的？這本書的核心觀點是什麼？

很多優秀的書，我們是沒有辦法這麼問的。它們的魅力在片段、在細節，在你用目光撫摸它們的過程。所以，如果某個片段打動了你，你突然動了要去找原書看看的念頭，請立即扔下這本書，去回應那個召喚。

要說明的是：因爲篇幅的關係，我把每段「小書展」的篇幅都盡力控制在了四百字以內。因此，有些段落會有刪節的情況。不過請放心，原字原詞都沒有改動，意思也沒有變化，只是更精簡了。

• • •

一本好書應該什麼樣？

我曾經設想過一個場景：一個父親送孩子去上大學。孩子的行李箱已經滿了，但他最後還想放一本書進去。既不想增加孩子的負擔，又生怕孩子會錯過一段精神之旅，那他會選擇哪一本？

我曾經拿這個問題問過很多朋友。即使是平時經常推薦書的人，面對這個問題也會顯得慎之又慎。你看，一本值得推薦的好書至少應該有三個特點：自己覺得好、對他人有用、不是負擔。

十幾年後，我的兩個女兒就要上大學了。

我會一直反覆思量這本《閱讀的方法》，並把它親手放到女兒們的行李箱裡。

第一章

強勁的大腦

我有一個夢想，終有一天，我將擁有強勁的大腦。紛繁複雜的世界，在我雙耳之間澄明有序。

我能否練就推理能力，把握思辨世界的隱藏脈絡？

我能否學會轉念思考，在不同思維模型之間自如切換？

我能否在概念的抽象樓宇中拾級而上，向更高等的文明進發？

我能否按下象徵的快速鍵，把文化裡凝結的詩意一鍵還原？

我能否獲得俯瞰視角，看清世間的大走勢、大格局和大模型？

我能否理解選擇的無限可能性，賦予自己走向終點的勇氣？

1 推理：文字的邏輯舞蹈

「我的語言的界限，意味著我的世界的界限。」——（奧）維根斯坦

在武俠小說中，經常能看到這樣的橋段：一位身負大仇的青年，無意中跌落深谷，遇到一位世外高人，從此拜他爲師，歷經幾番寒暑，練得一身武功。出世之後，大殺四方，恩仇得報。

那麼在眞實世界中，也有這樣與世隔絕的練功場嗎？有的。這個地方，就是我們的大腦，而這門絕世武功，就叫「推理」。

最典型的「推理」，當屬數學。從最簡單的「A比B高，B比C高，由此推算出A比C高」，到最高級的數學前沿理論，數學因爲嚴密的運算體系、邏輯推論，成爲無數優秀大腦青睞的一項技藝。

馬克思往往將學習和研究數學看作是一種休閒放鬆的方式。當他工作繁忙的時候，往往忙裡偷閒，去學習和研究數學。一八六五年五月二十日，馬克思在致恩格斯的信中說：「在工作之餘——當然不能老是寫作——我就搞搞微分學 $\frac{dx}{dy}$。」

——袁雷、張雲飛《馬克思傳：人間的普羅米修斯》

在享受難題被解開、公式被證明的樂趣的同時，他們的思維能力也得到了大幅提升。而一旦具備了這樣的思維能力，人就會像武功高手一樣，對問題有極強的破解力。

舉個例子。有一次吳軍老師參加一個關於「一帶一路」的座談會，有主管問：「吳教授，咱們關起門來講，中國輸出了那麼多資本，最後錢能回來嗎？」

吳軍老師的回答是：「掙得回來、掙不回來，我不知道，因爲這裡面牽扯太多的因素。但是資本輸出和幫助其他國家富裕這兩件事都必須做。我可以從數學上證明這兩件事的必要性。」①

數學能證明投資的必要性？聽起來很怪。吳軍老師繼續講：

「今天（以二〇一八年為準），中國人均GDP已經達到了世界的平均水準，總體經濟體量已經居世界第二，占全世界經濟總量的十八％。那麼中國還能不能維持過去的增長速度呢？從數學上講，根本做不到。

我們就假定中國經濟能夠按照每年六．二％的速度增長，再過四十年，中國GDP大約能增長十倍。而中國以外的其他國家和地區的經濟增長速度只有二．三四％左右，那時中國的GDP大約能占到全世界的五〇％。這時候矛盾就出現了。那時，全世界都沒有足夠的財富買得起中國不斷製造的產品和不斷提供的服務。這時只有兩個辦法，一個是提高世界其他地區的購買力和經濟增長，另一個是讓中國經濟增長降到世界的平均水準。

後者顯然不是我們想要的。於是借錢給其他國家購買中國的產品和服務，同時發展自身經濟，就是中國不得不做的事情了。

至於投資和貸款能否拿得回來，那要看具體情況了，這就不是數學問題了。學習數學最有價值的地方是，接受一種邏輯訓練，形成理性思維的習慣，在生活中善於找出矛盾、發現問題，然後用邏輯的方法找到答案並採取行動。

——吳軍《吳軍數學通識講義》❶

但數學的世界裡，畢竟只有數字與公式，太骨感了。要鍛鍊我們的大腦，有沒有更豐富、更有趣的方法？

當然有。

文學也是數學嗎？

有一種文學叫推理小說，同樣能對我們的邏輯推演能力進行鍛造。

典型的推理小說有兩類，都能給我們推演的快感，但是效果不一樣。看《福爾摩斯探案集》的時候，我們是跟隨情節的展開，不斷往陌生地帶前進與發現。從案發現場的腳印推斷兇手的身高和衣著，以來客袖口的磨損程度判斷他的職業，憑對方褲腳上的紅土指認他到過某個去處，由一個線索牽扯出新的線索。

這當然很過癮，我們也會對主角極強的觀察力和歸因能力佩服至極。但與之相比，我更喜歡另一類推理小說——以阿加莎．克里斯蒂爲代表人物的「本格推理」。

在這類小說裡，沒有陌生地帶，所有線索和嫌疑人都被擺在檯面上，只要你能找出文中隱含的證據，就能準確地找出眞凶。但阿加莎厲害的地方在於，即便告訴你所有的事情，你還是猜不到眞凶是誰。

推理作家呼延雲說他看阿加莎的書有一個習慣，「在最後揭露兇手的時候，拿紙蓋住它，抱著小心翼翼的心情，一點一點往下看。我想這麼多的人物我都看過了，總能猜出來吧，但卻總是猜不對」②。

我也一樣。每次，我在揭發眞凶的時刻都是又興奮，又懊惱，就像是偷看了一道做不出來的數學題的答案。我會向這樣的時刻脫帽致敬。

雖然阿加莎的名作《尼羅河上的慘案》❷《東方快車謀殺案》也被拍成了電影，但是只有讀她的小說，我們才能眞正體會到那種絲絲入扣般推演的精妙，層層剝繭般解謎的樂趣。

當然，本格推理小說的情節在現實社會中幾乎絕無可能發生。它的前提設定往往非常荒謬。但是別跟這種荒謬感認眞，就像吳軍老師說數學：「我們在生活中，有時不得不面對非常複雜的問題，裡面有很多噪音難以一一濾出，這時就需要掌握一種工具讓我們能夠不受噪音影響做出正確的判斷。而數學常常是我們可以信賴的工具。」③好的本格推理小說就是文字組成的數學，用簡單的設定，把我們和現實世界的噪音隔開。它對我們大喊一聲：「好吧，閒人已經退避，讓我們自己在腦子裡操練起來！」

學術也可以破案嗎？

在研究《紅樓夢》的學術流派中，有一派叫「索隱派」。這一派的名聲其實不太好。因爲他們常常穿鑿附會，用各種近似猜字謎的手法來推想作者的原意。其中有太多獨斷無法證僞，也沒有邏輯推理的過程，甚至是胡鬧。

舉兩個例子：

說作者寫《紅樓夢》有反清復明的政治意圖。爲什麼呢？因爲賈寶玉說過：「女兒是水做的骨肉，男人是泥做的骨肉」。「漢」字是水字旁，所以曹雪芹在肯定漢人；而滿人又稱「達達」人，你看這個「達」字，起筆是個「土」啊，所以曹雪芹是在貶低滿人。④

說作者寫《紅樓夢》是在懷念明朝。爲什麼呢？因爲賈寶玉喜歡紅色。紅色不就是「朱」色嗎？想想，「朱」是誰家的姓？明朝皇帝的姓嘛。破案了。

我看到這些段落時，經常哈哈大笑。不是嘲笑，是眞心的佩服，「虧他想得出來」。

雖然這不是推理，但還是給了我做數學題的快感：這裡捅捅，那邊戳戳，突然通了，世界忽然間變成了井井有條的樣子，好玩，至於它是不是眞相，不重要。

更好的「推理派」紅學，是我見過的一本奇書——陳大康先生寫的《榮國府的經濟帳》。

這本書裡提到了一個我從沒有想過的問題：林黛玉進賈府，到底是一個孤苦伶仃的窮親戚寄人籬下，還是一位富家小姐帶了一大筆錢找了個臨時監護人？說白了：林黛玉到底有錢沒錢？這個問題，《紅樓夢》裡是沒有明確說過的。那就看陳大康先生的手段了。他是這麼論證的：

一、賈府和林家聯姻，必然門當戶對。

二、林黛玉的父親林如海，做過蘭臺寺大夫，相當於今天的國家圖書館館長，有學問。但別忘了，他後面當上了巡鹽御史啊。從「極雅」換到「極俗」的工作，當然可以快速積累財富。

三、曹雪芹的祖父曹寅以及與曹家關係密切的李煦曾當過巡鹽御史，他當然知道巡鹽御史能有多少錢。

四、林如海臨死的時候，賈母派賈璉去了一趟。自然有幫著料理後事的意思，也肩負著接收林家家產的使命。賈璉帶黛玉從蘇州回北京，走大運河，一個月足夠。但是書中交代，這一趟花了四個月。可以推想，他是在清點、接收林家家產。

五、「林家實沒了人口，縱有也是極遠的」，這是《紅樓夢》留下的線索。既然家裡沒人了，林如海的遺產不給黛玉，還能給誰呢？

六、黛玉進賈府之後，有一次王熙鳳拿她和賈寶玉開玩笑：「妳給我們家作了媳婦，少什麼？」指寶玉道：「你瞧瞧，人物兒、門第配不上，根基配不上，家私配不上？哪一點還玷辱了誰呢？」賈寶玉當然是有「家私」的。既然配得上，那黛玉也有家私，而且規模應該差不多。

七、賈府裡所有人，包括賈寶玉和其他寄居的親戚，每個月的「月錢」都是由王熙鳳來發。唯獨林黛玉的月錢，是賈母按時送來。可以推想，林家流入賈府的錢財，歸賈母保管，用在林黛玉身上的那部分，有點「專款專用」的意思。

八、書裡反覆交代，賈府已經沒落了，入不敷出。可是後來突然有錢造了一座大觀園。你猜猜看，這一大筆錢是從哪裡來的？

《榮國府的經濟帳》對這個問題的推理，比我這裡寫的寥寥幾筆細緻多了。論證過程絲絲入扣，看得我簡直要手舞足蹈。一章讀完，我長舒一口氣，感覺徹底破案了。但是轉念一想：這不就是個小說嗎？曹雪芹也不能活過來鼓掌：「這就是我想說的。恭喜你，答對了。」在一個虛構的情境裡，就用原來的磚石草木，繼續起造樓臺，居然也燦然可觀，佩服啊，佩服。

這只是一個文字推理遊戲嗎？不，這番功夫，是可以當眞拿來破案的。

《紅樓夢》研究史上有一個大案：前八十回，後四十回，是不是同一個作者寫的？

陳大康先生大學時代是數學系的學生。二十世紀八〇年代，他把七十二萬餘字的《紅樓夢》前前後後查檢了上百遍，獲得了約兩萬個資料。一番推演之後，破案了，而且是鐵證如山。

經過一遍又一遍的點數，我對作品的語言風格也越來越熟悉，這時有些念頭會突然在腦海中閃過，提醒自己應作深究。這些念頭怎麼會冒出來的，我至今沒弄明白，也許是點數點得多了，自然產生了語感的緣故。

譬如對「索性」這個意思的表達，我突然感到前八十回是用「越性」這個詞，只有後四十回才用「索性」。又如前八十回喜歡用「越發」一詞，但在後四十回裡，同樣意思的表達卻是用「更加」一詞；前八十回一般用「才剛」一詞，而後四十回裡卻是用「剛才」。在前八十回裡，就連尊貴的王夫人或清雅的林黛玉也難免有時要說個「屁」字。後四十回的作者似乎很不屑於使用「髒」字，在那二十多萬字裡只出現過兩次。

諸如此類的用詞差異發現了二十七種，而對每次的發現都需要將《紅樓夢》查閱一遍以證實。

花費了一年多的時間，最後的結論是：作品前八十回的語言風格完全一致，確為一人所寫。後四十回的語言風格有明顯差異，應非出自曹雪芹之手。

在第八十一回到第一百回之間，當含有少量的曹雪芹的殘稿。不過運用數理語言學做統計分析，只能指出殘稿的所在區間，卻無法確定究竟哪些內容屬於殘稿。

——陳大康《榮國府的經濟帳》

歷史學也是推理遊戲嗎？

同樣的事情也出現在歷史學裡。

歷史學的使命是發現歷史眞相？不盡然。很多時候，歷史學也只是在玩推理遊戲。一堆殘磚碎瓦，用邏輯論證拼來拼去，最後畫出一張依稀可辨的圖，這本身就是歷史學的趣味。正如朱利安·巴恩斯說的：「不可靠的記憶與不充分的材料相遇所產生的確定性就是歷史。」⑤

再介紹一本奇書：李開元的《秦謎》。❸

這本書向我們拋出了一個懸案：秦始皇有皇后嗎？

歷史中完全沒有記載。但是別忘了，秦始皇可是有二十多個子女哦。那麼問題來了：秦始皇的皇后是誰？爲什麼秦始皇的後宮被人刻意地從歷史中刪除了？

請看李開元的論證過程：

一、根據繼承了秦國制度的漢朝初年的情況來看，秦始皇應有正夫人一人，側室多人。結不結婚，對帝王來說，不是個人意願問題，而是制度問題。

二、按照秦國制度，二十二歲行「冠禮」，就是成人禮，然後馬上就該結婚。所以，秦始皇結婚應該在二十三歲。

三、秦王的婚姻，多由太后決定。一般而言，太后爲秦王選定的王后，往往是自己的娘家人，也就是自己出生國的人。

四、嬴政即位時，太后有三位。但是等他到了結婚年齡時，能做主的只有華陽太后。華陽太后是楚國人，她爲孫子嬴政選定的王后，應當就是楚國人。

五、歷史上，秦楚聯姻是慣例。

六、秦始皇的長子扶蘇，是他的繼承人，應該就是皇后的兒子。但是，秦始皇一直在楚國系外戚的「包圍圈」裡，與他們有道不盡的恩怨，因此有強烈的戒備心。有理由相信：他擔心楚皇后的長子扶蘇即位後，政權再一次落到楚系外戚的手中。

七、秦始皇發起過「焚書」，把六國的史書全燒了，秦國的沒有燒。但既然焚書的火已經點燃了，他何妨順手把自己後宮的紀錄做個「刪除」呢？

那麼問題來了：秦始皇有一位楚國的皇后，這是事實嗎？

不知道。但是這個推理過程中的樂趣，我們是感受到了。妙哉，你如果願意讀很正式的學術書籍，也一樣能體會到這種推理的樂趣。趙鼎新老師的《東周戰爭與儒法國家的誕生》，用現代資料分析的方式，來推算古代一個國家的戰爭能力，很開腦洞。

我們知道，一個國家在一定時間內主動攻擊他國的次數越多，該國家的總體實力就可能越強大。以此做為指標，在整個春秋時期，楚國主動發起的戰爭有一百一十一次，而晉國主動發動的戰爭僅有九十次。更次者，在同一時期，齊國主動發起的戰爭有七十次，秦國僅四十四次。這些國家的軍事實力由此亦可分其軒輊高下。此外，由於當時軍事的後勤運輸能力極其有限，因此春秋初期的大多數軍事爭端均發生在鄰國之間。從這個角度來說，主動發動戰爭一方軍隊的平均進軍距離可以體現該國實力之強弱。

齊國軍隊的進軍能力在齊桓公死後不久便從頂峰時的約五百公里下降到三百公里左右，秦國軍隊的進軍能力因在進軍中原途中，受到晉國的阻擋而在整個春秋期間始終保持在三百多公里。晉國軍隊的平均進軍能力明顯高於齊桓公死後的齊國，略高於秦國，但基本穩定在三、四百公里之間。相比較而言，楚國在西元前六百五十年以後的軍隊進軍能力基本保持在四百至六百公里之間，大大高於其他三個大國。

——趙鼎新《東周戰爭與儒法國家的誕生》

你看，求知的樂趣，不僅是探索未知，更是在已知地帶再造乾坤。在絕大部分場景下，這個世界都是在和我們「打明牌」：把所有線索都攤在桌面上，就看你有沒有本事找到獨特的路徑，把它們串聯起來。

這種本事，可以在閱讀世界中反覆練習。我們每一次沉潛其中，都會神遊妙趣。而回到現實世界的時候，我們又會變得更厲害一點點。

話說孫悟空學成下山，師傅菩提祖師道：「你這去，定生不良。憑你怎麼惹禍行凶，卻不許說是我的徒弟。」⑥

好的，我們不說。我們不告訴任何人，是在哪裡練就了如此功力。

書單

你會在這些書中體會到推理的樂趣：

《大偵探波洛探案全集（套裝共39冊）》❹
（英）阿加莎．克里斯蒂，張樂敏等譯，新星出版社二〇一九年版。

《猶大之窗》❺
（美）約翰．狄克森．卡爾，蔡妙譯，新星出版社二〇一九年版。

《玫瑰的名字》❻
（義）翁貝托．埃科，沈萼梅、劉錫榮等譯，上海譯文出版社二〇二〇年版。

《姑獲鳥之夏》❼
（日）京極夏彥，林哲逸譯，上海人民出版社二〇〇八年版。

《榮國府的經濟賬》
陳大康，人民文學出版社二〇一九年版。

2

轉念：幫大腦裝上開關

「請賜予我平靜，去接受我無法改變的；賜予我勇氣，去改變我能改變的；賜予我智慧，分辨這兩者的區別。」——（美）雷茵霍爾德·尼布爾

上一章講的是「推理」，但那畢竟只是頭腦內部發生的事情。而很多書，是不甘心只和我們玩邏輯遊戲的；它們還想穿透書頁、介入現實、提供工具、解決問題。

這裡說的「解決問題」，不是指《新手四季養花》《讓你在公司顯得很能幹的五十二種方法》❽那類書的用法，而是要直接得多——只需一個轉念，就可以讓世界從此不同。

一念天堂，一念地獄

聽起來好像很奇幻，那就從一個故事說起吧。

一名教徒在祈禱時犯了菸癮，於是問神父：「祈禱時可以抽菸嗎？」神父瞪了他一眼說：「不可以。」另一個教徒正在抽菸，就也問神父：「抽菸時可以祈禱嗎？」神父讚賞地說：「可以。」⑦

這個故事是想諷刺人類的荒唐：明明是一模一樣的行爲，爲什麼會做出不一樣的判斷？

但我們知道，神父說的其實有道理。一個人是在懈怠地禱告，還是抽菸時都不忘祈禱，他自己心裡清楚，旁觀者也清楚。行爲看起來雖然一模一樣，但背後的觀念、狀態不一樣，行動的本質當然也不一樣。

年輕的時候，我也有一個想不透的問題：爲什麼一個殺人如麻的盜賊，放下屠刀就能立地成佛；而一個老實人，一失足就成千古恨？如果從作惡的總量來看，難道不是前者的罪孽更深嗎？後來有了些社會經驗，我才知道：那些未經世事但又滿腦子欲望的人，恰恰是風險很高的人。和他們相比，我們寧可信任一個度盡劫波，最後放下屠刀的人。所以，一個人的狀態，不是由事實和行爲決定的，而是由他此刻的觀念決定的。改變觀念，就是改變一個人的世界。所謂「一念天堂，一念地獄」。

那讀書會怎樣影響一個人的觀念？

這個過程不是我們可以理解的：一個人因爲讀書，懂得了書中講的道理，所以就發生了「認知升級」。不，沒有這麼簡單。書籍不是一支往人腦子裡隨意注入觀念的注射器。眞正的過程要複雜得多：讀的書多了，我們就得到了更多的現象解釋、更多的思考角度、更多的反應模式。原來的觀念不是更換了，而是摻入了新的東西，變得更複雜了。

我曾經請教過一位歷史學者，讀歷史讀到什麼程度就算入門了？他說：「當你不再認爲誰是壞人、誰是蠢貨的時候，當你能讀出所有事件當事人的『不得已』的時候，當你看到事實的複雜性的時候，就算是跨過了入門的門檻」。

元氣淋漓富有生機的人總是不容易理解的。

像蘇東坡這樣的人物，是人間不可無一難能有二的。對這種人的人品個性做解釋，一般而論，總是徒勞無功的。在一個多才多藝、生活上多彩多姿的人身上，挑選出他若干使人敬愛的特點，倒是輕而易舉。

我們未嘗不可說，蘇東坡是個稟性難改的樂天派，是悲天憫人的道德家，是黎民百姓的好朋友，是散文作家，是新派的畫家，是偉大的書法家，是釀酒的實驗者，是工程師，是假道學的反對派，是瑜伽術的修煉者，是佛教徒，是士大夫，是皇帝的祕書，是飲酒成癖者，是心腸慈悲的法官，是政治上的堅持己見者，是月下的漫步者，是詩人，是生性詼諧愛開玩笑的人。

可是，這些也許還不足以勾繪出蘇東坡的全貌。我若說一提到蘇東坡，在中國總會引起人親切敬佩的微笑，也許這話最能概括蘇東坡的一切了。

——林語堂《蘇東坡傳》❾

複雜本身不是目的。接下來，會有兩項很艱難的修煉。

第一項是，面對任何事物，除了本能的即刻反應之外，還應該掌握更豐富的理解模型。

《世說新語》中有一個「王戎識李」的故事：王戎七歲，嘗與諸小兒游。看道邊李樹，多子折枝，諸兒競走取之，唯戎不動。人問之，答曰：「樹在道邊而多子，此必苦李。」取之信然。⑧

王戎七歲的時候，和很多小孩在一起玩。別的小孩看見路旁邊有一棵李子樹，上面有很多李子，就跑去摘。而王戎就是不動。有人問他爲什麼，他說：「你看這棵李子樹是長在大路邊的，如果好吃，早就被人摘完了。之所以還有，必然是苦的，不能吃。」果然如此。

大家看到的東西是一樣的，但是腦子裡的理解模型不一樣，行動結果就不一樣。

讀書的時候，我最期待的就是看到這樣的段落：更複雜的觀察模型圍繞同一個事物聚合起來，既能幫我看到世界的豐富性，也能幫我看到自己的局限性。

舉一個讓我很震撼的例子。如果讓我幫一所學校擬一份老師上課時應該「如何利用黑板」的規範文件，我會寫什麼？估計也就是「字跡清晰」「書寫工整」之類的正確的廢話。但是，我在李希貴校長的書裡看到了這麼一段，令人拍案叫絕。

下面是一所學校在「如何利用黑板」方面的規範：

- 檢查板書字型大小。確定坐在最後一排的學生能看得清楚。
- 利用上半部分。只有確定後排的學生不會被前排的同學擋住時，才使用黑板的下半部分。
- 列出上課計畫。將要討論的問題寫在黑板上，這樣，你對這些問題做出回答時，學生仍然能夠看到問題。

- 在黑板上寫字，背對著學生時，不要再講課。
- 盡量在課前在黑板上寫好板書的內容，以使學生對將要上課的內容綱要有個大致了解。
- 將學生的話寫在黑板上。
- 讓學生有機會在黑板上寫字。
- 慎用黑板擦。在擦去學生所說或所寫的觀點之前，應進一步強調這些觀點的價值。

這些經驗在許多教師腦海裡也許都或多或少地有一些，但既不全面，也不清晰，經過研發中心組織力量進行匯總、梳理、提煉後，就可以成為老師們的工作指南。

——李希貴《學校如何運轉》

在這段文字裡，我看到的不是應用黑板的技能，而是老師對不同狀態下學生心態的嫻熟把握：後排的學生能否看清？學生是否清晰地知道課程的進度？學生是否有機會利用黑板？學生的話是否受到尊重？

書裡經常會有這樣的段落。僅僅一小段文字，就能召喚出豐富的認知模型，幫我們越過工具看到人，越過場景看到全域。

「精神裝置」

擁有思維的複雜性之後，我們還將面對第二項修煉：如何在不同思維模型之間靈活地切換？

在喻穎正（老喻）的《人生演算法》裡，我看到過一個有關美國前總統柯林頓的故事。一九九八年，柯林頓身陷陸文斯基事件。這一醜聞給他帶來了致命打擊。他不僅要在陪審團面前做證，還不得不發表電視談話，向全國民眾道歉。一般人在這種情況下早就狼狽不堪了，可是柯林頓照樣正常工作。他曾與五十位國會議員開會，其中一半都是彈劾他的共和黨人。會上，柯林頓專注而高效，就像沒什麼事情發生一樣。

彼時的財政部長羅伯特・魯賓對此感到非常好奇，他曾在自傳中寫道：「我確實非常讚賞柯林頓處理危機的方式，儘管這一危機是他自己製造出來的。他的精力集中、專注，在身旁風暴肆虐時仍繼續工作……」柯林頓之後告訴魯賓，說他啓用了一項「精神裝置」，說明自己度過了那段時間。你可以把這項「精神裝置」想像成電腦的重啓機制——在系統快要崩潰的時候按下重啓鍵復活。本質而言，「精神裝置」其實是一種每個人都可以學習的「大腦方法」，幫助我們從那些無法改變的糟糕事情裡掙脫出來，像是什麼都沒發生似的，專注於做好當下最重要的事情。

——喻穎正《人生演算法》

柯林頓所謂的「精神裝置」，類似曾國藩說的「未來不迎，當時不雜，既過不戀」。⑨ 把自己的大腦變成一部可以用按鍵切換的機器，遇到什麼場合，就用什麼思維方式。這麼做難度極高，但往往有奇效。一件想不清楚的事情，切換到另一種思維模式裡，馬上迎刃而解。舉一個對我影響很大的例子。

美國《紐約時報》專欄作家戴維·布魯克斯的《品格之路》❿裡，提出了一對概念：「簡歷美德」和「悼詞美德」。

我一直在思考「簡歷美德」與「悼詞美德」之間到底有哪些不同。

「簡歷美德」是你在簡歷中列出的那些美德，也就是你貢獻給就業市場或者有助於你在外部世界功成名就的那些技能。

而「悼詞美德」則涉及更深層次的內容，是未來人們在你的葬禮上談論的美德。無論你是否和藹、勇敢、誠實或忠誠，無論你與人相處得是否融洽，「悼詞美德」都存在於你的靈魂深處。

——（美）戴維·布魯克斯《品格之路》

說來也簡單：「簡歷美德」，是當我還活著的時候，別人會因爲什麼高看我一眼。無非就是技能、資源、優勢等等。而「悼詞美德」，是在我的葬禮上，別人會因爲什麼讚揚我。這時候，那些競爭性的優點全都沒有用了，能留在我的悼詞中的，只能是對我內在品格的讚賞，比如勇敢、誠實、忠誠等等。

我第一次看到這兩個詞的時候，好像能清晰地感覺到自己的大腦裡「咯嗒」一聲，被安裝了一個新的開關。

從此，我可以從兩個角度來看自己手頭做的事，還能自由切換：既從過程的角度看，也從終局的角度看；既從成功與否的角度看，也從價值大小的角度看。從此，做事的時候，我真的就在腦子裡設立了兩個帳戶：一個是「簡歷帳戶」，一個是「悼詞帳戶」。在「簡歷帳戶」上，記錄做一件事能給我帶來什麼樣的競爭力；在「悼詞帳戶」上，記錄做一件事能留給世界什麼價值。而我的任務是：做任何一件事，都力求能在這兩個帳戶上各記一筆。

比如，做公司業務的同時，我們會把工作方法總結成《得到品控手冊》，每年反覆運算一版，向全行業免費開放。多年之後，我們的具體業務可能已經不在了，但是我們摸索出來的經驗還可以幫到很多人。再比如，做大型活動的時候，我們會跟蹤、拍攝紀錄片。活動本身成不成功是短期的事情，但是做一場活動的方法、經驗、教訓，會創造更廣泛的價值。有了這兩個視角的平衡，一家身處競爭中的公司，就可以活得更像一個體面的人了。

當然，後來讀的書多了我才知道，用「悼詞美德」這個思路來做事的，大有人在。

史蒂夫・賈伯斯在二十世紀九〇年代重返蘋果公司之後，為了放鬆限制提出了以下問題：「如果錢不成問題的話，你會做什麼？」這樣的問題激發了公司員工創造新產品和服務的熱情。它意味著，蘋果公司在追求卓越的時候不必理會各種限制，包括消費者現有的喜好，甚至是滿足其願望所需的成本。

成為迪士尼公司的董事後，賈伯斯繼續傳播這一想法，告誡員工要有「遠大夢想」。因此，在重新設計迪士尼零售店的時候，賈伯斯在一個銷售區域貼上了這樣的標籤，「小叮噹仙子⑩會怎麼做？」（WWTD：What Would Tinker Bell Do?）

——（美）傑夫・戴爾等《創新者的基因》⓫

「如果錢不成問題的話，你會做什麼？」賈伯斯提的這個問題非常高明。道理很簡單，一個對的產品，當然就能賺到錢，所以錢本來就不成問題。而具體做事的人，總是受到「錢不夠」這個假象的干擾。與其在現實的資源約束中爲難，不如乾脆設想一個「錢不成問題」的條件，徹底解放做事之人的想像力。這和讓我們這些身處競爭中的人，透過想像自己「葬禮」的情境和「悼詞」的寫法，來擺脫競爭對自我人格的扭曲，是不是有異曲同工之妙？

另一家這麼做的公司，是亞馬遜。

亞馬遜創始人貝佐斯有一個很奇怪的要求：任何團隊提交一個專案方案，先別說打算怎麼做，而要先寫兩個東西。第一，專案成功發布時的新聞稿（PR）；第二，客戶可能提出的問題以及你的回答（FAQ）。通常，大家都是在專案結束的時候才寫這兩篇東西，而貝佐斯要求提前到開始的時候。這是不是也像提前準備自己的「悼詞」？

當我們寫Kindle新聞稿、開始逆向工作時，一切都發生了改變。

我們開始轉而關注客戶想要什麼：給予完美閱讀體驗的顯示幕，使圖書購買和下載變得輕鬆、愉快的下單流程，品類的選擇面廣，價格低。如果沒有「新聞稿」工作法，我們永遠無法取得這些突破，從而使客戶有完美的體驗。因為它，開發團隊被迫創造出諸多方法來解決客戶的問題。

亞馬遜公司每年都有數百個PR、FAQ，只有最優秀的才會得到優先安排和資金支持。這不是亞馬遜的缺陷，而是亞馬遜的一大特色。前期花時間全面思考產品的各種細節問題，決定不打造哪些產品，這樣就可以保存公司的資源，用於打造那些可以對客戶和公司產生最大影響的產品。

——（美）柯林．布里亞等《亞馬遜逆向工作法》⑫

不僅是公司經營，有了「悼詞美德」這個「精神裝置」之後，我發現很多日常智慧也可以用這個原理來解釋。

比如，有一件東西，我非常想買，但是又有點舉棋不定，怎麼辦？有人就提出了一個思考方法：閉眼，想像老天爺要送我一個禮物，把這件要買的東西和這筆錢同時放在我面前，規則是只能挑其中一樣，那麼我挑哪樣？這個情境一出現，就把「占有欲」「吝嗇感」這些干擾性、情緒性因素全部排除在外了，讓我有機會從「終局」上去比較，到底我是要這件東西，還是要這筆錢？

嘗試這麼想想，一團亂麻般的思緒馬上就能理得清清楚楚。我自己親身測試有效。

「無知之幕」

我們的大腦在轉念之間，就能讓現實世界的很多複雜矛盾雲開霧散。在社會政治領域也有一個精彩的例子：羅爾斯在《正義論》裡提到的「無知之幕」。

人類社會最大的矛盾，就是「公平」問題。公平做為一個抽象的原則，人人都同意。但問題是，每個人心裡的公平都不一樣。

你參加生日聚會，到了大家一起吃蛋糕的環節，這時存在一個問題：蛋糕要怎麼分才公平呢？

最直接的做法就是平均分，而且你肯定知道，要讓切蛋糕的人最後選，這樣才能分得最平均。

但有人反對，說每個人胃口大小不一樣，應該按照需求來分才合理。

又有人說，蛋糕也不是天上掉下來的，是我們自己做的呀，應該按照做蛋糕的貢獻大小來分配，這才公平。

馬上就有人不同意了，他說，我沒參加做蛋糕，可是整個聚會都是我張羅的，今天最辛苦的人就是我了，你們不覺得應該按照努力辛苦的程度來分配嗎？

這時，壽星終於忍不住了：今天是我過生日好嗎，分蛋糕為什麼不是我說了算啊？

——劉擎《劉擎西方現代思想講義》

羅爾斯透過一個思想實驗，解決了這個問題：假設我們不知道自己在生日宴會裡的角色，我們既可能是普通來賓，也可能是做蛋糕的，也可能就是壽星本人，我們都處在一道「無知之幕」的遮蔽之下，那我們會傾向於蛋糕怎麼分？

我們可以把這個局面推想得極端一點——假設，人眞的是從天上投胎到人間的小天使。在投胎之前，老天爺給我一個機會，讓我安排一下人間的秩序。此時，我無法知道自己將來是生在窮人家還是富人家，也無法知道自己將來的性別、種族、相貌、智力和稟賦，那我該怎麼辦？

我想，我不可能主張富人用錢就可以買到一切，因爲我可能是窮人；我也不可能主張富人的錢都充公，因爲我也可能是富人。在這道「無知之幕」後面，我只能戰戰兢兢、小心謹愼地安排著人間的秩序，生怕一點點不公平將來有機會落在我的頭上。最後，我拿出來的那個方案，就有可能是一個接近合理的方案。

雖然「無知之幕」在學術上有很多爭議，但是我第一次讀到的時候，還是被這個天才的設想震驚到了。羅爾斯只要求我們有這樣一個「轉念」，就能幫我們擺脫現實中的具體身分，一起來思考合理的人間秩序。「將心比心」這個古老的原則，一下子就變得非常具體、生動了。

> 正義的原則是在一種無知之幕後被選擇的。這可以保證任何人在原則的選擇中都不會因自然的機遇或社會環境中的偶然因素得益或受害。由於所有人的處境都是相似的，無人能夠設計有利於他的特殊情況的原則，正義的原則是一種公平的協議或契約的結果。
>
> ——（美）羅爾斯《正義論》

類似的震撼，我在書籍的世界裡多次遇到。

有一次，是我讀到了彼得．薩伯的《洞穴奇案》[13]。這是虛構出來的一個案件：在一個虛擬的國度，有幾名探險者被困於洞穴之中，他們已沒有食物，且得知短期內無法獲救。爲了活下去，他們投票吃了其中一個人的血肉。請問，他們該當何罪？

《洞穴奇案》設想了十四位大法官的陳詞。表面看起來好像只有「死刑」和「釋放」兩種結果，但經由他們的條分縷析、抽絲剝繭，你會發現居然有十四種完全不同的判決理由。

這本書不僅讓我大開眼界，也在我還年輕的時候及時幫我治好了「妄下結論」的毛病。任何社會事實，無論看起來多麼黑白判然，背後都可以有無窮的思考深度。

另一次，是我遇到了「進化論」。

進化論，不僅解釋了這個世界上的物種是怎麼來的，也解釋了世界的很多「缺陷」是怎麼來的。

就拿人類來說，直立行走和巨大的腦容量讓我們獲得了明顯的生存優勢，但難產、痔瘡、靜脈曲張、椎間盤突出這些常見的健康問題卻不是被自然選擇特意挑中的，它們只是直立行走和大腦袋這兩個特徵的副產品而已。

自然選擇這個老師，眼睛只盯著繁殖這個答案，至於解題過程是好是壞，它從不過問。

任何一個能夠帶來顯著生存優勢的基因變異，周圍都圍繞著一群搭便車的基因變異，它們有的完全無用，有的確實有害。但既然進化這個唯結果論者只關注最終的結果，那這些搭便車的基因變異就得以長期在優勢變異的羽翼下存活，讓生物體無法達到理想中的生存狀態，不得不苟且地生存和繁衍著。

——王立銘《王立銘進化論講義》

讀懂了進化論，讓我不再妄想世界上有簡單的萬應良藥，也讓我真正理解了「凡有收益，必有代價」這個樸素的道理。書籍裡到底有什麼？僅僅是我們不知道的知識嗎？不，書籍裡最珍貴的部分，是那些和我們的直覺、本能不一樣的思維方法。

讀書多的人，不僅僅是談資多。面對同一個事實，他們還能夠轉動自己腦子裡的各種「精神裝置」，放出各種「小精靈」站到事實的個個側面。他們能看到一個更立體、更複雜的世界。而不讀書的人，對此茫然無知。

很多年前，有人跟我講了一句特別扎心的話：「富人看不起窮人，窮人能知道。有知識的人看不起無知的人，無知者壓根兒就不知道。」我得承認，這句話是我讀書的重要動力之一：同樣生而爲人，我爲什麼就要在山腳下被人俯瞰？同樣有機會翻開書本，我爲什麼就不能登臨山頂、一覽全域？

進一寸，有一寸的歡喜。上一層，看一層的風光。

書單

你可以在這些書裡做一做思想體操：

《直覺泵和其他思考工具》
（美）丹尼爾·丹尼特，馮文婧等譯，浙江教育出版社二〇一八年版。

《哲學的故事》⑭
（美）威爾·杜蘭特，蔣劍峰、張程程譯，浙江大學出版社二〇一五年版。

《思考的技術》⑮
（日）大前研一，劉錦秀、謝育容譯，人民文學出版社二〇一九年版。

《巨人的工具》
（美）蒂姆·費理斯，楊清波譯，中信出版集團二〇一八年版。

《劉擎西方現代思想講義》
劉擎，新星出版社二〇二一年版。

3 抽象：那些偉大的概念

「大音希聲，大象無形，道隱無名。」——《老子》

這一章，讓我們關注一個詞：「抽象」。這是我們加工外部世界的一個重要方式。一個求知者，總是在繁複的資訊叢林中行走，一不小心就會陷入泥潭。這時候，抽象的概念會伸出手，拉他一把。

文明進化的臺階

有位朋友的媽媽是中學老師。上學的時候，媽媽告訴過他一個學習的竅門：新學期開學，領了新發的課本之後，不要等老師講，自己先從頭到尾翻一遍，了解其中的幾個關鍵概念。不求甚解也行，生吞活剝也行。你會發現，一門課一學期其實就講區區幾個概念。

比如，高一上學期的物理課本，主要講三個概念——牛頓第一定律、牛頓第二定律、牛頓第三定律。到了下學期，核心也是兩個概念：萬有引力定律和能量守恆定律。

在老師講課之前，試著把這些詞理解一遍，抓住幾個關鍵的線頭，學起來會特別快。這些線頭就像一條條繩索，有了它們，令人恐懼的茫茫大海就變成了波平浪靜的游泳池。我自己也有這樣的體驗。

當年，我在北京師範大學爲大學生上過三年傳播學的課。對這門學科，我應該不算陌生了，但多年之後遇到一本書，陳力丹老師的《傳播學關鍵字》，我仍然大開眼界。這本書沒有什麼驚人之論，只是用二十五個概念把傳播學重新梳理了一遍。讀完之後的感受，就好比有高手幫我打通了任督二脈，傳播學的所有知識在這二十五個概念下秩序井然，被安置得非常清楚。

傳播、回饋、符號、編碼／解碼、符號互動論、資訊／訊息、話語、文本、敘事／敘事學、媒介、擬態環境、媒介即訊息、媒介環境（生態）學、把關人、受眾、公共領域、文化工業、議程設置、知識溝、人際傳播、組織傳播、大眾傳播、跨文化傳播、輿論、宣傳。

——陳力丹、易正林《傳播學關鍵字》

再舉一個例子。如果你覺得自己是文化研究這門學科的外行，沒關係，有一本書值得你起步就讀：汪民安主編的《文化研究關鍵詞》⑯。這本書其實不是通俗的入門讀物。作者透過關鍵字，直接帶你飛掠進學科的核心地帶。等到再出來的時候，你會發現，自己已經登堂入室了。

單面人、第三空間、東方主義、感性分配、工具理性、機械複製、景觀社會、鏡像階段、空間生產、零度寫作、千高原、情感結構、認知暴力、認知圖繪、賽博空間、時空壓縮、語言轉向、欲望機器、元歷史、元敘事、症狀閱讀、知識考古學、自然之鏡。

一個新概念，就是前所未有的角度。天文學家李淼老師跟我說，有一位諾貝爾物理學獎得主私下向他抱怨：「別看我得了諾貝爾獎，我最大的渴望，是這輩子能發明一個像『熵』那樣的概念。」

「熵」，是十九世紀的魯道夫·克勞修斯提出來的。簡單來說，它描述的是一個封閉系統的混亂程度。在此之前，人類從來沒有從這個角度看過世界；而在此之後，「熵」的概念支撐起了包括熱力學、混沌學、系統論、控制論、資訊理論、結構論、協同論、突變論在內的一眾現代學科的大廈。

正如美國作家霍華德·布洛姆所說：「科學與藝術擁有共同的使命——以前所未有的角度觀察，從平凡的事物中發現驚喜。」⑪難怪連諾貝爾獎得主也如此眼饞。也正是這些前所未有的角度，一次次把人類文明推進到一個新的高度。我們後來的人，才能以此為基礎，拾級而上。在現代世界興起的過程中，同樣的模式再三出現——某個天才人物構思出一個之前沒有人掌握過的抽象概念。隨著時間的流逝，這一概念對我們生活的影響如此之深，以至於我們常常忘了它必須先被發明出來。

幾乎每一個突破性的概念都有相同的故事。

例如，「零」是一個數字這個概念就證明比「二」或「七」的概念更難以捉摸。懷特海再次提到，「我們日常生活的運作中並不需要使用到『零』。沒有人會出門去買零條魚。零因而可說是所有『數字』中最文明的，只有出於表達文明思想的需求，我們才被迫使用它」。有了零，我們像是突然有了工具可以開始建造我們知道的世界。零讓記數法成為可能——我們可以區分23、203跟20003的差別。

負數則是另一個同樣奇妙的概念。今天我們知道什麼是五美元鈔票，什麼又是五美元的欠條。理解氣溫十攝氏度與零下十攝氏度的概念對我們來說也不是問題。但在人類的歷史中，超過千年的時間即便是最偉大的知識分子也難以理解負數的概念。（笛卡兒花了一番力氣才弄懂怎麼可能有「比沒有還少」的東西。）

——（美）愛德華・多尼克《機械宇宙》⑰

讀的書越多，我就越珍視概念。其中一個原因是：每一個重要概念的背後，都可能是一位偉大學者一生的心血。

有人把學者分成兩類：狐狸和刺蝟。「刺蝟知道一件大事，狐狸知道許多小事。」⑫哈耶克就是一位典型的「刺蝟」型學者。

哈耶克一生出版了二十五部著作，寫了上百篇文章，其中絕大多數都在不斷變換角度打磨一個概念：「自發秩序」。比如：

出版於一九四四年的《通往奴役之路》⑱，從經濟學角度講自發秩序。

出版於一九五二年的《感覺的秩序》，從心理學角度講自發秩序。出版於一九六〇年的《自由憲章》，一九七三至一九七九年的《法律、立法與自由》，從政治、法律、哲學的角度講自發秩序。

在哈耶克看來，從鄉間小路，到經濟、法律、道德、傳統，再到語言、工具、生物、氣象等，都是自發演化而來的，遵循的都是自發秩序。一個人耗費一生的精力，穿梭於不同領域，變換著各種角度，爲我們打磨出一顆概念鑽石。而我們可以一次性拿走，何其幸也？

再比如，英國歷史學家湯因比，爲了講透「文明競爭論」這個概念，花了整整四十一年，著成《歷史研究》這套書，總共十二卷。等寫到最後一卷，他已經覺得世界上沒有人能看這套書了。幸好，一位歷史教師薩默維爾幫他做了縮減本。現在我們看到的，就是這個縮減過的版本。

看看這組概念吧：國家、公民、社會、公司、成本、需求、供應、利息、合約、貨幣……似乎沒什麼特別的，我們也習以爲常了。但只要稍稍深究一下，回到那個概念誕生的現場，我們就能看到無數閃電劃過夜空的瞬間。

往下深挖一公分

你可能會問，如果概念那麼重要，我直接去看辭典不就行了嗎？爲什麼還要讀書呢？來看一個三百多年前發生的故事。

從前，有位僧人與一位文士同宿於夜航船中。文士高談闊論，僧人敬畏懾服，雙腳蜷縮而眠。過了一陣，僧人感覺文士言語中多有破綻，就問文士說：「請問這位相公，『澹台滅明』是一個人還是兩個人？」學子說：「是兩個人。」僧人又問：「這個堯舜是一個人還是兩個人？」學子說：「當然是一個人！」僧人聽了笑著說：「這麼說來，還是讓小僧先伸伸腳吧。」

——（明）張岱《夜航船》

張岱講這個故事，是想告訴我們，很多人只是知道一些概念，一問究竟，他們就不明所以了。所以他寫出了《夜航船》。當然，《夜航船》的體例也有點像今天的辭典，然而它往下深挖了一點，這一點至關重要。

普通人和有學識的人，同樣生活在由概念構成的世界上。區別僅僅在於，有學識的人會藉助閱讀，往下深挖一點。哪怕只深挖一公分，也會贏過九十九%的人。

有三個理由，值得你從淺表的概念往下深挖這一公分。

第一個理由，很多概念的出處，其實已經被遺忘了。

舉個例子，我們現在說有人逃跑，經常講「逃之夭夭」，請問這個詞是怎麼來的？稍作閱讀，就能知道，它的出處是《詩經》裡的一句：「桃之夭夭。」

桃夭

桃之夭夭，灼灼其華。之子于歸，宜其室家。桃之夭夭，有蕡其實。之子于歸，宜其家室。桃之夭夭，其葉蓁蓁。之子于歸，宜其家人。

——王秀梅譯注《詩經》

「桃之夭夭」，原本的意思是桃花很好看，出嫁的姑娘像桃花一樣好看。而「逃之夭夭」呢？是古人的一個諧音梗。看著落荒而逃的人，背出一句典雅的詩文，那種嘲諷意味，今天你用這個成語的時候還能感知到嗎？

第二個理由，很多概念被過度簡化了。

德國社會學家烏爾里希·貝克提出了「風險社會」這個概念。很多人會望文生義地以爲，風險社會就是指一個風險很大的社會，充滿了戰爭、瘟疫、饑荒和死亡。但是你想，這個概念是一九八六年提出來的。至少在當時的西方社會，這些傳統的風險都已經得到了很好的控制。那貝克所說的「風險社會」到底是指什麼呢？

你如果粗略翻一下《風險社會》這本書，就能知道，在貝克看來，現代社會之所以叫風險社會，不是說這是一個風險越來越大的社會，而是說這是一個風險越來越不可知的社會。風險社會是現代性的副產品。

階級社會的驅動力可以歸結為：我餓！反之，風險社會所觸發的運動可以表述為：我怕！

共同的焦慮取代了共同的需求。就此而言，風險社會標誌著社會意義上的新紀元：焦慮型團結逐漸形成並構成了一股政治力量。

階級社會的夢想是每個人想要也應當分享蛋糕。風險社會的目標卻是每個人都應當免受毒物之害。

可見之物處在不可見的危險的陰影之下。

——（德）烏爾里希．貝克《風險社會》

再舉一個例子。

攝影構圖中，有兩個概念：「中景」和「近景」。它們到底是什麼意思？

通常的理解，比如拍一個站立著的人物，中景就是取到膝蓋以上，近景就是取到胸部。確實如此。但是如果一個人坐在那裡呢？中景和近景分別取到哪裡？是不是有點茫然？這時候就要深挖一層了：這麼區分的依據是什麼？

中景的特點，是要描述被拍攝物的動態特徵。而人的主要動態特徵展現在哪裡？在手勢。手的活動範圍在哪裡？站立的時候不會跑到膝蓋以下。所以當人站立的時候，你拍他的中景，就要取膝蓋以上。但如果人是坐著的，取中景取在哪兒？還是手，把手放進來，就叫中景。這時候就不關膝蓋什麼事了。

而近景呢？是要描述被拍攝物的主要局部。一個人的主要局部是什麼？當然是臉。所以，取景到胸口，是爲了看到人全部的面部表情。理解了這一層，你是不是也會拍一本書封面的「近景」了？把書名放進來就可以了。

有些人拍照片很難看，往往就是因爲沒有從概念往下，稍稍深究其理。

第三個理由，概念在流傳中會「被汙染」。

> 概念就像紙幣，一旦發行出去就髒了。經過的人都摸它一把，上面會留下各式各樣的指紋和微生物。若不深入地挖一點，就會對它充滿誤解和偏見。
>
> 歷史地研究一門科學的發展是最需要的，免得在其中銘記的原理變成一知半解的指令體系，或者更糟糕，變成偏見的體系。
>
> ——（奧）恩斯特・馬赫《力學及其發展的批判歷史概論》

在中國文化中，「中庸」這個概念就經歷了這樣一場悲劇漂流。今天，我們評價一個人「中庸」，總覺得他要嘛沒什麼原則，要嘛圓滑世故。「中庸」成了沒主見、和稀泥的意思。眞是這樣嗎？要知道，孔子當年提出「中庸」這個概念的時候，可是說了一句很重的話：「中庸之爲德也，其至矣乎！」對，「中庸」是儒家思想的一個核心主張。他們要求一個「君子」不偏不倚，在複雜境遇中秉持那細如髮絲的黃金中道。

舉個簡單的例子：你在開車的時候，是靠左好，還是靠右好？當然是不偏不倚最好。你釘一根釘子，是向上好，還是向下好？當然是準確擊中核心最好。所以，中庸是行動者的必要修養。極重要，又極難。回頭看看，我們對這個詞的曲解到了何種荒誕的程度。

人類在開始拓植文明之後的很長時間，艱險的環境危及生存，不得不處處運用過度之力。面對荒昧，面對野蠻，面對邪惡，若不超常用力，怎麼能夠活下來？終於，活下來了，那又必定加倍地動用重力、暴力、武力進行自衛和懲罰，一切都起之於過度用力，又以道義的藉口讓那些過度之力走向了極端主義。明白了這麼一個整體背景，我們也就懂得，孔子為什麼要把中庸思想說成是最高道德了。

他很清楚，如果種種極端不受控制，人類的災難必將無窮無盡；那麼，靠什麼來控制極端呢？一定不是另一種極端方式，而只能是中庸。

中庸思想要求，「執其兩端，用其中於民」。那也就是說，把兩端掌控住了，只取用兩端之間的「中」，才可能有利於萬民。這個「中」，就是處於中間部位的一個合適支點。這個支點不同於兩端，卻又照顧著兩端，牽制著兩端，使兩端不要「懸崖滑落」。因此，這個「中」，不僅避免了兩端的禍害，而且也挽救了兩端，所以成了最高道德。

——余秋雨《君子之道》⑲

人類的知識負擔太重，所以必須用抽象的概念來化繁爲簡。但當概念過於抽象時，我們又必須靠閱讀來還原它的本來面目。

別輕視任何一個概念

今天，我們身邊經常會冒出來一些莫名其妙的概念。它們簡陋、晦暗、虛張聲勢，甚至包藏了很多騙子的詭計。就像一片原野上來了一群來意不明的陌生人，臨時胡亂搭了一些粗製濫造的帳篷。

不要忙著去驅趕和斥責它們。因爲我們並不知道，它們未來會變成什麼樣子。有些概念，說著說著就偃旗息鼓了。裡面的人漸漸搬到了別處。概念變成了空洞的廢墟，沒什麼可惜的。而總有些概念比較幸運，越來越多的人遷居於此，在原址上不斷擴建、重修，踵事增華。一間土坯房，變著變著就成了一座巍巍宮闕。

孔子當年周遊列國，拚命推銷一個「仁」字。在當時，這可是個新名詞。說得雖然多，但他老人家每次給的定義都不一樣。當時人們的感覺，是不是有點像我們今天聽到「元宇宙」呢？但是沒關係。時間會往裡面裝填所需之物。經過一代代儒家士大夫的詮釋和踐行，到了今天，孔子的「仁」早已成爲中國精神的一根重要支柱。

不要嘲笑那些粗疏的概念，它們經常會帶來新世界的消息。就像馬奎斯在《百年孤獨》[20]裡說的，「世界新生伊始，許多事物還沒有名字，提到的時候尚需用手指指點點」。

書單

你會在這些書中見證偉大概念的誕生：

《想像的共同體》[21]

（美）本尼迪克特·安德森，吳叡人譯，上海人民出版社二〇一六年版。

《菊與刀》[22]

（美）露絲·本尼迪克特，何道寬譯，北京大學出版社二〇一三年版。

《單向度的人》[23]

（美）赫伯特·瑪律庫塞，劉繼譯，上海譯文出版社二〇〇八年版。

《盲眼鐘錶匠》[24]

（英）理查·道金斯，王道還譯，中信出版集團二〇一四年版。

《鄉土中國》

費孝通，北京大學出版社二〇一二年版。

4 凝結：一字一世界

「我喜歡雨，因爲它帶來天空的味道。」——《言葉之庭》[25]

上一章，講的是「抽象」。人類可以透過一個個抽象的概念來把握大千世界。但在這條大路旁邊，其實還有一條小路，也能直達紛繁萬物。那就是「象徵」。

所謂象徵，就是用一個常見的形象，把大量的感受、道理、情境凝結起來。這個文化工程一旦完成，我們只要看見某物、某人，就能立刻調取出一大團認知，把其中的感受、道理、情境再次還原。

在戀愛攻略中就有這樣的操作。比如，你反覆告訴戀人，自己喜歡芒果的味道，兩人經常在一起吃芒果。那無論你們後來聚散如何，他這一生只要看到芒果，就能想起你。象徵，一旦被接受，就會像宿命一樣終身相隨。

看到一面國旗，我們腦中瞬間會閃過這個國家過往的每一件事；看到一個缺了口的蘋果，馬上就能想起一家龐大的科技公司。這個過程並不容易。每一個象徵，都源自一次精彩的創造。

我上中學的時候，老師講過各式各樣的寫作方法，但是我總覺得有點疏離。直到有一天，我遇上了一個詞：「金薔薇」。這是作家康．帕烏斯托夫斯基講的一個故事。話說，巴黎有一個叫讓．夏米的清掃工，他一貧如洗，卻愛上了一位女人。於是，他決定每天收集從首飾工坊裡清掃出來的塵土，然後篩出一點點金粉。日積月累，終於鑄成了一小塊金塊，將其雕刻成了一朵金薔薇花。

故事的結局很悲慘。夏米沒有再見過那位女人，含恨而死。但「金薔薇」這個象徵，被帕烏斯托夫斯基借用，變成了關於寫作的絕佳隱喻：寫作，既要有艱難而漫長的搜尋和篩選，又要有別具匠心的雕刻和呈現。

每一分鐘，每一個在無意中說出來的字眼，每一個無心的流盼，每一個深刻的或者戲謔的想法，人的心臟的每一次覺察不到的搏動，一如楊樹的飛絮或者夜間映在水窪中的星光——無不是一粒粒金粉。

我們，文學家們，以數十年的時間篩取著數以百萬計的這種微塵，不知不覺地把它們聚集攏來，熔成合金，然後將其鍛造成我們的「金薔薇」——中篇小說、長篇小說或者長詩。

——（俄）帕烏斯托夫斯基《金薔薇》

直到今天，關於寫作方法，我也沒見過比「金薔薇」更精彩的象徵。你如果也想讓孩子有一個摘錄「好詞好句」的本子，進而愛上寫作，不妨把這個故事講給他聽。

我們常常會爲這種精妙的象徵拍案叫絕。

法國哲學家德勒茲在《千高原》中，將人類文明的發展形態凝結成了一組象徵：蘋果和生薑[13]（見圖1-1）。

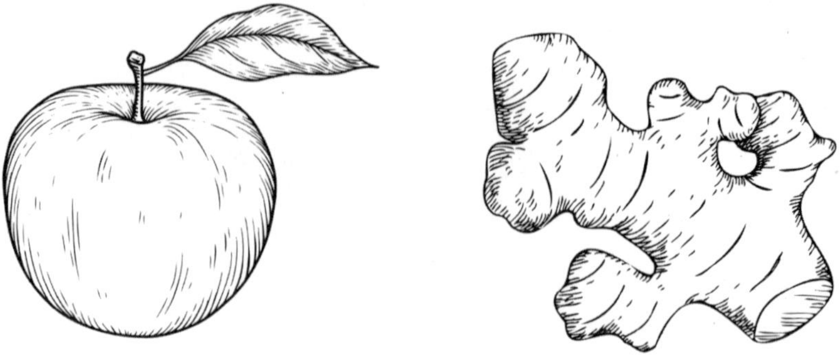

圖1-1　蘋果和生薑。

先想想：蘋果爲什麼是圓的？而生薑爲什麼長得奇形怪狀？

因爲樹上的蘋果生活在一個相對穩定的環境裡，有日出日落的節律，有穩定的降雨。爲了更好地吸收陽光和雨露，蘋果轉動身體，接受光熱水土的滋養，最後長成了一副圓潤可喜的樣子。

而生薑，生活在暗無天日的地底下，不知道養分在哪裡，只好胡亂地向四面探索，最終長成了一副奇怪的模樣。

是要當圓潤而安適的蘋果，還是要當自由、創新，但是必然醜陋的生薑？人類文明的大命題，就透過這兩個象徵擺在了我們面前。想想看，我們人生的選擇又何嘗不是如此呢？

語言是詩的屍體

象徵的凝結需要過程。

我們日常用的語言也經歷了這樣一個凝結的過程。要知道，人類的文化現象，大多是從簡到繁地演化。語言則相反，是從繁到簡。

《信息簡史》[26]這本書，記錄了非洲原始部落的「鼓語」。

一個女嬰的降生通知可能會是這樣的：「接生的襯墊已經捲起，我們感到渾身充滿力量，一個女人從森林裡來，來到這個開放的村莊。這次就說到這裡吧。」

而召集村民參加一次聚會的通知是這樣的：「在黎明時分，我們不要集結去勞作，我們要在河邊舉行聚會。波棱吉村的男人們，不要去狩獵，也不要去打魚。我們要在河邊舉行聚會，在黎明時分。」

囉唆吧？但是沒辦法。先民們還沒有來得及發展出那麼多簡潔的「象徵」詞語，只好用繁複的語言來表達自己的意思。

用鼓說話時，沒人會說得直截了當。鼓手們不會說「回家吧」，而會說：「讓你的腳沿它去時的路返回，讓你的腿沿它去時的路返回，讓你的腿腳駐立於此，在這屬於我們的村莊。」

他們不會簡單說「屍首」，而會展開詳述成「仰面躺在土堆中的人」。如果想表達

「別害怕」的意思，他們會說「把你的心從嗓子眼放回原處，你的心提到了嗓子眼，現在把它放回原處」。這些鼓說得疊床架屋，似乎表達效率相當成問題。這到底是賣弄辭藻，還是另有妙用呢？

——（美）詹姆斯·格雷克《信息簡史》

而今天，我們的日常語言已經充滿了各種象徵詞。它們再反覆疊加，變成了全新的意思。比如這樣一則財經新聞：「今天股市大幅上漲，分析師認爲，市場持續了兩個月的僵局終於被打破了。」很平常的一句話裡面，其實包含有大量的象徵詞：「大幅」，本來是說布匹的，現在用來形容某種程度；「上漲」，本來是說水的，現在用來形容股價；分析的「析」，木字旁，本來是說把木頭劈開，現在用來形容掰開揉碎研究一個現象；僵局的「僵」，本來是說人倒地不起，現在用來形容一種對峙的局面。

你看，一旦回到這些詞的本義，我們就能辨析出其中的盎然詩意。

有一位詩人曾下過一個有趣的定義——什麼是語言？語言是詩的屍體。

你可以想像一個場景：一個原始人，清晨走出自己生活的洞穴，伸個懶腰，看著對面的群山，突發奇想：這座山，不也像是一個人嗎？所以，他把對自己身體個個部分的稱呼一一投射上去，把山頂的位置命名爲「山頭」，把底部稱作「山腳」，那中間部分自然就是「山腰」囉。

「我見青山多嫵媚，料青山見我應如是」，於是一組新的詞語誕生了。這哪裡是普通的語言？在它們誕生的那個瞬間，想像力噴湧而出。這不就是詩嗎？只不過，在後來漫長的使用過程中，其中的詩意隱去，塌縮成了乾癟的詞語。我們這代人，站在人類語言演化的末端，享用著歷代先祖用詩意不斷凝結出來的象徵。這是一筆何等龐大的文化遺產！

閱讀做爲「快速鍵」

這些「詩的屍體」還有復活的可能嗎？有。透過閱讀，我們可以還原出它們豐富的質感。

比如，我對人說一個詞：「花木蘭」。他會想到什麼？一位替父從軍的女英雄？恐怕大多數人的反應就僅此而已了。但是如果翻開樂府民歌《木蘭辭》，我們會看到一組更爲豐富的意象。

木蘭下定決心從軍的時候——「東市買駿馬，西市買鞍韉，南市買轡頭，北市買長鞭」——如果在今天，這幾句詩不就是一組電影蒙太奇鏡頭嗎？一個妙齡女孩，在集市中奔走匆匆，像買釵環首飾一樣，爲自己湊齊行軍裝備。

木蘭百戰歸來的時候——「開我東閣門，坐我西閣床，脫我戰時袍，著我舊時裳」——四個「我」字重音連用，壓抑已久的天性，就這樣噴發而出。這樣的木蘭，是不是更加鮮活？如果不閱讀，我們就和她擦身而過了。

日常所用的詞語，不只有表面的意思；它還是一把能打開豐富庫藏的鑰匙，一個能召喚出眾多指令的快速鍵。我們來看一首詩，唐代詩人李賀的《李憑箜篌引》。

李憑箜篌引

吳絲蜀桐張高秋，空山凝雲頹不流。江娥啼竹素女愁，李憑中國彈箜篌。昆山玉碎鳳凰叫，芙蓉泣露香蘭笑。十二門前融冷光，二十三絲動紫皇。女媧煉石補天處，石破天驚逗秋雨。夢入神山教神嫗，老魚跳波瘦蛟舞。吳質不眠倚桂樹，露腳斜飛濕寒兔。

——（唐）李賀《李賀詩集》

只看開頭的四句：

「吳絲蜀桐張高秋」。李憑彈的箜篌，不是普通的樂器，是用吳國的絲線和蜀國的梧桐樹做成的，而這些都是名貴的材料。這樣的樂器，在高爽的秋天，張設在天地之間。

「空山凝雲頹不流」。空山上的雲朵本來一直在流動、變化，但是現在一看李憑已經在天地之間擺開了樂器，就突然凝結住，不再流動了。

「江娥啼竹素女愁」。仙女們知道自己馬上要聽音樂，提前醞釀好了情緒。江娥已經開始哭了，素女已經開始發愁了。爲什麼呢？緊接著一句就解釋了：「李憑中國彈箜篌」。大樂師李憑馬上要在都城的中央彈箜篌了。

李賀就像一名大導演，先用一雙巨手幫李憑布置了一個舞臺。這個舞臺有多大呢？吳絲和蜀桐，前者在東，後者在西，這是在空間上撐開了一個極大的疆域。然後「啪」，向上，往高一拋，用一個「高」字來形容秋天，天高地廣，中國古人能想像的最大舞臺，就這麼擺開了。

擺開了舞臺，觀眾呢？李賀請來的第一排觀眾，是空間上的，遠處的空山，上空的流雲。凝住了，都坐好了，不動了，就像劇場裡大幕拉開之前的觀眾，屏息以待。

第二排觀眾，是時間上的。江娥、素女，都是傳說中的仙女，是超越了時間的存在。現在她們也準備好了情緒，等著大幕拉開。空間、時間上的兩排觀眾準備好了，高潮到來之際，突然出現了非常樸素的一句：「李憑中國彈箜篌」。

李賀那個時代，肯定沒有巨星在體育館演出。但他彷彿深諳如何調度鏡頭爲億萬觀眾「現場直播」——先是渲染氣氛，接著調動情緒，都躁動起來之後，突然「啪」，觀眾席上燈光一暗，一束聚光燈打在空曠的體育場中央：一個人，一把樂器，漫天徹地的孤獨感，樂聲響起，李憑中國彈箜篌。

區區二十八個字，居然能調取出如此豐富的意象，這是何等驚人的文明奇蹟！

設想每一本書裡都有另一本書，每一頁上的每一個字母中都有另一種容量在不斷地展開；但這些容量卻絲毫不會占用桌上的空間。設想知識可以被濃縮成精華，放在一張圖片裡，一個標記中，放在一個不占地方的地方裡。設想人類的頭骨將會變得容量巨大，裡面的空間不斷展開，猶如蜂巢裡嗡嗡作響的蜂房。

——（英）希拉里・曼特爾《狼廳》㉗

象徵的最小單元：漢字

中國人尤其有幸，三千年文脈不絕，一字一句地堆疊成了一座豐富的象徵富礦。「月落烏啼霜滿天，江楓漁火對愁眠。」「枯藤老樹昏鴉，小橋流水人家。」「野曠天低樹，江清月近人。」歷代文人窮搜物象、恣意鋪排，以至於即使生活在現代，只要日月星辰、草木鳥獸還在，我們就還是身在綿密詩意的包裹之中。

我自己有一個閱讀偏好，就是讀和漢字有關的書。

漢字是從甲骨文演化而來的。從最開始的一幅圖、一個記號，一路變成現代漢語中的一個字，其中的過程大有趣味。

比如「冉」字（見圖1-2）。

我們常說「冉冉升起」，覺得這是一個非常優美的意象。而回到甲骨文裡看它的字形，你會發現它其實是一隻被釣起來的甲魚。所以，「冉冉」是指某件東西像甲魚一樣頂著厚重的殼，行動遲緩。

哈哈，請問，你再看到「冉冉升起」這個詞的時候，會不會啞然失笑？你再看到甲魚的時候，會不會多一分溫情？

再比如「萬」字（見圖1-3）。

它現在是一個純粹的數，看起來毫無表情。但在甲骨文裡，它的形狀其實是一隻蠍子。考

圖1-2　「冉」字。

圖1-3　「萬」字。

古學家推測，這可能是因爲，古代中原地區蠍子多到數不勝數；還可能是因爲，母蠍子在繁殖時，身上會有數不清的小蠍子。

對，「萬」不只是「多」的意思。它還在暗中提醒，什麼東西多了，未見得就是好事。

再比如「當」字（見圖1-4）。「當」的上面是一座小房子，下面則是在房前修築的一道土坎。所以，當就引申出了「抵擋」「安全」的意思：「一夫當關，萬夫莫開。」有土坎擋水，這種地方便於建房安家。所以又引申出來「剛剛好」的意思，這就是我們經常講的「應當」。

從「應當」再進一步演化，「對等」的意思也出來了。過去的「當鋪」，其實就是想說，你抵押的物品和我給你的錢是價值對等的。當然，「當鋪」的經營模式沒有那麼美好，坑顧客的情況在所難免。所以，又出現了「上當」這個詞。

再比如「包」字（見圖1-5）。

圖1-4　「當」字。

圖1-5　「包」字。

「包」最早就是指胎兒初生時包裹的那層「胞衣」。後來有了包裝的意思：包裝、包裹、包袱。

再後來，圍住也叫包了：包圍、包抄。之後它又抽象成了負責、總攬的意思：承包、包辦。隨後，擔保、承諾的意思也出現了：「我包你沒事。」而承諾的意思有了，自然又出現了約定專用的意思：包船、包棟。

你看，每一個漢字都有極大的意義。一個外國人初學漢語，他最大的難題其實不是讀寫，也不是理解，而是很難走入這座象徵的深山叢林。

字如此，詞語就更是如此了。漢語是一棵不斷成長的樹。在一些原始符號上，後人不斷疊加意義，不斷重新闡釋，於是它變成得枝繁葉茂。

舉個例子，菊花。菊花本來只是一種植物，但它同時做爲一個符號，在中國文化中不斷演化。

到了屈原，一句「朝飲木蘭之墜露兮，夕餐秋菊之落英」，菊花的格調立刻就變得高尚起來了；

接著，陶淵明一句「采菊東籬下」，馬上讓菊花有了隱士的品格；再來，孟浩然一句「待到重陽日，還來就菊花」，菊花又成了秋天的象徵；杜甫一句「叢菊兩開他日淚，孤舟一系故園心」，菊花又代表了悠悠歲月；到了晚唐，黃巢的兩句「待到秋來九月八，我花開後百花殺。沖天香陣透長安，滿城盡帶黃金甲」，菊花又有了沖天的殺氣；到了明朝，梅蘭竹菊號稱四君子，菊花的文化意義進一步豐富。

一提起菊花的這個「菊」字，有中國文化修養的人，瞬間能聯想到的符號，幾乎是無窮無盡的，它的意蘊複雜到了極點。如果沒有中國文化修養，那提起菊花，開句玩笑，有的人可能就會覺得被玷汙了，因爲他想到的是人體的某個器官。

從先秦到兩宋，中國文化逐漸成熟，以至於如果不了解每個字詞背後的象徵，我們很難讀懂一篇詩文。

南宋詞壇發生過這樣一件事。

辛棄疾寫成了著名的《永遇樂·京口北固亭懷古》。其中用到的歷史典故有五個：孫權（孫仲謀）抗曹、劉裕（寄奴）北伐、宋文帝倉促北伐後敗北、北魏太武帝拓跋燾（佛狸）南下擊敗宋文帝；趙王想起用年邁的廉頗，派人探望他。

千古江山，英雄無覓，孫仲謀處。舞榭歌台，風流總被，雨打風吹去。斜陽草樹，尋常巷陌，人道寄奴曾住。想當年，金戈鐵馬，氣吞萬里如虎。

元嘉草草，封狼居胥，贏得倉皇北顧。四十三年，望中猶記，烽火揚州路。可堪回首，佛狸祠下，一片神鴉社鼓。憑誰問：廉頗老矣，尚能飯否？

——（宋）辛棄疾《永遇樂・京口北固亭懷古》

辛棄疾寫成一首得意的好詞，往往特地擺酒請客，讓大家來點評。岳飛的孫子岳珂，當時年少氣盛，看到這首詞，說了一句：「微覺用事多耳。」典故用得太多了。辛棄疾哈哈大笑道：「夫君實中予痼。」⑭你說到了我的老毛病啊。

其實，這哪裡是辛棄疾的毛病？這是中國文化成熟的結果。豐富的象徵庫藏，數千年積累下來，讓一個讀書人可以隨意取用，揮灑自如。而不讀書的人，就不得其門而入了。

用著名的詞語與典故而不明言其來源出處，飽學之士讀來，便有高雅不凡之樂。這是一種癖好相投者的共用語言。讀者對作者之能寫此等文章，心懷敬佩，自己讀之而能了解，亦因此沾沾自喜。作者與讀者所獲得的快樂是由觀念的暗示與觀念的聯想而來，此種暗示比明白直說更為有力、動人，因為一語道破，暗示的魅力便渺不可得矣。

——林語堂《蘇東坡傳》㉘

這些「象徵符號」會消失嗎？不會。

象徵符號一旦凝結成形，深度嵌入精神世界，幾乎就永生了。舉個例子。中國古人用的那種外圓內方的銅錢，早就被紙鈔替代了。現在我們甚至連紙鈔也不用，變成了電子支付。

但是銅錢的符號消失了嗎？沒有。你可以到大街上走走看看，中國很多銀行的logo，都是從「銅錢」的形象轉化而來的。外圓內方的銅錢，會成爲中華文化裡永恆的財富象徵。

透過閱讀，可以從一個個象徵符號上溯至文化的源頭。我們可以回去，也值得回去。

書單

你會在這些書中找到凝結的文化象徵：

《別想那只大象》
（美）喬治·萊考夫，閭佳譯，浙江人民出版社二〇一三年版。

《金薔薇》
（俄）帕烏斯托夫斯基，戴驄譯，上海譯文出版社二〇一五年版。

《超級符號就是超級創意》
華杉、華楠，江蘇鳳凰文藝出版社二〇一六年版。

《認得幾個字》[29]
張大春，廣西師範大學出版社二〇一九年版。

《跟熊逸一起讀唐詩》
熊逸，北京聯合出版公司二〇一九年版。

5 俯瞰：到萬米高空去

「欲窮千里目，更上一層樓。」——（唐）王之渙

前面兩章，講的是人類由繁入簡的兩種思維方式：概念和象徵。其實還有一種思維方式，叫「模型」。

文明會帶來豐碩的成果，但也會導致知識的負擔。我們每時每刻都處在大量資訊的衝擊下，如果不能丟掉一些資訊，回到清晰簡潔的模型中去，難免會一片茫然。就像坐飛機升至高空，再回望地面——丟掉細節之後，我們反而能看清山川河流的大走勢、大格局、大模型。俯瞰之下，我們又得到了一個全新的世界。

心理學裡有一派叫格式塔心理學，說的就是這個現象。人類總能跳出個體，從總體和宏觀的層次上認知事物。

天上的繁星，排列本無意義，但人類會把它們想像成黃道十二宮，或者十二星座，這是「天秤」，那是「巨蟹」。即使只看到幾個點，我們也能在腦海裡拼出一個有意義的圖形。這就像我們遊覽名山的時候，導遊經常會指著遠方的幾塊亂石，說這個是「天狗望月」，那個是「猴子觀海」，前面是「仙人指路」。這種資訊加工能力，是人類獨有的智慧。

可貴的鈍感力

放棄細節，只觀大略；遮罩敏銳的覺察力，用「鈍感力」重新理解萬物。只要進入閱讀的世界，我們時常能沐浴在這種智慧的照耀之下。

面對他人各式各樣的毛病，有些人耿耿於懷，有些人不太在乎，有些人視若無睹。人們的感覺各自不同，但有一點非常明確，就是只有對各種令人不快的毛病忽略不計、泰然處之，才能開朗、大度地生活下去。

在各行各業中取得成功的人們，當然擁有才能，但在他們的才能背後，一定隱藏著有益的鈍感力。

——（日）渡邊淳一《鈍感力》

很多傳世名著，其實就是這麼來的。

錢穆的《國史大綱》㉚，有史學家評價它「無論分期系統，還是對每一時段特徵的界定，往往能以數語籠括一代大局」。怎麼做到的？其實是不得已。

翻開《國史大綱》的扉頁，你會讀到一行字：「謹以此書獻給抗戰的百萬將士。」這本書創作於抗日戰爭最艱難的時期。抗戰爆發後，錢穆從北大隨西南聯大輾轉大半個中國。民族危亡之際，他決心寫一部中國通史教科書，勾勒出文明的面貌，告訴當時的國民，中國人到底在為怎樣的文明而奮戰。

凡讀本書請先具下列諸信念：

一、當信任何一國之國民，尤其是自稱知識在水平線以上之國民，對其本國已往歷史，應該略有所知。否則最多只算一有知識的人，不能算一有知識的國民。

二、所謂對其本國已往歷史略有所知者，尤必附隨一種對其本國已往歷史之溫情與敬意。否則只算知道了一些外國史，不得云對本國史有知識。

三、所謂對其本國已往歷史有一種溫情與敬意者，至少不會對其本國歷史抱一種偏激的虛無主義，即視本國已往歷史為無一點有價值，亦無一處足以使彼滿意。亦至少不會感到現在我們是站在已往歷史最高之頂點，此乃一種淺薄狂妄的進化觀。而將我們當身種種罪惡與弱點，一切諉卸於古人。此乃一種似是而非之文化自譴。

四、當信每一國家必待其國民具備上列諸條件者比數漸多，其國家乃再有向前發展之希望。否則其所改進，等於一個被征服國或次殖民地之改進，對其自身國家不發生關係。換言之，此種改進，無異是一種變相的文化征服，乃其文化自身之萎縮與消滅，並非其文化自身之轉變與發皇。

——錢穆《國史大綱》

當時的人回憶說，西南聯大時期，空襲頻來，錢穆每天早晨抱著書稿跑警報，將近傍晚才回家。後來，他又遷居到山中寺廟著書，條件可想而知。⑮書籍資料匱乏，就很難沉入到歷史的細節中。錢穆只好抓住「變化」二字來寫這部《國史大綱》。

先秦戰國，最熱鬧的是戰場，而錢穆卻認爲變在學術思想，也就是諸子百家的興起；秦漢帝國，錢穆沒有寫帝王將相的故事，而是專注於大一統政府的創建；魏晉南北朝三百多年，三十多個大小王朝交替興滅，錢穆反倒認爲最精彩的變化發生在社會經濟領域；隋唐兩代，錢穆認爲盛衰轉變的關鍵是制度，於是他花了很大篇幅去講科舉制、租庸調、兩稅制、府兵制；宋朝漫漫三百年，錢穆關注的大變局是士大夫階層的崛起；元明清時期，錢穆著眼於政治體制的專制化，以及中國傳統政治文化精神的喪失。

這就是大綱的筆法——粗線條、大寫意，用寥寥幾行字勾勒出一個時代的輪廓。

你看，資料匱乏固然是一種缺憾，但是反而獲得了一種俯瞰視角，成就了一本「力求簡要、僅舉大綱、刪其瑣節」的傳世名作。

超級解釋力

用俯瞰視角建立模型，有很多種方法。下面，我們就仿照影片語言中的「拉鏡頭」，由低到高地看看這些風景。

在閱讀中國歷史的時候，我們經常會有一種感覺：先秦、兩漢、魏晉、南北朝、唐、宋、元、明、清，無非就是一次次治亂迴圈。從開國之祖到中興之君，從衰敗之世到亡國之日，中間再夾雜一些忠臣良將、才子佳人的事蹟，故事也就講完了。好像並沒有什麼不同。

但是，如果把三千年的歷史打通來看，你會發現，其中大有不同。

僅舉一個例子：爲什麼中國王朝的都城會走出從長安到洛陽，再到北京這樣一條線路？爲什麼會從西向東，再往北？

施展老師在《樞紐》㉛裡講，一個國家的首都，一般都處在這個國家的重心位置。不是地圖的幾何中心，而是這個國家資源、人口、利益版圖的重心。選擇定都在哪裡，實際上折射了那個時代國家重心的變化。

周、秦、漢、唐一開始都定都在長安。因爲長安位於關中，四面環山，易守難攻。更重要的是，政權建立要靠軍功集團。最典型的就是隋唐的關隴貴族。這幫人的勢力一般都在關中，也就是長安附近。所以，早期王朝一般開始都定都在長安。

但是到了這些王朝中期，一旦皇權得到鞏固，皇帝就不願意處在軍功集團的包圍之下了，而是會往經濟富庶的東邊，也就是洛陽遷移。最典型的就是隋煬帝和武則天。他們當了皇帝之後，立即放棄了關中本位，遷都洛陽，並且大興科舉，培養自己的人才班底，擺脫關隴貴族。

直到唐朝，中國地緣政治格局都呈現爲東西矛盾。所以，都城一直在長安和洛陽之間移動。

到了宋朝，中國進入了「古代平民社會」。因爲印刷術的普及，平民子弟也能讀書，皇帝在民間選拔官員的可能性大增。這樣就形成了文官政府，武將很難進入中央決策系統，政權和軍功集團的矛盾就沒有了，豪族社會也結束了。所以，王朝就可以放心地定都中原，甚至放棄洛陽，跑到距離大運河更近的開封。

但是在元明清三代，中國的重心又發生了遷移。中國已經從以中原爲主的王朝，演化成了一個多元文明體系。這個時候當然應該定都北京。

北京距離滿洲的龍興之地東北很近，距離草原也很近，清朝的皇帝可以在距離北京不遠的避暑山莊接見蒙古的王爺們。西藏來的活佛經常住在五臺山，進北京見皇帝也很容易。因爲有運河，江南的資源也方便調運到北京。所以，北京的地位就變了。

站在中原的角度看，北京是邊塞，但是站在大的體系來看，北京恰恰是樞紐。

大清在不同的文化——生態——經濟區採行不同的治理方式，最高統治者也以不同的身分面目出現，東亞大陸多元體系的整合遂達到前所未有的高度。

中原地區主導大清的財政秩序，其提供的龐大的中央財政使得大清統治者可以對八旗進行直接管理，統治者在此以皇帝的身分出現。

滿蒙主導安全秩序，因冷兵器時代的草原騎兵是最具戰鬥力的部隊，統治者在此以大可汗的身分出現。

藏地以其精神力量馴化蒙古。藏傳佛教的信徒一般都會從屬於某一個寺廟，牧民可以移動，但寺廟無法移動，於是蒙古遊牧民的遊牧半徑便被寺廟固定下來，從而形成某種意義上的定居化。所以康熙曾說「一座廟勝十萬兵」。統治者在藏地以文殊菩薩轉世的身分出現。

> 回部則提供帝國整體的安全戰略空間。
>
> 漢滿蒙回藏各得其所，各有不可替代的價值和功能：滿蒙回藏人數少，但權重並不低；漢族人數多，但權重並不更高。它們通過大清皇帝的多元身分而獲得統一，多元帝國實現了內在的均衡。
>
> ——施展《樞紐》

這麼一梳理，整個中國歷史的發展大勢就盡收眼底了。你可以從中品味一下，在龐大的史料庫中建立一個簡潔的「解釋模型」的魅力。

接下來，讓我們繼續登高，看看超出一個國家、一個文明的範圍，能建立什麼樣的解釋模型。

賈雷德·戴蒙德的《槍炮、病菌與鋼鐵》[32]是這個領域的代表作。這本書回答了一個問題：爲什麼不同大陸的文明進程差異如此之大？爲什麼是歐亞人征服了美洲和非洲，而不是反過來？

戴蒙德提出的解釋之一，是大陸軸線走向的不同。

在歐亞大陸，文明的分布是東西向的，基本按照同緯度展開。所以，個個文明的晝夜長短、季節變化相同，溫度、降雨、植被類型、生物群落類似。一個地方馴化的動植物，能沿東西軸線快速傳播到另一個地方，向外擴散。有了擴散，文明的交流就開始了。而交流是繁榮的前提。

美洲和非洲大陸就沒有這麼幸運了。因爲地形的關係，美洲和非洲大陸的早期文明是南北向分布的，沿經線展開。各地氣候不同，一個地方馴化的動植物無法在其他地方生存。文明的傳播和交流就被阻斷了，文明的發展當然也就遲滯。這個趨勢演化到近現代，歐亞人征服美洲和非洲，就是一個必然的結果了。

這一洞見，可謂平地驚雷。儘管這種「地理決定論」飽受詬病，但它展示了將一個本身極其複雜的問題簡化以後，可以達到的超級解釋力。

全世界有一百四十八種大型陸棲野生食草哺乳動物曾有希望成為家畜，但只有十四種通過了考驗。為什麼其他一百三十四種都失敗了？我們至少可以找出六點原因。

一是飲食習性。要餵養一頭一千磅的牛，需要一萬磅的玉米；而如果你想養一頭一千磅的食肉動物，需要十萬磅的玉米。效率如此之低，以至幾乎沒有食肉哺乳動物被馴化當作食物。

二是生長速度。大猩猩和大象就出局了，雖然牠們都吃素，也不挑嘴，身上的肉又多。原因是：等牠們長成要十五年的光陰，有哪個牧場主人有這個耐心？

三是人工環境中繁殖的困難。

四是性情凶殘。英國有位奇人乘坐斑馬拉的馬車，穿梭在倫敦的街道中。然而，這種動物成年後就變得十分危險，制服不了。斑馬咬了人就不肯鬆口，每年牠們在美國的動物園造成的傷害，比老虎造成的還多！

五是容易恐慌的性情。

六是社群結構。群居、有明確的層級統制結構、不占地盤，有這種社群結構的動物是理想的馴化物件，因為人類只要掌控了統制結構，就控制了整個社群。

四千五百年前，大型哺乳動物的馴化已基本完成。古人已盡全力，沒有漏網之魚。

——（美）賈雷德．戴蒙德《槍炮、病菌與鋼鐵》

萬物的共通規律

我們繼續登高。如果超出人類文明的範圍，還能建立什麼漂亮的模型？

還記得第一次翻開傑佛瑞．韋斯特的著作《規模》㉝時，我所感受到的那種震撼。他說，生命表面看來好像可以有千變萬化，但是萬變不離其宗，都被非常簡單的幾個數學公式左右。

比如，新陳代謝率與體重的四分之三次方成正比。說白了，體重越重，單位能耗越低。大象體重是老鼠的一萬倍，而大象的基礎代謝率只有老鼠的一千倍。因此，規模越大越經濟。

然而，生物的體重不可能無限增大，因爲力量與體重的三分之二次方成正比。說白了，體重越小，反而越有力量。螞蟻能背起比自身體重重很多的東西，而哥吉拉不可能存在，因爲牠還沒有長到那麼大就會被自己的體重壓垮。

生物的壽命也在冥冥之中有定數，因爲衰老的本質是細胞受到損傷。大象身上的細胞多，代謝過程中細胞損傷率更小，所以，大象比老鼠更長壽。壽命與體重的四分之一次方成正比。體重越重的生物，壽命就越長。

總而言之，生物體的諸多特徵都是由體重決定的。只要告訴科學家一種動物的典型體重是多少，他就能告訴你這種動物的生長速度和壽命大概是多少。如果無視這些規律，隨便幻想出一個怪獸，大自然可能根本就不允許牠存在。

不僅是生物體，城市和公司也服從於一些不可違反的定律。世間萬物，一切變化，本質上都是規模的變化。我們只要搞懂規模改變時會發生什麼，就搞懂了世間萬物的共通規律。

- 為何幾乎所有公司都只能生存數年時間，而城市卻能不斷增長，且能夠避開即便是最強大、看上去最完美的公司也無法逃避的命運？我們能否預測各家公司的大致生存週期？
- 我們能否發展出一門城市和公司科學，通過一種可量化、可預測的概念性框架了解它們的活力、增長和進化？
- 城市規模大小有限制嗎？是否存在最優規模？動物和植物的生長規模有限制嗎？是

否會出現巨型昆蟲或巨型城市？

- 為何生活節奏持續加速？為何創新速度必須持續加速才能維持社會經濟生活？
- 我們如何確保人類設計的僅有一萬年進化歷史的系統能夠繼續與已經進化了數十億年的自然生物世界共存？我們能否維持一個受思想和財富創造所驅動、充滿生機活力、不斷創新的社會？地球是否註定會變成一個充斥著貧民窟、衝突和破壞的星球？

——（英）傑佛瑞・韋斯特《規模》

有意思的是，韋斯特的這一系列研究都屬於複雜科學。他擔任過美國聖塔菲研究所所長，而聖塔菲研究所被稱爲複雜科學的殿堂。複雜科學，並不是要讓這個世界變得更複雜，而是要把它簡化，找出一些極其簡單的解釋模型。

這還沒完，我們還能往上走。接下來，讓我們換成上帝視角，俯瞰宇宙。

在人類太空探索史上有一個經典形象——暗淡的藍點。就是在漆黑的背景中，有一個只有幾個圖元大小的暗淡藍點，那就是地球。它是目前在距離地球最遠的地方給它拍下的一張照片。

力主拍下這張照片的，是美國科學作家卡爾・薩根。

那是一九八九年，旅行者一號探測器快要飛出太陽系了。這個時候，卡爾・薩根提出，讓探測器轉一下身，幫地球拍一張照片。這個想法當場就被NASA的科學家否決了，因爲他們覺得這毫無意義。當時旅行者一號已經越過了海王星，在距離地球六十億公里的地方，即便是回頭看也看不到什麼。而且這麼遠，無線電信號傳過去要花五個多小時，如果眞要拍攝，從下達指令，到它轉身拍照，再把照片一個圖元一個圖元地傳回地球，要花六個月的時間。中間任何一個步驟出現問題，都可能讓旅行者一號永遠失去聯繫。這個險值得冒嗎？

不過，薩根仍然堅持這個想法，最後也說服NASA的主管，拍下了這張照片。他說過一段著名的話。

> 我們成功地（從外太空）拍到這張照片，細心再看，你會看見一個小點。就是這裡，就是我們的家，就是我們。在這個小點上，每個你愛的人、每個你認識的人、每個你曾經聽過的人，以及每個曾經存在的人，都在那裡過完一生。
>
> 這裡集合了一切的歡喜與苦難，數千個自信的宗教、意識形態以及經濟學說，每個獵人和搜尋者、每個英雄和懦夫、每個文明的創造者與毀滅者、每個國王與農夫、每對相戀中的年輕愛侶、每個充滿希望的孩子、每對父母、每個發明家和探險家，每個教授道德的老師、每個貪污政客、每個超級巨星、每個至高無上的領袖、每個人類歷史上的聖人與罪人，都住在這裡——一粒懸浮在陽光下的微塵。
>
> 模型的價值就在於此。
>
> ——轉引自萬維鋼《高手》[34]

它在各種尺度上創立類似於「天文學」這樣的理解框架：丟掉細節，既能看到差別，也能看到那直抵宇宙盡頭的統一性。

仰望星空的時候，我們深知，我們當下面對的區區磨難，在人世間本來常有，在宇宙中不值一提。難怪有人說，天文學是一種令人謙卑，也塑造人性格的學問。

據說有人問牛頓，你究竟哪裡偉大？牛頓回答：「不好說，但我發現了天上的天體和地上的馬車、蘋果居然遵循同一個概念。」

這就是俯瞰的價值，它能撐大你的世界，讓你獲得一種超越性的視角。這種對世界超然的理解方式，現實生活給不了，只有閱讀能帶給你。感謝俯瞰，讓我們更好地理解自己，讓一切都變得更有意義。

書單

你可以在這些書中俯瞰世界：

《霍布斯鮑姆年代四部曲》[35]

（英）艾瑞克·霍布斯鮑姆，賈士蘅等譯，中信出版集團二〇一八年版。

《棉花帝國》[36]

（美）斯文·貝克特，徐軼傑、楊燕譯，民主與建設出版社二〇一九年版。

《易中天中華史》（全二十四卷）

易中天，浙江文藝出版社二〇一六年版。

《惠此中國》

趙汀陽，中信出版集團二〇一六年版。

《大國憲制》

蘇力，北京大學出版社二〇一七年版。

6

選擇：我的平行宇宙

「林子裡有兩條路，我選擇了行人稀少的那一條，它改變了我的一生。」——（美）羅伯特·佛洛斯特

這一章，我們講「選擇」，這是閱讀能帶給我們的又一福祉。做選擇的時候，最難的是什麼？是不知道每個選擇會帶來怎樣的後果。

中國古代有個特別容易被人家抹黑的思想家叫楊朱。楊朱做過不少極端的事，比如他敢說「拔一毛而利天下，不爲也」，被孟子斥爲「禽獸」。據說有一次，他遇到了一個岔路口，放聲大哭：「此夫過舉跬步而覺跌千里者夫！」我這半步踏出去，就會產生千里的差異啊！

即使是楊朱這樣特立獨行、不管不顧的人，也很難免除對選擇的恐懼。

閱讀就是治療這種恐懼的良方。

書籍世界儲存了人類文明中所有重要人物在關鍵時刻的選擇，成功的、失敗的、好的、壞的，在別人的劇本裡早就上演過了，太陽底下沒有新鮮事。

所以，閱讀就相當於替我們的大腦連上了一個容量巨大的外接式硬碟，無論遇到什麼難題，我們都可以到裡面搜一搜，提前看看別人的玩法，知道在類似的情況下，自己潛在的選擇有

哪些，又分別會帶來什麼樣的後果。這是不是就把我們的大腦升級了？

每個選擇，都另有原因

其實，在書本之外的現實中，我們也能看見他人的選擇，但看到的往往只是成敗利弊的表象，無法得知選擇的眞正效用，尤其是感受上的效用。

比如說，你正在計畫一趟遠程自駕遊，究竟該開汽車，還是該騎摩托車？

如果置身事外，這兩種選擇的依據無非就是汽油價格、舒適程度、風險大小這些因素。但是，別急著下定論。有一本書叫作《禪與摩托車維修藝術》[37]，作者會告訴我們，兩者之間的區別有多複雜。

騎摩托車和其他的旅行方式完全不同。坐在汽車裡，你總是被局限在一個小空間之內，因為已經習慣了，你意識不到從車窗向外看風景和看電視差不多。你只是個被動的觀眾，景物只能在一個框框裡無聊地從你身邊飛馳而過。

而騎在摩托車上，框框就消失了。你和大自然緊密地結合在一起。你就處在景致之中，而不再是觀眾，你能感受到那種身臨其境的震撼。腳下飛馳而過的是實實在在的水泥公路，和你走過的土地沒有兩樣。它結結實實地躺在那兒，雖然因為車速快而顯得模糊，但是你可以隨時停車，及時感受它的存在，讓那份踏實感深深印在你的腦海中。

——（美）羅伯特・M・波西格《禪與摩托車維修藝術》

開汽車，我只是風景的看客；而騎摩托車，我就在風景之中。同樣是「去過」某一個地方的人，他們在感受世界裡留下的東西原來如此不同。

在書籍中漫步，時常讓我慶幸，很多做出有意思選擇的人，恰好也是愛寫作的人。這就給我們機會，來到他們身邊，近身體察。

舉個例子。如果知道一個人故意不在自己的辦公桌旁邊放垃圾桶，你會不會覺得很奇怪？日本作家松浦彌太郎就在《去生活》裡解釋了他這麼做的原因：

對於我個人而言，我在做著以下嘗試。在自己辦公桌旁不放垃圾桶，我會直接拿著垃圾扔進大垃圾箱。從我的工位走到大垃圾箱，用不到一分鐘。雖說在工作中起身扔垃圾的確有些麻煩，但是這樣做既可以減少垃圾，又可以在去扔垃圾的路上再跟自己確認一下把它扔掉是否妥當。

更進一步的好處在於，即便只有一分鐘，但在你集中精力工作的過程中，這段路程也可以幫助你調節心情。

手裡拿著垃圾，邊深呼吸，邊稍微走動一下，對於振作精神、冷靜情緒都很有幫助。無論什麼都輕易地丟棄，身邊有一隻總是裝到滿的垃圾桶，與其如此，倒是座位邊沒有垃圾桶會讓人心情舒暢吧。

自我感覺這是一個好主意，有些自鳴得意。

——（日）松浦彌太郎《去生活》

如果想成爲一個隨時能清理自己，也隨時能振作自己的人，你不需要發什麼宏願，工作崗位旁不放垃圾桶這麼一個微小的選擇就夠了。人生百態，各有理由。我們身邊的人，很多看似古怪的行動，背後都有著類似的深層動機。

看小說的樂趣也在這裡。好小說，不會只有臉譜化的角色。它會把人物還原到當時的情境裡，體察人物每個選擇背後的緣由和種種不得已，並報以理解之同情。簡單的道德標籤，就這樣被溶解了。

李準先生的小說《黃河東流去》裡，有位算命先生叫徐秋齋，他靠算命騙人維生，卻是書中的正面人物。這是怎麼自圓其說的？

徐秋齋說：「這（算卦）也不能說全是騙人，有錢人家賺他幾個錢，窮人家給他解個心焦，除個心病。比如問病，你就給他說個活絡話，千萬別說太清楚。一般給小孩問病，你就說這個小孩病走在『內』，『眼不睜，啼哭多，飯少吃來又發熱。』小孩們的病，大體上就這幾樣。另外人都喜歡奉承，順氣丸誰都愛吃，要貼氣。比如老婆們來算卦，你就說，按你這八字呀，你是個性子剛強的直心人，不愛占人家的小便宜，借平還滿，總愛吃個虧；任憑自己受苦，可對人總是大方。這一說，她就會說，先生啊，你咋說得這麼投心呢！下邊就好說了。還有些人是『硬簧』！比如國民黨軍隊中當官的，有的他是故意來『卡』你，說不定還要砸卦攤子！你就先奉承他再罵他，這種人是非賺他倆錢不行！比如他一報八字，你就說：『文曲武曲兩相連，南殺北戰多少年，單等丙寅有火起，不當團長當校官。』他一聽就高興，你再說你爹壓你的官運，你命太硬，你要當上校官，就克住你爹了！不過也有個破法，這時候，他就害怕了！……」

——李準《黃河東流去》

善惡只在一念之中，而一念只在方寸之間。無論我們表面上看到了什麼，如果不能由此追溯他人的動機，體諒他人的處境，我們的道德評判就難免蒼白。

讀書無數，其實就約等於閱人無數。

讓子彈再飛一會兒

選擇，其實是一種非常危險的處境。

看起來，我們可以事先把所有的利弊得失都考慮到。但一個選擇必然觸發他人的選擇，他人的選擇又反過來影響我們的進一步行動。再加上各種偶發、繼發因素，選擇的眞實後果，需要在漫長的時間中次第呈現。

我們總愛想像結局。但結局之後，總是另有終局。

西元前四十九年一月十二日，凱撒帶領大軍來到盧比孔河邊。過還是不過？在地理意義上，盧比孔河不是什麼重要的河流。但羅馬法律有規定，將領回羅馬，不得將軍隊帶過盧比孔河，否則就是叛國。

他期望改造羅馬的國體，樹立羅馬世界的新秩序。如果凱撒不度過盧比孔河，屈服於「元老院最終勸告」，放手軍團的兵權，或許可以避免內戰，但是樹立新秩序就成了一場夢。那麼，這對活了五十年的凱撒來說，還真不知這五十年來為什麼而活。況且他的驕傲，也絕不允許他就這樣去過無意義的人生。而現在自己的名譽已遭玷汙了。彷彿高盧戰役從沒發生過似的，如果自己不服從「元老院最終勸告」，就將被宣告成國家的敵人，成為叛國賊，凱撒的名譽已經徹底地遭到了玷汙。

——（日）鹽野七生《羅馬人的故事》㊳

最終，凱撒選擇邁出那一步，揮軍渡過盧比孔河，一切都很順利，凱撒的軍隊勢如破竹，順利地擊敗了政敵龐貝。沒過多久，他也征服了整個元老院，集大權於一身，獲得了羅馬歷史上前所未有的榮耀。

但是，故事沒有結束。

五年之後，一場暗殺突如其來。西元前四十四年三月十五日，十四名刺殺者趁著凱撒來到元老院毫無防備之際，對他痛下殺手。這些暗殺者中，甚至還有他指定的第二順位繼承人。在這十四人的圍攻下，凱撒身負二十三處劍傷，臨終之時，他不願讓人看到自己死後的慘狀，用披風裹住全身，最後倒在了龐貝雕像腳下。

成功的榮耀，總是很明顯地擺在世界的亮面，但與此同時，世界的暗面發生什麼了呢？他人的嫉妒、挫敗、隱恨和反攻的決心在慢慢滋生，而這些有時候會積累成雷霆一擊。

回到盧比孔河邊。如果當時凱撒就知道，被暗殺才是他的故事的最後結局，他還會做出當初那個選擇嗎？我們無從得知。然而，對於後世所有正在準備「驚險一躍」的人來說，有沒有看過凱撒的故事，頭腦裡有沒有那樣的圖景，他們的選擇也許會不一樣。

凱撒這一生的成敗還不太好說，那麼再去看一次全面的、徹底的勝利吧。中國歷史上有一個例子：西元六二六年，李世民發動的玄武門之變。

跟歷史上其他造反者相比，李世民的成功非常徹底。太子李建成被殺，高祖李淵被迫退位，然後就是貞觀之治，李世民成了千古一帝，似乎全贏了。

但代價是什麼？從歷史後果上不太看得出來，我們需要到李世民的精神世界去尋覓真相。

玄武門的凶光，天下人都看到了。在政治合法性上，李世民得位不正；在道德上，他殺兄屠弟，倫常有虧。他知道，這是要寫進歷史的。所以李世民的後半生，既是一個勵精圖治的帝王，又是一個在血色悲劇的底版上反覆修飾的懺悔者。

他必須重用太子遺黨魏徵，否則何以見聖君的大度？他必須虛心納諫，否則何以見聖君的賢明？他必須征伐遼東，哪怕明知勉爲其難，否則何以見聖君的偉業？還不止於此。玄武門事變製造了一個先例。李世民的兒子們，人人自危，甚至心懷鬼胎：父親做過的事，何妨再來一次？

貞觀十七年，先是李世民第五個兒子齊王李祐謀反，李世民無奈，將他殺了。誰承想，調查齊王謀反的過程中，又牽出了太子謀反的線索。

太子是未來的皇帝，爲什麼還要謀反？就是擔心會再來一次玄武門之變，以防萬一，乾脆先下手爲強。廢掉太子李承乾之後，立誰爲新太子，李世民又犯了難。魏王李泰，有帝王氣魄，李世民本來偏愛；晉王李治，生性柔弱，本不適合做皇帝。然而如果眞讓李泰做了皇帝，李治和李世民的其他兒子們還有活路嗎？不得已，李世民只能選擇讓他不滿意的李治。

> 承乾既廢，上御兩儀殿，群臣俱出，獨留長孫無忌、房玄齡、李世勣、褚遂良，謂曰：「我三子一弟，所為如是，我心誠無聊賴。」因自投於床，無忌等爭前扶抱，上又抽佩刀欲自刺，遂良奪刀以授晉王治。
>
> ——（宋）司馬光《資治通鑒》

這種痛苦，居然把李世民逼到了要自殺的地步。貞觀十七年之後，他的生命狀態急劇惡化，六年後便離世了。在生命的盡頭，如果讓李世民回到玄武門之變事前，他會做出同樣的選擇嗎？也許依然會。畢竟皇帝之位的誘惑太大了。但至少，他對選擇的代價，會看得更清楚。

茨威格評價路易十六的王后瑪麗．安東尼：「她那時候還太年輕，不知道所有命運贈送的禮物，早已在暗中標好了價格。」⑯

每當走到岔路口，無論勝算多大，都務必讓子彈再飛一會兒。看清價格，再做選擇。

原來還能這麼做

除了看清選擇背後的代價，閱讀能帶給我們的，還有我們自身視野之外的豐富選擇。

金庸的《天龍八部》㊴所講的，不只是一個熱鬧的故事，其實還是一場有關人生選擇的大型思想實驗。在中國古代，一個心裡有夢的人，能有多少種選擇？

自古忠義難兩全，讓蕭峰來選，他選擇蒼生大義，只不過代價是他自己的生命。江山和美人，讓慕容復來選，他幻想自己有機會得江山，於是硬生生把絕代佳人逼進了別人的懷抱。清規戒律與紅塵繁華，讓虛竹來選，他頭也不回，只想要清規戒律。但沒想到最後出了岔子，一個夢姑把他拽到了溫柔鄉里。愛恨情仇，讓天山童姥、李秋水這些人來選，她們都選擇了恨。結果呢？人生盡頭只看到一場鬧劇。

他們都沒想到，故事中結局最好的人，恰恰是只喜歡男歡女愛的段譽。原來，溫柔鄉中，心無大志，也是一種可行的選擇。

那些少有人走的路，也可能有絕佳的風景。在書中，隨處可得。一個中國古代的讀書人，能有多少種人生選擇？追求功名去當官？不爲良相即爲良醫？當一名私塾先生？抑或是仿照陶淵明，退隱田園？想來無非是這些了。但是，在明朝後期，南直隸的江陰縣，有一個叫徐霞客的人做了一件匪夷所思的事。他選擇到遠方去看看。

從萬曆三十六年（一六〇八年）二十一歲正式出遊，到崇禎十三年（一六四〇年）五十三歲最終歸家，徐霞客東到浙江的普陀山，西至雲南的騰沖，南到廣西南寧一帶，北至天津薊州的盤山，足跡遍及大半個中國。直到晚年「兩足俱廢」[17]才罷。

這樣的奔波，有什麼價值呢？當時的人是無法理解的，只能稱之爲「奇癖」。只有徐霞客自己心裡最清楚。下面這段話，是他臨終時說的：

> 漢張騫鑿空，未睹昆侖；唐玄奘、元耶律楚材，銜人主之命，乃得西遊。吾以老布衣，孤筇雙屨，窮河沙，上昆侖，歷西域，題名絕國，與三人而為四，死不恨矣。
>
> ——轉引自（清）張潮《虞初新志》

張騫鑿空，是爲漢帝國開闢西域；玄奘取經，是爲求得佛法；耶律楚材爲成吉思汗貢獻西征大計，並隨軍西行。這三個人雖然也走得很遠，但都有特定目的。而徐霞客說：「我就是一個老百姓，一根拐杖兩隻鞋，我走那麼遠，也能和這三個人並列，成爲中國人裡面走得最遠的第四個人，我死而無憾啊！」

兩百多年後，民國地質學家丁文江說，徐霞客比張騫、玄奘、耶律楚材可要厲害多了。後三者雖然走得也很遠，但出發點「不是恭維皇帝，就是恭維佛爺，霞客是純粹地爲知識」⑱。

徐霞客一生苦行，可能是爲了見到山川奇景，也可能是爲了知識，還可能是爲了爭取歷史地位。但他應該沒意識到，他爲後人開闢出了一條路，從此世間就多了一種重要的選擇。

還記得一封著名的辭職信嗎：「世界那麼大，我想去看看。」沒有徐霞客以及歷代遠行者創出的先例，很難說今人會不會有這樣的勇氣。

英國動物學家珍·古德也是這種人。

一九六〇年，僅僅因爲對動物的熱愛，二十六歲的古德就帶著一本筆記本和一臺望遠鏡，一頭鑽到非洲的叢林裡研究黑猩猩。要知道，當時的她連專業背景都沒有，她的研究也不被專業學者看好。質疑者說，她堅持不了三個月。但她不僅堅持了下來，還捧出了一項重大成果：黑猩猩會使用工具。當時，科學界普遍認爲，只有人會使用工具。古德的發現，不僅增進了人類對黑猩猩的認知，也更新了我們對人類自身的定義。

此後的幾十年，古德的黑猩猩研究幾乎沒有中斷，豐富的成果不斷湧現，各種榮譽也紛至沓來。一九六五年，劍橋大學授予她動物行爲學博士學位；一九九五年，英國女王授予她大英帝國勳章，還有其他各類國家級甚至世界級的獎項多達數十項，此處不一一列舉。

在出發的時候，古德肯定不會預見到這些。她走通了這條路。問題在於：是什麼樣的力量支撐她走下去的呢？她的書裡早有答案。

在那段日子裡曾經有一天，我一想起來就心潮澎湃。

我躺在那裡，彷彿與森林融為一體，再次體驗到神祕的聲音昇華和感知的豐富多彩。我敏銳地感覺出森林中悄悄進行的各種活動。一隻身上有條紋的小松鼠正以牠所特有的螺旋運動方式向樹上爬，還不時朝樹皮上的裂縫裡看一看，那雙亮晶晶的小眼睛和那對圓圓的小耳朵表現出牠那特有的機警。一隻身上長著黑色絨毛的熊蜂在紫色的花叢中間飛舞，每當牠飛進穿透森林的陽光中，牠尾部那鮮豔的橘紅色就顯得非常耀眼。這種沒有語言思維的感受實在是無法用語言來表達的。這時候的人也許會被帶回自己的幼年時期，覺得世間萬物都是那樣的新鮮，有那麼多奇妙的東西。

我們看見一隻昆蟲，立即就會想到牠的某些主要特徵，而後對牠進行分類——是一隻蒼蠅。在這樣的認知體驗中，有些奇妙的東西業已失去。一旦我們把周圍的東西貼上標籤後，我們就不太想再仔細看它們了。語言是我們理性自我的一部分，暫時放棄它，是為了給我們的直覺自我以比較自由的空間。

——（英）珍．古德、（英）菲力浦．伯曼《希望的理由》

從個人偏好出發，一路闖關，最終登上眾人矚目的榮耀高臺。照亮一條本來不通的路，這是很多偉人對我們的價值。在閱讀中，你還能看到一些顯得不那麼偉大的選擇。

英國著名的溫莎公爵，本來是英國國王愛德華八世。他不愛江山愛美人，爲了跟自己喜歡的女人結婚，毅然辭去王位，成爲英國歷史上第一位主動退位的國王。在當時，這是宮廷大戲，也是娛樂小報津津樂道的話題。但是多年後呢？

英國那麼多君主，眞的能在歷史上留下大名的其實不多。在這張名單中，溫莎公爵也許就占據了一席之地。我們這些普通人，沒辦法經歷那麼轟轟烈烈的愛情。但是不愛江山愛美人的這個選擇，從此就會在所有人的生命中若隱若現。

閱讀，既能幫我們看清選擇的後果，也能幫我們看到那些被漠視的選項，更能讓我們在當下的窘境中，看到人生的無限可能。

研究國際戰略的徐棄郁教授有一句話：「好的戰略，不是爲了讓我們在具體的博弈中取勝，而是爲了讓我們手中握有更多的選擇。」閱讀也是一樣。它未必能讓你功成名就，但確實可以讓你手中握有更多的選擇。

書單

你可以透過閱讀這些書，讓自己手握更多種選擇：

《羅馬人的故事》
（日）鹽野七生，計麗屏等譯，中信出版集團二〇二〇年版。

《禪與摩托車維修藝術》
（美）羅伯特·M·波西格，張國辰譯，重慶出版社二〇一八年版。

《100個基本》㊵
（日）松浦彌太郎，尹寧譯，湖南人民出版社二〇一四年版。

《歷史的溫度》㊶
張瑋，中信出版集團二〇一七年版。

《張居正》
熊召政，長江文藝出版社二〇一六年版。

第二章

遙遠的地方

我有一個夢想，終有一天，我的足跡會遍布那些遙遠的地方。

我知道，在所有通向遠方的路徑中，閱讀是最便捷，也是最有魅力的那一條。我能否去書裡拜訪各地風物，將「神山聖湖」收入眼中？

我能否在棋局中觀人，品味局外人看不清的複雜性？

我能否借他人之眼窺視歷史現場，把頭腦中的標籤還原成百態眾生？

我能否偶爾他顧，尋找書籍中那些被有意隱去的風景？

我能否找到比自己更大、更恆久的事物，寄身其中，讓生活充滿意義？

我能否將他人極致的行動視爲旅行目的地，雖不能至，心嚮往之？

1

風物：帶什麼詩去遠方

「閱讀，讓我們成爲移民。」——（美）羅伯特．佛洛斯特

人生不過百年。到遠方去，在有限的時間裡看到更多景觀，是我們的本能衝動。若有幸能在山水之間行走，又何必青燈黃卷地苦讀呢？

於是就有了那句著名的話：讀萬卷書，不如行萬里路。但是，一趟遠行，眞的能夠離開書嗎？

清軍入關後不久，大學者顧炎武開始了他的天下行走，主要考察山東、山西、河北、陝西等多地的山川形勢，著成地理志長編，也就是聞名後世的《天下郡國利病書》和《肇域志》。路途中他隨身的，除了必不可少的盤纏、乾糧，還有兩匹馬、兩頭騾子。牲口背上馱的是什麼？是書。

凡先生之游，以二馬二騾，載書自隨。所至厄塞，即呼老兵退卒，詢其曲折，或與平日所聞不合，則即坊肆中發書而對勘之。

或徑行平原大野，無足留意，則於鞍上默誦諸經注疏，偶有遺忘，則即坊肆中發書而熟復之。

——全祖望《亭林先生神道表》

這一路上，顧炎武看到的是山川關隘，關心的是治亂得失。眼前景物和書中記載必須兩相參照，才能變成他的大見識、眞學問。

有一個詞，叫「壯遊」。這是從十七世紀開始，由英國貴族子弟開啓的一個傳統。在十七歲的時候，他們將由家裡的一名管家陪同，用幾年時間遊歷歐洲、參觀博物館、學習語言、開闊眼界，直到成爲眞正的男子漢才回家，繼承祖業。① 十八、十九世紀的英國浪漫主義詩人拜倫、雪萊和濟慈都有這樣的經歷。發展到今天，就是很多西方學生在大學入學前一年，或是大學畢業、參加工作前一年要進行的深度遊歷：Gap Year。

遠遊的目的是重塑自我，是深度的人文互動。沒有書籍和知識伴隨的旅程，是不可想像的。

九齡書大字，有作成一囊。性豪業嗜酒，嫉惡懷剛腸。脫略小時輩，結交皆老蒼。飲酣視八極，俗物多茫茫。東下姑蘇台，已具浮海航。到今有遺恨，不得窮扶桑。

——（唐）杜甫《壯遊》（節選）

遺落的盛況

關於遠方，我們在書中能找到什麼？首先是被遺落的盛況。

今天我們如果去河南開封，看到的只是一個普通的中原城市。而我們知道，千年之前，這裡可是北宋的都城——東京汴梁。更準確地說，我們今天看到的開封，是在古汴梁的上面。由於黃河決口，大水曾數次淹沒開封，於是逐漸出現了不同朝代的古城疊加在一起的城摞城奇觀。大宋的東京夢華，被掩埋於今天開封地下約十到十二公尺的深處。只有翻開書本，它才能重現盛況。

天下苦蚊蚋，都城獨馬行街無蚊蚋。馬行街者，都城之夜市酒樓極繁盛處也。蚊蚋惡油，而馬行人物嘈雜，燈光照天，每至四鼓罷，故永絕蚊蚋。上元五夜，馬行南北幾十里，夾道藥肆，蓋多國醫，咸巨富，聲伎非常，燒燈尤壯觀，故詩人亦多道馬行街燈火。

——（宋）蔡絛《鐵圍山叢談》

在學者吳鉤寫的宋朝歷史書中，有這樣兩則關於開封的描寫：一則來自筆記《鐵圍山叢談》，告訴我們，開封城唯獨這條馬行街不見惱人的蚊蟲。因為它是當時最繁華的夜市，直到四更（凌晨一點到三點）才關停。夏夜燃燒的燭油，熏得整條街不見一隻蚊子。另一則來自《北窗炙輠錄》，市井間喧嘩、熱鬧的夜生活在這部史料筆記中還被拿來與北宋的皇宮比較——「外間如此快活，都不似我宮中如此冷冷落落也」——宮外的音樂和笑鬧聲，竟把豪華的皇宮襯托得冷冷清清。②孟元老在《東京夢華錄》中，開列了當年開封各條街巷的飯館和拿手菜，像極了宋朝的「大眾點評」。

白肉夾面子、茸割肉胡餅、湯骨頭、乳炊羊、肫羊、鬧廳羊、角炙腰子、鵝鴨排蒸、荔枝腰子、還元腰子、燒臆子、入爐細項蓮花鴨簽、酒炙肚胘、虛汁垂絲羊頭、入爐羊、羊頭簽、鵝鴨簽、雞簽、盤兔、炒兔、蔥潑兔、假野狐、金絲肚羹、石肚羹、假炙獐、煎鵪子、生炒肺、炒蛤蜊、炒蟹、渫蟹、洗手蟹之類，逐時旋行索喚，不許一味有闕。或別呼索變造下酒，亦即時供應。

——（宋）孟元老《東京夢華錄》

一家尋常酒樓裡就有這麼多的菜色——引文中還遠沒有列全。野味、海鮮、內臟都已經開發出來入菜了。注意其中有幾道以「假」字開頭的菜，其實就是我們今天說的仿葷。當時開封的市民就像今天大城市的上班族，家中不常開伙，三餐很多靠外食來解決。

都說宋朝是中華文明的盛世，但如果看不到這種尋常巷陌裡的具體景象，我們的腦子就只剩下了幾個乾癟的概念。

讀一些關於開封的文字，也會激發你遊歷開封的欲望。

千年前的風物，大多都不在了，但大相國寺至今猶存——雖然那是清代康熙年間重修的。

一個讀書人，走到大相國寺的門前，可以想起李清照。李清照的丈夫趙明誠，當時還只是一個普通的窮學生，有時要把衣服典當了，才能在大相國寺的書畫古玩攤上買幾件心愛的珍玩，然後喜孜孜地捧回家，和李清照展玩品鑒，最終寫成了傳世的《金石錄》。這樣的閨房之樂，想來清雅之極。

一個讀書人，走到大相國寺的後院，還能夠想起魯智深。《水滸傳》裡說，魯智深在此地倒拔垂楊柳。雖然這是小說家的想像，但你眞的走到那裡，哪能感受不到魯智深的沖天豪氣？

一個讀書人還知道，據說這裡曾是戰國四公子之一的信陵君的故宅，也是畫聖吳道子畫《文殊維摩菩薩像》的地方。此地還留下了從歐陽修到蘇東坡等一眾文人的游蹤。

今天能看到的景物，其實是啓動我們書本知識的快捷方式。反過來，在書中讀到的資訊，也是讓我們遊興大發的誘因。

美國專欄作家紀思道曾經寫過一篇著名的文章《從開封到紐約——輝煌如過眼雲煙》，破天荒地用漢字隸書標題發表在《紐約時報》上。看著紐約城的一片繁華，他提醒美國人，這不是古已有之的，也不會萬古長存。「我們如果回顧歷史，會發現一個國家的輝煌盛世如過眼雲煙，轉瞬即逝，城市的繁華光景尤其如此。如果美國人沒有聽說過開封，那這將是一個很好的警示。」③

很多年之後的人，可能再也看不到紐約第五大道的流光溢彩和百老匯的戲劇了，但他們仍然可以翻開書本，憶想出一片今天的盛況。

遮蔽的過程

我愛讀一類遊記作品。作者不只是介紹沿途的風光和自己的感受，而且是用追問的目光求解每一個看到的現象。比如郭建龍的《穿越百年中東》❶。

如果有機會去土耳其觀光，我們能看到什麼？按照旅行團的安排，無非就是：獨立大街上的咖啡廳、以弗所古城、古羅馬阿斯班多斯圓形劇場、格雷梅小鎮的熱氣球、聖索菲亞大教堂、藍色清眞寺、棉花堡等等。

至於土耳其語，那好像是導遊和翻譯的事，我們並不需要關心。但是在郭建龍的書裡，我們會了解到：現代土耳其語的字母誕生於一九二八年，迄今不足百歲。

土耳其語沒有經過漢字那樣繁複的演化過程。現代土耳其語的文字，是凱末爾④成立的「語言委員會」以拉丁字母爲基礎創制的，整個過程僅用了兩個月左右的時間。

在這場「字母革命」之前，人們在用土耳其語進行文字記錄時，採用的是阿拉伯字母。於是，掌握這門複雜的官方語言就成了統治精英的文化特權，而這又反過來強化了他們的其他特權。凱末爾雷厲風行地進行文字改革，可謂一箭三雕：採用以拉丁字母爲基礎的文字體系，既表明了土耳其從東方文明向西方文明脫胎轉型的決心，又實現了文化自救，還順手促成了文化平權。

在改革的那一刻，混亂產生了——由於政府規定以後的文書不得使用阿拉伯語書寫，只准使用土耳其文，結果所有的土耳其人都發現自己一夜間成了文盲，必須重新學習另一種文字。而同時，書籍和報紙一下子跟不上文字改革的速度，人們突然間沒有東西可看可學了。

不喜歡阿塔圖克的人往往批評他過於激進。但事後來看，這一步卻取得了驚人的效果。當精英和平民都站在同一起跑線上重新學習語言時，各種資源迅速到位，書本、報紙出現了驚人的發展，與之相伴的是文盲率的大大降低。

而更為重要的是，土耳其擺脫了阿拉伯文字後，也從阿拉伯濃郁的宗教氛圍中擺脫出來，更加貼近於西方，與中東的其他地方明顯區隔開來。

——郭建龍《穿越百年中東》

當我們穿行在土耳其的景點和街市，聽著喧囂的市聲，看著輝煌的看板時，如果沒有郭建龍的這本書，我們就和這個國家最驚心動魄、雄心勃勃的變革擦身而過了。

股神巴菲特說過一句話：「雖然我也靠收入生活，但我迷戀過程要遠勝於收入。」遊覽風景其實也一樣。用足跡丈量大地，用耳目搜尋風光，之所以遠遠不夠，就是因爲我們不知道它們爲什麼會變成今天的樣子。

忽略的情感

除了情境和過程，人類最重要的東西——情感——也經常會被遺落。而書籍能幫我們還原。

如果去看中國著名的藏書樓，寧波天一閣，你能看到什麼？

天一閣，藏在寧波月湖西側的一條街巷裡，是中國現存最古老的私家藏書樓，由明朝嘉靖年間的兵部右侍郎范欽主持建造。從明朝嘉靖年間至今，四百五十多年，那麼多刀兵水火，那麼多貪欲強權，這座藏書樓能夠保全下來，眞是一個奇蹟。

當地導遊可能會爲你介紹：爲了保存天一閣，范欽和他的後人採取了一套非常嚴格的處罰規則，「子孫無故開門入閣者，罰不與祭三次……因而典押事故者，除追懲外，永行擯逐，不得與祭。」⑤除此之外，還有三條規矩：女不上樓、書不出閣、外姓人不准上樓看書。在一六七三年，大學者黃宗羲破例登樓之前，這個規矩被嚴格執行了一百多年。

什麼感覺？是不是可敬、可畏、面目森然？

但是在余秋雨的《文化苦旅》❷裡面，我讀到了一個小插曲。

在這裡，不得不提到那個我每次想起都感到難過的故事了。據謝堃《春草堂集》記載，范欽去世後兩百多年，寧波知府丘鐵卿家裡發生了一件事情。他的內侄女是一個酷愛詩書的女子，聽說天一閣藏書宏富，兩百餘年不蛀，全靠夾在書頁中的芸草。她只想做一枚芸草，夾在書本之間。於是，她天天用絲線繡刺芸草，把自己的名字也改成了「繡芸」。

父母看她如此著迷，就請知府做媒，把她嫁給了范家後人。她原想做了范家的媳婦總可以登上天一閣了，不讓看書也要看看芸草。但她哪裡想到，范家有規矩，嚴格禁止婦女登樓。

由此，她悲怨成疾，抑鬱而終。臨死前，她連一個「書」字也不敢提，只對丈夫說：「連一枚芸草也見不著，活著做甚？你如果心疼我，就把我葬在天一閣附近，我也可瞑目了！」

今天，當我抬起頭來仰望天一閣這棟樓的時候，首先想到的是錢繡芸那抑鬱的目光。在既缺少人文氣息又沒有婚姻自由的年代，一個女孩子想借著婚姻來多讀一點書，其實是在以自己的脆弱生命與自己的文化渴求斡旋。她失敗了，卻讓我非常感動。

——余秋雨《文化苦旅》

所有可敬可畏的豐碑後面，都有殘酷的一面。小人物在大規矩、大事業面前，總是形同草芥。那些哀哀哭泣的悲聲，除了在書裡，我們哪裡也聽不到了。

在書中，我們還能看到那些被忽略的「恐懼」。

如果有幸去發射場看火箭升空，我們內心的情感是什麼？興奮、崇敬？那對火箭裡面的太空人呢？覺得他們是無畏的英雄，抑或理性的科學家？

這當然沒錯。

但太空人也是人，他們也有恐懼。下一刻，他們就將被以快於每秒七．九公里的速度送上太空，比手槍子彈出膛的速度還要快二十多倍。進入茫茫宇宙之後，能不能回到地球，與久別的親人相擁，都還是未知數。只不過，太空人身負全人類的期待，他們必須是英雄，也只能是英雄，很少有人願意把這一刻的恐懼寫下來。

但是我在斯科特．凱利寫的《我在太空的一年》❸裡，突然看到了這麼一個段落。

我站在右後輪胎的前面，把手伸進宇航服。我真的不需要小便，但這是一個傳統：尤裡．加加林在前往發射臺進行他歷史性的首次太空飛行前，要求在我們現在所站的位置上靠邊停車，然後在大巴車的右後輪胎上撒尿。之後他上了太空，又活著回來了。所以現在我們都必須做同樣的事情。這個傳統非常受人尊重，連女宇航員都會帶著一瓶尿液或水，灑到輪胎上，而不需要完全脫掉宇航服。

——（美）斯科特．凱利、（美）瑪格麗特．迪安《我在太空的一年》

這段話裡沒有一個字寫恐懼，但是我們要知道，風險越大的地方，人們的恐懼就越多，迷信程度就越高。斯科特．凱利是美國著名太空人，技術高超，身體素質極佳。即使如此，他也要加入如此鄭重其事且荒誕的「儀式」。

這類儀式還包括：執行任務之前，喝一杯加了火箭燃料的水。然後，還要在加加林曾經的辦公室簽文件。加加林，就是世界上第一個進入太空且活著回來的太空人，他們相信這會帶來好運氣。⑥

我們會心一笑。即便我們看到了太空人的恐懼，也絲毫不會對他們的英雄形象心生質疑。

書中自有風物

除了自然景觀之外，書本身也是旅行的目的地。

所謂旅行，就是「從自己待膩了的地方，去一個其他人待膩了的地方」。有很多書也是這樣。它們被某些文明熟知，但對我們很多人來說，卻全然是陌生地帶。

比如《聖經》。

《聖經》出版至今，累計發行量超過四十億冊，被翻譯成超過四百種語言，是人類歷史上銷量最高、被翻譯語種最多的一本書。但絕大多數的人對《聖經》的了解，還局限於亞當夏娃、摩西過紅海這樣的「聖經故事」。事實上，在《聖經》共六十六卷、約九十三萬字的篇幅中，有詩歌、傳記、禮儀、律法等包羅萬象的內容，這是人類文明最重要的文化遺存之一。走進《聖經》的世界，不是要你以信徒的標準逐字逐句地誦讀。翻開它，隨意瀏覽幾頁，其實就是一趟絕佳的異域之旅。類似這樣的情況還有很多。比如伊斯蘭教的《古蘭經》、佛教的《大藏經》、道教的《道藏》。

它們體量巨大，而且唾手可得，很多內容都能在網上檢索到。很多人願意驅車千里去看神山聖湖，我們當然也可以打開這些文明的寶藏，浮光掠影地遊覽一番。

再比如，幾乎所有人都知道《四庫全書》的大名。它耗時十五年編成，包括三千四百五十七種圖書⑦，約八億字，不少人會被這些數字給嚇跑。

我也沒有翻開過《四庫全書》。但是上大學的時候，我喜歡在圖書館隨意遊走，偶然翻開過一本《四庫全書總目提要》，就是簡單介紹一下《四庫全書》收錄的書，是鼎鼎大名的紀曉嵐等人編撰的。當時，我突然看到這麼一句。

> 古人操觚，亦時有利鈍。如杜甫詩之「林熱鳥開口，江渾魚掉頭」，使非刊在本集，誰信為甫作哉！疑以傳疑可矣。
>
> ——（清）紀昀（紀曉嵐）等編《四庫全書總目提要》

紀曉嵐說，古人寫東西，水準也很不穩定。杜甫的詩裡面居然有一句「林熱鳥開口，江渾魚掉頭」，寫得太糟了。如果不是印在他老人家的集子裡，誰能想到是他寫的？

我看得哈哈大笑。紀曉嵐真行。他在這麼正經的一本書裡，冷不防吐了這麼一句不正經的槽。而且，他還不是在有關杜甫詩集的評論裡面說的這段話。他偷偷塞在了對李賀《昌谷集》的評論裡。

如果沒有這一趟漫不經心的「紙上旅遊」，我哪裡能有幸看到這麼有趣的段子？

作家們可愛的地方在於，他們不需要接受任何學術訓練，不需要掌握嚴密的邏輯思辨技巧；作家只要有自己獨特的眼光，細心加工出一個奇幻的世界給我們看，盡情想像，盡情批判。

最早迷住我的正是這樣的一些書，各式各樣的烏托邦，在古往今來中被幻想出來的理想世界。我覺得那些為人類設計烏托邦的哲人就像我自己一樣，耽於幻想，在一個個晴天的雲卷雲舒裡，在一個個夜晚的星移斗轉裡，飛升至天國的高度，或者像莊子那樣「登假於道」，在雲彩與星空的圖紙上寄託自己雲母一般的才思與哀愁。

——熊逸《紙上臥遊記》

到陌生地方去，紙上臥遊也好，實地觀光也好，我們都身負一個目的——對自己原本生活的超越。

《論語》裡有這樣一句話：「君子懷德，小人懷土。」你肯定會奇怪，「德」的反面怎麼會是「土」呢？宋代的朱熹做了個解釋：「懷德，謂存其固有之善。懷土，謂溺其所處之安。」⑧

原來如此。一個普通人，如果只是沉溺在自己所處的環境中，他的一切成敗利鈍，都是環境使然，這就是「土」。我們今天講「土豪」，也是這個意思。那怎麼才能從一個普通人轉身成爲一個君子呢？孔子給出的方案是「懷德」，就是追求那些固有的善，追求那些超越性的原則。這既是旅行的意義，也是閱讀的意義。

有一個著名的故事：一個寒窗苦讀多年，終獲成功的人，躺在沙灘上沐浴陽光。旁邊一個漁民說：「我生活了一輩子都是在沙灘上沐浴陽光。你經歷一大圈，奮鬥那麼久，最後結果不是和我一樣嗎？」

當然不一樣。

雖然看到的是同樣的沙灘、陽光，但有的人原地未動，有的人隨時可在他鄉。

書單

你可以在這些書中直抵遠方風物：

- **《赫拉克勒斯之柱》❹**
（美）保羅．索魯，薛璞譯，人民文學出版社二〇二〇年版。
- **《旅行的藝術》❺**
（英）阿蘭．德波頓，南治國等譯，上海譯文出版社二〇二〇年版。
- **《聖經的故事》❻**
（美）房龍，朱振武等譯，上海譯文出版社二〇一七年版。
- **《穿越非洲兩百年》**
郭建龍，天地出版社二〇二〇年版。
- **《從大都到上都》**
羅新，新星出版社二〇一八年版。

2

棋局：沒有人是一座孤島

「『自己』這個東西是看不見的，撞上一些別的什麼，反彈回來，才會了解『自己』。」——(日)山本耀司

流年一局棋

小時候就聽說過一句話：「人是一切社會關係的總和。」⑨年紀漸長，我才知道了這句話的力量。

小時候聽趙高「指鹿為馬」的故事，覺得趙高這個人眞的是又傻又蠻橫，自己說錯了，還嚇得別人不敢糾正。長大了，我才知道那是趙高有意爲之。他就是要看看，誰已懾於淫威，誰還敢站出來反駁。做一件荒謬的事，原來也是測試自己權威的一種方法。

小時候覺得希特勒就是一個戰爭瘋子。長大後讀了很多書才知道，希特勒自有他謹小愼微的一面，瘋子其實是被一群自以爲精明的人慣出來的。

小時候知道魯迅先生在文人圈子裡樹敵很多。長大後才知道，他竟然還「破圈」罵過梅蘭芳。魯迅和梅蘭芳沒有交集，也沒有私仇。他罵梅蘭芳，其實是借此表達對一種文化傳統的憤恨。

梅蘭芳不是生，是旦，不是皇家的供奉，是俗人的寵兒，這就使士大夫敢於下手了。士大夫是常要奪取民間的東西的，將竹枝詞改成文言，將「小家碧玉」做為姨太太，但一沾著他們的手，這東西也就跟著他們滅亡。

他們將他從俗眾中提出，罩上玻璃罩，做起紫檀架子來。教他用多數人聽不懂的話，緩緩的《天女散花》，扭扭的《黛玉葬花》，先前是他做戲的，這時卻成了戲為他而做，凡有新編的劇本，都只為了梅蘭芳，而且是士大夫心目中的梅蘭芳。雅是雅了，但多數人看不懂，不要看，還覺得自己不配看了。

士大夫們也在日見其消沉，梅蘭芳近來頗有些冷落。

——魯迅《花邊文學》❼

小時候以為「唾面自乾」是委曲求全、逆來順受。長大後，讀到了《新唐書》裡婁師德的典故，才知道這也是一種策略：別人把唾沫吐在我臉上，如果自己擦掉，既沒有反擊的力量，也弱弱地表示出一種不接受的態度，對方反而會更惱火；不如不擦，當眾讓唾沫在臉上乾掉，自己落下一個好態度，還讓圍觀眾人看到對方的蠻橫，這才是弱者的反擊方法。

讀了很多書之後才發現，沒有一個人是孤立的，沒有一件事是獨存於世的。知識世界就像一盤棋，每一個棋子都和其他棋子緊密地聯繫在一起，它們既相互依賴，又相互掣肘——我們只有看到周邊車、炮的陣形，才能看懂每一個跳馬、將軍的招法；只有看到整個棋盤的布局，才能知曉每個卒子、馬、炮的具體處境。

但在我們求學之初，知識可不是這樣的。它們在課本上列隊整齊，在教室裡魚貫而入，在考卷上叫「知識點」。記住它們本身就行了，至於它們之間的關係，那不重要。只有借助閱讀，我們才有機會把這些孤立的點，還原成整局的棋。比如，歐陽修和蘇軾這兩個人，在國文課本上，分別是下面這個樣子：

歐陽修（一〇〇七——一〇七二），字永叔，自號醉翁，晚年又號六一居士。吉州永豐（現在江西永豐）人，宋代文學家。

蘇軾（一〇三七——一一〇一），字子瞻，自號東坡居士，四川眉山人。宋代文學家。⑩

他們到底是什麼關係？打過交道嗎？有恩怨嗎？彼此欣賞嗎？有共同的朋友嗎？課本來不及講這些東西，我們只好到更多的書裡去找。

有很多關於這兩個人的「文壇佳話」。比如，蘇軾剛從四川來到汴京的時候，歐陽修看見他文章寫得好，就興奮地說：「不覺汗出，快哉，快哉！老夫當避路，放他出一頭地也。可喜，可喜！」⑪蘇軾對歐陽修也是尊敬得很。有人統計過，蘇軾文集中提及歐陽修多達一百七十六次。⑫

僅此而已嗎？兩個人僅僅是關係好嗎？

我後來讀到一本書，王水照先生的《北宋三大文人集團》，才知道，這是一個很大的棋局，用「互相欣賞」「關係好」這些詞是描述不了的。

以錢惟演、歐陽修、蘇軾為領袖或盟主的文學群體，代代相沿，成一系列：前一集團都為後一集團培養了盟主，後一集團的領袖都是前一集團的骨幹成員。因而在群體的文學觀念、旨趣、風格、習尚等方面均有一脈相承的關係。

錢惟演幕府僚佐集團中，以謝絳、尹洙、梅堯臣、歐陽修等人為骨幹，謝絳較為年長，儼然是實際上的文學引路人；尹洙的古文寫作，梅堯臣的詩歌創作皆早負盛名；然而歐陽修做為「新秀」脫穎而出，終於成為第二代文人集團的領袖。

「歐門」中的曾鞏、王安石，原是歐陽修「付託斯文」的既定人選，但當蘇軾從萬山環抱的西蜀來到汴京時，一鳴驚人，使歐陽修欣喜地疾呼：「老夫當避路，放他出一頭地。」第三代文壇盟主的重任便落在蘇軾的肩上。

盟主的產生主要是由才能的優化選擇的自然結果，甚至前一代盟主的個人親疏厚薄的意向也不能完全左右，這是文人集團穩固性的一個重要條件。

——王水照《北宋三大文人集團》

放眼整個北宋一百多年的文壇演化，我們才能看清歐陽修和蘇軾之間的眞實關係。他們既是忘年交，又是前輩領袖和接班人。歐陽修對蘇軾說的那句話：「我老將休，付子斯文」——我老了，將來這大宋朝的文壇領袖就是你——原來，不是一句泛泛的客氣話，而是很鄭重的衣缽託付。

如果繼續深究，我們還會發現，這樣的文壇門派，其實也並不是單純的「文學」。詩酒唱和的關係，也是政壇鬥爭的資源，背後隱隱然浮現出王安石變法時期的政潮，以及後來的「蜀洛朔黨爭」⑬。如果你喜歡宋史，順著這條線往下追蹤，你會看到各種道義立場、朋友恩怨、官場暗鬥、性格缺憾的糾纏。當這盤大棋在你眼前鋪開之後，你會掩卷長歎：很多看似簡單的黑白善惡，都是局中人的暗昧和無奈。

燈下不觀色

民間有一句話，「燈下不觀色」。這是說在某種特定的燈光下，不管燈有多亮，我們都看不出東西的眞實色彩。那如果就是沒有陽光，只能在燈下看，怎麼辦？答案是：換不同的燈光，多看幾回，我們就能大概猜測出眞實的顏色。想讀懂一個人，也是一樣。不能只看他的榮耀時刻，更不能只看他的個人表達。我們得盡可能把他還原到他參與過的所有棋局之中。

正如山本耀司所說：「『自己』這個東西是看不見的，撞上一些別的什麼，反彈回來，才會了解『自己』。」比如，李鴻章這個人，如果你看他對自己的描述，他一生中只有幾件大事：「予少年科第，壯年戎馬，中年封疆，晚年洋務。」⑭好像他所有的經歷，都只在中國的棋盤上。

其實，甲午戰爭失敗之後，李鴻章進行了一次環球旅行。從一八九六年三月中旬到十月初，他先後訪問俄國、德國、荷蘭、比利時、法國、英國、美國等歐美八國，行程九萬多里。這是清朝這個級別的官員第一次出國訪問。他擾動的棋局，可絕不限於中國這個棋盤，在歐洲，所有軍火商都知道來了大買家。

李鴻章享用的那節豪華車廂，由德國軍火商弗雷德里克．克虜伯提供，供他整個旅行使用。他的遠道而來，令全歐洲的軍火商雀躍，這可是遠東最大的買主！

李鴻章在德國的那些天，整個柏林為之興奮：這個前直隸總督權力大得很，要為剛剛被日本人打敗的中國軍隊配備武裝。這可是千載難逢的一份大訂單！德國 Kladderadatsch 和 Ulk 兩份報紙輪番出漫畫，有趣！

李鴻章坐在由一大堆工廠煙囪放出的煙雲上，腳下是一堆堆錢袋。這邊的山頭上，裸體的古羅馬商神梅屈爾，沐浴著也變成錢袋的太陽光，正引領著歐洲人民走向爭取訂單的戰場。走在最前面的是法國和德國，一個手裡拿著火藥，另一個拿著最新型的裝甲艦；跟在後面的是奧地利、俄羅斯和英國，提了一籃商品；再後面，西班牙手裡是一支巨大的哈瓦那雪茄；義大利則拿了一包通心粉。

漫畫的解說詞是這樣一句：「東方的敵人來了，歐洲人民，拿起武器準備戰鬥！把你們最珍貴的商品賣給他！」

——邊芹《文明的變遷：巴黎一八九六．尋找李鴻章》

李鴻章可不知道自己在歐洲人心目中的這個地位。據說，他隨身的行李中，還有一隻活雞，帶這個是怕自己在歐洲吃不到雞蛋。一個局外人突然闖入了一個陌生的房間，主人是殷勤還是傲慢，其實有自己的理由，客人則往往是懵然無知。

還有另外一種情況。李鴻章一路遊覽，一路發表見解。他自己是推心置腹，坦誠以待，但他完全不知道，這些話當地人聽在耳朵裡作何感想。比如，李鴻章參加了俄國沙皇尼古拉二世的加冕典禮。當時現場發生了踩踏事故，造成了近兩千人死亡，史稱「霍登慘案」。李鴻章發表了一番評論。

當時的俄國總理大臣維特伯爵回憶說，李鴻章見到他後，仔細向他打聽有關消息，並問維特：「是否準備把這一不幸事件的全部詳情稟奏皇上？」

維特回答說：「當然要稟奏，而且我相信在這一慘禍發生後已經立即稟奏了。」

哪知李鴻章聽後竟連連搖頭對維特說：「唉，你們這些當大臣的沒有經驗。譬如我任直隸總督時，我們那裡發生了鼠疫，死了數萬人，然而我在向皇帝寫奏章時，一直都稱我們這裡太平無事。當有人問我，你們那裡有沒有什麼疾病？我回答說，沒有任何疾病，老百姓健康狀況良好。」

然後李又自問自答道，「您說，我幹嘛要告訴皇上說我們那裡死了人，使他苦惱呢？要是我擔任你們皇上的官員，我當然要把一切都瞞著他，何必使可憐的皇帝苦惱？」

對此，維特這樣寫道：「在這次談話以後，我想我們畢竟走在清朝前頭了。」

——趙省偉《西洋鏡：海外史料看李鴻章》

那李鴻章就是一個愚昧的官僚嗎？當然不是。來看一段李鴻章在美國對記者發表的演講：

只有將貨幣、勞動力和土地都有機地結合起來，才會產生財富。大清國政府非常高興地歡迎任何資本到我國投資。我的好朋友格蘭特將軍曾對我說，你們必須邀請歐美資本進入清朝以建立現代化的工業企業，幫助清朝人民開發利用本國豐富的自然資源。但這些企業的管理權應掌握在大清國政府手中。我們歡迎你們來華投資，資金和技工由你們提供。但是，對於鐵路、電信等事務，要由我們自己控制。我們必須保護國家主權，不允許任何人危及我們神聖的權力。我將牢記格蘭特將軍的遺訓。所有資本，無論是美國的還是歐洲的，都可自由來華投資。

——鄭曦原編《帝國的回憶：〈紐約時報〉晚清觀察記》（下冊）

在剛才的三段材料裡，我們換了三個坐標系來看同一個李鴻章：在歐洲的軍火商眼裡，他是一塊肥肉；在俄國的政治家眼裡，他是一個過時的官吏；在美國記者眼裡，他是一個見識超群的政治家。把所有這些坐標系拼接起來，才能看到一個立體的李鴻章。

讀書的時候，尤其是讀傳記的時候，要警惕一件事：一位傳記作者因爲常年研究傳主，在理智上，他要強調傳主的重要性，否則這本傳記的價值何在？在感情上，他會不自覺地替傳主文過飾非，因爲沒有人願意長期和一個自己看不上的人共處一室。所以，要了解一個人，只看他的傳記是遠遠不夠的，要注意他和同時代各種人物的交往。

我大學的時候，狠狠讀過一段西方文學理論。流派、作家，一時間熟得很。比如浪漫主義，從英國的拜倫、雪萊、濟慈，到法國的雨果，到俄國的普希金，再到德國的歌德、席勒、施萊格爾兄弟，我都走馬觀花地看了看，對他們各自的作品和成就也算是粗有了解。但是，因爲沒有能力讀原作，這場莽撞的知識之旅似乎也就只能到這兒了。

直到我翻開一本書，海涅的《論浪漫派》，看到了其中的一段話：

從耶拿到魏瑪有一條林蔭道，美觀的樹上結著李子，盛夏乾渴之時，吃起來味道好極了；施萊格爾兄弟經常往返於這條路上，他們在魏瑪和樞密顧問封·歌德先生交談過幾次，歌德總是一位非常出色的外交家，他平心靜氣地傾聽施萊格爾兄弟談話，贊許地微笑著，有時請他們一同進餐，偶爾也給他們幫一個忙，如此等等。他們也想接近席勒；但席勒為人正直誠實，不願和他們有什麼瓜葛。

——（德）海涅《論浪漫派》

這段話替我打開了一扇全新的門：對啊，他們雖然是作家，但也是人啊。是人就有社交圈，有社交圈就有鄙視鏈。

單看施萊格爾兄弟，他們倆就是：德國浪漫派的奠基人和宣導者、耶拿學派創始人、早期浪漫主義刊物《雅典娜神殿》創辦人、劇作家、莎士比亞著作的德語翻譯者等等，全是光環和標籤。但是，海涅把這兄弟倆和歌德、席勒這些前輩的關係說出來了：歌德與他們保持禮貌的距離，席勒則對他們敬而遠之。

到今天我也不清楚，施萊格爾兄弟到底是怎麼得罪的席勒。但是有這寥寥幾句話就夠了。後來我去德國法蘭克福參訪歌德的故居，坐在他家的庭院裡休息，望向歌德在二樓的工作室，彷彿看到了他既寬厚又狡黠的目光。

一個個大人物唱罷登場，每個人都雄心萬丈。但他們的現實舞臺其實逼仄得很，在很多個瞬間，他們甚至可能就是鄰居。他們可以對彼此視而不見，或者絕口不提，但總有些有心的寫書人，會記錄下他們擦肩而過的瞬間。

二月開始了：紐約的「軍械庫展」引發了現代藝術的大爆炸，馬塞爾・杜尚展示了「下樓梯的一幕」。之後他的境遇越來越好。

其他地方也是如此：精彩處處有，尤其在維也納。

一些女人在西格蒙德・佛洛德博士面前袒露自己的靈魂，每小時一百克朗。與此同時，阿道夫・希特勒在維也納流浪漢之家的休息室裡給聖斯蒂芬大教堂繪製動人的水彩畫。

亨利希・曼在慕尼克寫《臣僕》，在弟弟家慶祝自己的四十二歲生日。厚厚的積雪還未消融。

第二天湯瑪斯·曼買地建房。里爾克繼續受苦，卡夫卡仍然猶豫，但是可哥·香奈兒小小的帽子店擴大了經營。

奧地利的皇位繼承人弗蘭茨·斐迪南大公坐著他金色輪輻的汽車飛馳過維也納，玩著他的鐵路模型，擔心著塞爾維亞的暗殺。史達林第一次遇見托洛茨基——在同一個月，那個後來受斯大林委託刺殺托洛茨基的男人在巴賽隆納出生。

一九一三真是不幸的一年嗎？

——（德）弗洛里安·伊利斯《一九一三：世紀之夏的浪蕩子們》❽

局內有乾坤

上面說的，是怎麼從棋局視角去看個人。其實，棋局本身也值得一看。身在局中，每個人的處境，都遠比局外人看到的複雜。

比如，蜀漢丞相諸葛亮。我們都曾被《後出師表》中「鞠躬盡瘁，死而後已」的精神感動。他身負先主劉備托孤之重，僅憑四川一地的兵力、財力，一次次向曹魏發起進攻，最後身死五丈原。

在這個故事中，諸葛亮的敵人似乎只有一個，就是竊據中原的曹魏。所謂「漢賊不兩立，王業不偏安」嘛。但是，如果你設身處地地站在諸葛亮的角度去想，事情又沒有那麼簡單。有關國際政治的常識告訴我們，一個國家對外發動攻擊，既可能是爲了獲取外部利益，也可能是爲了緩和內部矛盾。

在劉備死後不到四年，諸葛亮就開始第一次北伐，明顯很倉促。爲什麼呢？讀了饒勝文老師的著作《大漢帝國在巴蜀》，我覺得豁然開朗——因爲劉備留給諸葛亮的，是一個內部矛盾重重的蜀漢。

劉備從河北起兵，跟著他的有關羽、張飛、趙雲。然後在徐州的時候，又有麋竺、麋芳兄弟加入，就是他的大小舅子。到了荊州，又有諸葛亮、黃忠、魏延等人加入。占據益州之後，又有法正、李嚴這些劉璋舊部加入。但是，劉璋在益州也是外來戶啊，所以還有一大批益州本地的士族。這麼粗略一算，當時的蜀漢政權內部，至少有河北集團、徐州集團、荊州集團、劉璋集團、「土著」集團，一共是五派人馬，另外，還有像馬超這種哪個集團都不算的。所以，蜀漢集團的內部政治結構十分複雜。諸葛亮和李嚴之間、魏延和楊儀之間，都曾有過爭鬥。

那麼，劉備去世後，諸葛亮做爲丞相，怎麼才能保證內部的凝聚力？除了北伐，似乎也沒有什麼好辦法。國家長期處於對外戰爭的狀態，既能使軍政大權不旁落，還可以對個個集團進行強有力的動員，又能趁機吸收姜維這樣的外部人才，近乎「三贏」。

事實也證明，諸葛亮去世後，蔣琬繼任，對外戰爭少了，對內大赦多了，看起來符合「與民休息」的政治理性，但是結果適得其反。

諸葛亮「用法峻密」「赦不妄下」，蜀人卻如此追思他；蔣琬和費禕在制度上沿襲諸葛成規，社會矛盾卻越演越劇。其間的差異，當緣於信念認同上的變化。

諸葛亮主政的靈魂是復興漢室的信念。他以開誠布公、用心平允、科教嚴明、賞罰必信的為政風格，鼓勵吏民「盡忠益時」，將復興漢室的信念變成蜀漢吏民的一種政治認同。正是由於對他信念的認同，所以，他雖然「用法峻密」「赦不妄下」，蜀人卻「畏而愛之」「人懷自厲」。他軍旅屢興，頻頻北伐——這意味著對蜀漢的人力、物力資源的大量動員和徵用，蜀人卻勞而不怨。

當認同感漸漸疏離，即使不再大舉出兵，各種「奸巧非一」觸犯綱禁的問題還是出現了；只能頻繁用赦，緩解社會矛盾。

——饒勝文《大漢帝國在巴蜀》

讀歷史書的趣味就在於：把我們熟知的那些歷史結果還原到過程中，再來品味它的複雜性。不知道過程，其實我們也看不懂結果。

如果你讀過瑪格麗特．麥克米倫寫的《締造和平》這本書，你會看見——第一次世界大戰後的巴黎和會，經歷了無數爭吵，最後終於形成了條約文本。雖然列強們都在上面簽了字，但沒有人對這個協議滿意。因爲沒有共識，所以二十年後的下一場戰爭此時就已註定。

亨利．威爾遜在日記中寫道：「看來，我們自己都沒先看過，就要直接把條約交給德國人了。我覺得這種事歷史上再也找不出第二樁了。」

葡萄牙人抱怨說，他們國家沒有得到任何賠償；中國人反對把中國境內的德國租界交給日本；義大利代表指出，他的同事可能對他們缺席期間敲定的條款有異議。然後，讓全體人都感到驚奇的是，福煦元帥要求發言。他最後一次請求把萊茵河作為德法之間的分界線。克列孟梭怒氣沖沖地質問他，為什麼要來這麼一齣？福煦答道：「這是為了讓我的良心好過點。」

他對《紐約時報》說：「記住，德國人下一次就不會犯錯了。他們會直取法國北部，奪取英吉利海峽上的港口做為基地來進攻英格蘭。」

二十年後，希特勒把這些事分毫不差地做了一遍，幸好那時福煦已經不在世了。

——（加）瑪格麗特・麥克米倫《締造和平》❾

如果你讀過沙希利・浦洛基寫的《雅爾達》這本書，你會發現——在雅爾達會議上，羅斯福和邱吉爾並不像我們想像的那麼親密，相反，他們互相防範得很；你還會發現，史達林也並不像我們想像的那麼強勢，相反，他對客人也殷勤得很（雅爾達當時是蘇聯的領地）。讀懂了這個微妙的格局，也就不難理解在後來的冷戰中，美蘇之間那種既互為對手，又互相成就的關係了。

如果你讀過詩人約翰・多恩那篇著名的布道詞，你會知道——「沒有人是一座孤島，可以自全。每個人都是大陸的一片，整體的一部分。」

書單

你可以在這些書中一品棋局的複雜性：

《旁觀者：管理大師德魯克回憶錄》❿

（美）彼得·德魯克，廖月娟譯，機械工業出版社二〇一八年版。

《一九一三：世紀之夏的浪蕩子們》

（德）弗洛裡安·伊利斯，續文譯，譯林出版社二〇一四年版。

《東晉門閥政治》

田余慶，北京大學出版社二〇一二年版。

《胡雪岩全傳》

高陽，文匯出版社二〇一八年版。

《慈禧全傳》⓫

高陽，新星出版社二〇一五年版。

3

窺視：驚鴻一瞥，此地甚好

「人的面孔是靠長年累月塑造成型的，而在面孔上會慢慢顯現出靈魂。」——（白俄）斯維拉娜．亞歷塞維奇

現實是由什麼構成的？

當然是具體的人、物和事。而更多時候，其實還有「標籤」。比如，美洲大陸上那個九百多萬平方公里、三億多人口的龐大國家，我們用「美國」這個標籤就概括了。在新聞報導中，甚至還會用更小的標籤來代表它，比如「華盛頓認為」「白宮的觀點」等等。這樣做，當然更簡單、更清晰，但代價是丟掉了眞實世界的喧嘩和複雜。

好人、壞人、騙子、土豪、外地人，這類標籤充斥在我們的日常語言中，既帶來了方便，也帶來了危險。

《精進》⑫的作者采銅說，八歲的兒子曾經給他上過一課。

有一天我帶他去南京玩，經過一片鬧市時，我指著眼前一幢高樓說：「兒子啊，你看，這幢樓高不高啊？它叫紫峰大廈。」他並沒有回應，而是伸出了一根手指，朝著這幢大廈指指點點，片刻後，他回頭大聲對我說：「八十六層！爸爸，有八十六層！」我猜他

數出的層數未必準確，可為什麼我沒有想過去數有幾層呢？我只是知道了這幢樓的名字，便以這一點知識而自足，卻沒想過用自己的眼睛去好好觀察它，為什麼？

跟這個八歲的孩子朝夕相處讓我感到新鮮和惶恐。新鮮是因為當我跟隨著他用一個孩子的視角去觀察時，這個世界以一種全新的姿態向我敞開了。我發現，某種程度上，是我腦中紛紛攘攘的知識限制了我的思考，限制了我的觀察。若是回到一種「無知」的狀態，直接面對現實的種種，是不是才是「智慧」的真正開始呢？而我惶恐的是，隨著年齡的逐漸增長，我兒子那喜愛發現的頭腦會不會重蹈我們成年人的覆轍，最終變成一個概念和觀念的容器呢？

——采銅《精進二》

沒什麼不好意思承認的：大多數時候，我們眞的就是一個「概念和觀念的容器」。所以，才有了據說是杜斯妥也夫斯基寫下的那句話：「要愛具體的人，不要愛抽象的人；要愛生活，不要愛生活的意義。」這也是迫不得已。資訊太多，我們只有大量忽視事物的過程、細節和感受，用標籤來思考，才能保持內心的安頓，才不會被沉重的知識負擔壓垮。

這對矛盾好像很難化解。但是，有一類書籍，主要是一些人物日記、自傳、回憶錄，它們偏偏就能在標籤的銅牆鐵壁上打一個小孔，大量、令人驚喜的細節會透過孔眼，像陽光一樣照射進來。我稱之爲「窺視之書」。

讀這類書的方法是：不看此人怎樣講述自己，只看他做爲一個感受搜集器，怎樣記錄、沉澱、篩選和輸出他經歷的那些有趣的場景和細節。

歷史視角和個人視角

一九一四年八月二日，第一次世界大戰爆發後，德國向俄宣戰了。那天，卡夫卡在日記裡寫下了一句話。

一九一四年八月二日

德國向俄羅斯宣戰了。——下午去游泳學校。

——（奧）法蘭茲·卡夫卡《卡夫卡日記：一九一二——一九一四》⓭

在個人的感受中，「戰爭爆發了」和「我要學游泳」居然同等重要。

從一九一四年六月二十八日斐迪南大公遇刺，到八月二日德國對俄宣戰，這三十五天裡，卡夫卡的生活跟往常相比沒有任何變化。戰爭的陰影對他來說，只是遠方的吵鬧。這一個月眞正折磨他的，是女友要解除婚約。

在《吳清源回憶錄》裡，吳清源花了很大篇幅介紹他和日本圍棋界的幾次「十番棋大戰」。讀這段的時候，我突然意識到，這些棋賽是從一九三九年到一九五六年進行的，這不正與日本從侵華到戰敗那段日子有大量重合嗎？彼時的日本，舉國陷入戰爭的瘋狂，也經受了「東京大轟炸」這樣的人間地獄。但是所有這些，似乎只是吳清源圍棋生涯的背景音。

因為缺乏食物，我患了慢性營養失調。

在當時的配給制度下，大米不夠，水果則是一週配給半個蘋果，副食品也只有做豆腐後殘餘的豆腐渣。這樣的配給根本無法維持體力。於是我每週一次前往瀨越老師介紹的農家購買食物，如此才可以勉強保持體力。

我沒有體力，去買食物的時候，肩扛手提，合起來至多能負擔二十公斤，這只是別人一半的量。為了在通過車站檢票口時不讓大米被人發現，我就把大米鋪在波士頓包的底部，然後蓋上蔬菜。

當時根本不是可以安心下棋的狀態。我在營養失調的狀況下忙於購買食物，此外還要參與宗教活動，所以在昭和十七年（一九四二）秋天到昭和十九年（一九四四）春天的升段賽中，我的成績前所未有的糟糕。

——（日）吳清源《吳清源回憶錄》

這不是因爲吳清源冷漠。個人視角和歷史視角，本來就不一樣。有句話說：「時代的一粒灰，落在個人頭上，就是一座山。」反過來也成立：時代的一座山，落在個人眼裡，可能不過就是一粒灰。這給我們留下了一個珍貴的視窗，讓我們看到豐富的細節。

戰爭中的人難免陷入窮困。那麼他們就應該清一色地悲傷、絕望、呼號嗎？不一定。《巴黎燒了嗎？》這本書就記錄了一九四四年德軍占領下的巴黎人的日常。

巴黎是座幾乎沒有煤氣和電力供應的城市。巴黎的家庭主婦學會在用十加侖裝的油桶焊接在一起的爐子上做飯，用的燃料是把舊報紙捏成紙團，然後潑上水——這樣耐燒一些。有一家百貨公司做廣告說，六頁報紙可以在十二分鐘之內燒開一公升的水。

巴黎是座飢餓的城市。它成了世界上最大的農村，每天早晨都有公雞把它叫醒。牠們到處啼晨，在後院裡，屋頂上，閣樓和空房裡，甚至放掃帚的壁櫃裡——凡是幾百萬挨餓的市民能夠找到可以養雞的寸尺之地，都能聽到牠們在啼晨。每天早晨都有小孩子和老婦人偷偷地到公園裡割幾把青草回來，餵他們養在洗澡缸裡的兔子。

肉的配給量實在太少，大家都說笑，可以用地鐵車票把它包起來，只要那張車票還沒有用過。因為據那笑話說，如果車票已經用過，那麼肉就要從收票員在車票上戳的洞中漏掉了。

——（美）拉萊·科林斯、（法）多明尼克·拉皮埃爾《巴黎燒了嗎？》

找機會就做廣告的商家、善用時間的平民、沒心沒肺、輕視別人的話並存於悲傷的巴黎，毫不違和。它提醒我們眞實世界的參差多態。這不才是眞實的巴黎嗎？

再舉一個例子：舊社會關押革命家的監獄長什麼樣子？裡面一定有老虎凳、辣椒水、鞭子、烙鐵？

我偶然看到過一本越南革命家胡志明的《「獄中日記」詩抄》。當時胡志明在中國進行革命活動，一九四二年八月至一九四三年九月被關押在南寧、柳州、桂林等地的監獄裡。

四個月了

「一日囚，千秋在外。」古人之話不差訛。四月非人類生活，使余憔悴十年多。因為：四月吃不飽，四月睡不好，四月不換衣，四月不洗澡。所以：落了一隻牙，發白了許多，黑瘦像惡鬼，全身是癩痧。幸而：持久和忍耐，不肯退一分，物質雖痛苦，不動搖精神。

入籠錢

初來要納入籠錢，至少仍需五十元。倘你無錢不能納，你將步步碰麻煩。

限制

沒有自由真痛苦，出恭也被人制裁。開籠之時肚不痛，肚痛之時不開門。

——（越）胡志明《「獄中日記」詩抄》

沒想到吧？獄中革命家最大的困擾居然不是挨打，而是不能及時上廁所。「開籠之時肚不痛，肚痛之時不開門。」歷史的大邏輯和個人的小感受，總是會有那麼一點點有趣的偏差。從這個偏差的夾角裡窺視過去，我們關心的事忽然就會從黑白變得多姿多彩。

外部視角和內部視角

跟隨一個人物，窺視他的時代，還能打破我們對人物關係的標籤化理解。

胡適留學的時候，曾經和一名美國女孩韋蓮司談過戀愛。但是回國後，他還是聽從母親的安排娶了一個目不識丁的小腳老婆江冬秀。這一生，他雖然偶有緋聞，但總能自證清白。在當時的風氣下，這算是難能可貴的。所以，一九六二年胡適去世的時候，蔣介石送了一副輓聯：「新文化中舊道德的楷模，舊倫理中新思想的師表。」

看看「舊道德」「舊倫理」的字樣，我們很容易得出結論：胡適的婚姻生活沒有幸福可言。一個大教授和他的文盲老婆，能有什麼情感溝通和共同語言呢？

但這是旁觀者標籤化的判斷。後來我讀到胡適的白話文詩集《嘗試集》[14]，才知道真實情況要複雜得多。民國九年，胡適夫婦生日碰巧在同一天，胡適寫了一首詩——《我們的雙生日（贈冬秀）》：

他干涉我病裡看書，
常說，「你又不要命了！」
我也惱他干涉我，
常說，「你鬧，我更要病了！」
我們常常這樣吵嘴——

每回吵過也就好了。
今天是我們的雙生日，
我們訂約，今天不許吵了。
我可忍不住要做一首生日詩。
他喊道，「哼，又做什麼詩了！」
要不是我搶的快，
這首詩早被他撕了。

——胡適《嘗試集》

看完這首詩，我們又難免留下一個印象：原來大教授和不識字的老婆，也有他們的閨房之樂。

但這又想簡單了。後來我又看到胡適寫給好友胡近仁的信，其中有一段話：「吾之就此婚事，全爲吾母起見，故從不曾挑剔爲難（若不爲此，吾決不就此婚。此意但可爲足下道，不足爲外人言也）。今既婚矣，吾力求遷就，以博吾母歡心。吾所以極力表示閨房之愛者，亦正欲令吾母歡喜耳。」⑮

不該相愛的兩個人，偏偏關係處得還不錯；而關係不錯，是因爲胡適希望母親高興。局中人的關係，就是如此複雜。

再舉一個例子，末代皇帝溥儀。自從一九二四年被馮玉祥驅逐出紫禁城之後，溥儀和他身邊的人一直希望他能夠復辟，再當上皇帝。那麼，溥儀當時的身邊人到底是些什麼人呢？想來無非就是兩種人：一種是他的奴才，積威之下不敢反抗；還有一種就是頑固守舊的前清遺老了。

哪有這麼簡單？請看溥儀自己的回憶。

除了復辟的共同目標之外，每個人還都有他自己的一個算盤。主張還原的是為了什麼呢？這是因為只有這樣，「王公」「大臣」「帝師」「翰林」等等的名利攸關的標籤才有地方可貼。這就是說，紹英還可以掌管那把關係著他的「社會地位」的「總管內務府的印鑰」，榮源還可以繼續著樂在其中的「抵押」「變價」的生涯，「醇親王」可以照舊支取每年四萬二千四百八十兩銀子折合的歲俸。

羅振玉主張我到日本，有位當過前清駐歐洲公使的黃誥，主張我到歐洲……因為只有如此，他們才能利用自己優越條件，達到壟斷居奇的目的，至於他們所熟悉的國家能否支持我的復辟，問題倒在其次了。

那些下面的嘍囉，不斷地遞摺子、上條陳，也各有其小算盤。我六叔載洵有個叫吳錫寶的門客，寫了一個「奏為陳善後大計」的摺子，說來說去離不了用法律和法學家，原因就是他自己是一名律師。

——愛新覺羅．溥儀《我的前半生》⓯

對溥儀的這場爭奪戰，不僅發生在他的近臣之間，也發生在列強內部。溥儀從紫禁城搬出來以後，逃往日本公使館。沒想到，日本使館的文武官之間也是矛盾重重。日本守備隊司令官竹本大佐沒有和日本公使商量，就決定用自己的住處接待他（溥儀），「不希望日本公使把他的貴客奪走」。看破不說破的溥儀，給我們留下了《我的前半生》這本書，留下了看中國現代史的一個獨特的觀察孔。

宏觀視角和微觀視角

我的讀書趣味經歷過一次重要的變化：年紀越大，越喜歡讀自傳、回憶錄和書信集。很多人對回憶錄這種體裁有一個誤解，以爲它就是一個人的自說自話，甚至是自吹自擂。其實回憶錄的價值更在於：讓我們看到在傳主生活的那個時代，一些重要的變化到底是怎麼發生的。因爲在宏大敘事中，這些過程往往都被掩埋了。

我推薦你讀一讀王鼎鈞先生的回憶錄，一共四本。王鼎鈞先生是文學大家，一九二五年出生於山東臨沂，一生顛沛流離，經歷過抗日戰爭、解放戰爭，在臺灣生活過，晚年遷居美國。

這部書幫我解開了很多歷史謎團。比如，爲什麼基督教在近代中國能得到迅速傳播？明末清初來中國的那批基督教傳教士，就是利瑪竇、湯若望、南懷仁他們，走的是上層路線，想從宮廷往民間傳教。後來這條路走不通了。從清末開始，傳教士又開始走民間路線，從社會底層想辦法。但是這也很難。因為辦醫院、做慈善這些利益誘惑，解決不了眞誠的信仰問題。

王鼎鈞先生在他的回憶錄裡告訴我們，當時山東的傳教士選擇了一個有意思的突破口：底層婦女。底層婦女爲什麼會信教呢？因爲她們有兩個很重要的動機。

第一，按照基督教的教義，只能信仰上帝，不能拜別的神。所以，這些婦女就可以堂而皇之地不參加大家族的那些儀式，避開大家族內部對婦女的壓迫。

第二，教會經常召集信眾唱讚美詩。按那個時候的習俗，婦女不能「無故唱曲」。哭可以，但唱歌就是不正經。所以，教會成了「她們唯一可以唱歌的地方」。

我記得，夏天證道的時間以日影為準，濃蔭滿院的時候，牧師說：「上帝告訴我們可以開始了。」樹蔭退走了，證道也就結束。有時候，講道的人語重心長，恨不得把肺腑掏出來，有些聽道的人正雙目微合，口涎拉成有彈性的細線緩緩垂下，那情態，你不知道可笑還是可愛。

翟牧師說：「不要推她，她的靈魂聽得見。」農家婦女起五更睡半夜，哪有工夫午睡，能讓她打個盹兒，就是天國。

張繼聖先生不這麼想，他把他的演講分成幾個段落，在兩段之間領導大家唱一首歌。那時我們教會連一架手風琴也沒有，仍然有許多人為了歌聲而來，大多數是婦女。依照習俗，她們不准「無故唱曲」，要抒散內心的抑鬱，只有哭泣。唱總比哭好一些。教會是她們唯一可以唱歌的地方。

——王鼎鈞《昨天的雲》⑯

看到這段紀錄，我腦洞大開。

基督教爲什麼能在中國底層社會傳播開來？教會會說，這是精神的感召。中國人會說，宗教是窮人的鴉片。抽象地看，可能都對。但是，沒有這種深入到細節的紀錄，沒有當事人的眞實感知，這段因由可能從此就被塵封在歷史深處了。

我們生活在知識大分工的時代，但閱讀可不能遵循知識分工的條條框框。不做專門研究的人，可能一生都不會看到一篇像《一九四〇——一九四五年山東臨沂地區婦女宗教信仰研究》這樣題目的論文。但今天，我們可以在王鼎鈞的個人回憶錄中復活當年的現場。

歷史翻過一頁，眾生百態並未消失。它保存在個人微觀的視角裡。

標籤化，意味著簡單、抽象、統一，抹去了差別，消解了複雜。而個人視角、內部視角、微觀視角，這些窺視世界的小孔，能幫助我們對抗知識標籤化的宿命。

順便說一個大話題：馬克思的《共產黨宣言》⑰究竟在批判什麼？其實不只是貧窮、剝削和壓迫。

《共產黨宣言》一開始就承認，「資產階級在它的不到一百年的階級統治中所創造的生產力，比過去一切世代創造的全部生產力還要多，還要大。自然力的征服，機器的採用，化學在工業和農業中的應用，輪船的行駛，鐵路的通行，電報的使用，整個大陸的開墾，河川的通航，彷佛用法術從地下呼喚出來的大量人口——過去哪一個世紀料想到在社會勞動裡蘊藏有這樣的生產力呢？」

在財富爆發的背景下，當時歐洲工人階級的生活水準，至少不會比古羅馬的奴隸、中世紀的農奴更差。所以，如果馬克思只是在反對貧窮和壓迫，他就不會有那麼高的理論獨創性。馬克思眞正批判的，是對完整人性的破壞。

資產階級在它已經取得了統治的地方把一切封建的、宗法的和田園詩般的關係都破壞了。它無情地斬斷了把人們束縛於天然尊長的形形色色的封建羈絆，它使人和人之間除了赤裸裸的利害關係，除了冷酷無情的「現金交易」，就再也沒有任何別的聯繫了。

它把宗教虔誠、騎士熱忱、小市民傷感這些情感的神聖發作，淹沒在利己主義打算的冰水之中。它把人的尊嚴變成了交換價值，用一種沒有良心的貿易自由代替了無數特許的和自力掙得的自由。

總而言之，它用公開的、無恥的、直接的、露骨的剝削代替了由宗教幻想和政治幻想掩蓋著的剝削。

資產階級抹去了一切向來受人尊崇和令人敬畏的職業的神聖光環。它把醫生、律師、教士、詩人和學者變成了它出錢招雇的雇傭勞動者。

資產階級撕下了罩在家庭關係上的溫情脈脈的面紗，把這種關係變成了純粹的金錢關係。

——（德）馬克思、（德）恩格斯《共產黨宣言》

工業革命之前，一個農民帶著全家人下地耕種，既是在工作，也是在生活。他不受嚴格的上下班時間和勞動紀律的約束，他能在田間地頭和鄰居打招呼、開玩笑，他能向孩子傳授手藝，他能享受天倫之樂，他能在抬頭擦拭汗水時看到莊稼長勢喜人，因而感到榮耀。

而到了大工業生產時代，他得準點去上班，工作和生活場景分離了。在機器的轟鳴中，他只是在爲錢工作。工作本身的意義消失了，人和人之間溫情脈脈的關係也解體了。批判現代化帶來的一致性、簡單化、僵硬的社會關係，關心人的全面發展，這是馬克思著作中最動人的部分。

從馬克思發表《共產黨宣言》至今，將近兩百年，這個命題並沒有消散。對一般人來說，透過閱讀來反抗世界簡單化、標籤化的趨勢，也是一個可行的辦法。回到具體的人，透過他的眼睛，看到眞實的、複雜的、多維度的世界，這是閱讀帶來的機緣。

正如歌德所說：「凡是賦予整個人類的一切，我都要在內心體會參詳。」

書單

你會在這些書裡窺見有趣的場景和細節：

《王鼎鈞回憶錄四部曲》[18]

王鼎鈞，生活．讀書．新知三聯書店二〇一三年版。

《李宗仁回憶錄》[19]

唐德剛，廣西師範大學出版社二〇一六年版。

《文學回憶錄：一九八九——一九九四》[20]

木心，上海三聯書店二〇二〇年版。

《無愁河的浪蕩漢子：朱雀城》（全三冊）

黃永玉，人民文學出版社二〇一三年版。

《我的前半生》

愛新覺羅．溥儀，北京聯合出版公司二〇一八年版。

4 他顧：弱水三千，再取一瓢

「頭腦開放的人經常覺得有必要從對方的視角看待事物。」——（美）瑞・達利歐

怎麼在資訊爆炸中遊刃有餘？怎麼在知識負擔和求知渴望之間求得平衡？

上一節「窺視」提供了一種方法：借助某個特定人物的眼睛，窺見局部世界的原貌。本節介紹另一種方法：「他顧」。簡單說就是，偶爾看看別處。

自古以來，人類就能熟練使用一種知識工具，叫「精選」。孔子時代，資訊爆炸就已經開始出現了。孔子能接觸到的詩篇有三千多首。沒辦法，爲了教學需要，他只好選，按照自己的標準精選出三百一十一篇，所以，《詩經》也稱「詩三百」。中國的很多古典名著，比如《文選》《唐詩三百首》《古文觀止》，都是這麼一路選過來的。

沒有這些選集，知識的原始體量太大，文化根本沒辦法傳播。但問題是，雖然所有篩選者都拍著胸脯說，我在去蕪存菁，但實際上，每個人都帶著自己特定的價値觀偏見和視野局限性。篩選過程中，很多東西被剪掉了。經過流傳之後，選集留下來了，被剪掉的東西就再也看不見了。

比如，孔子爲《詩經》選詩的標準是「思無邪」。想像一下，今天一個研究先秦文化的

人，多麼希望能看一眼那些被刪掉的「邪」詩啊。這在某種程度上是文明的一大遺憾。做為讀書人，我們腦中要有一線清明——再好的精選，都遮蔽了太多有價值的東西。

怎麼辦？總不能拋開選集，去看全集吧？一個可行的辦法是：在隨隊行軍之外，允許自己出列散步。

用選集對抗選集

第一種對抗篩選的方法，是用選集對抗選集。

如果你對唐詩感興趣，家長、老師大概會建議你去讀《唐詩三百首》。那《唐詩三百首》是誰選的呢？不是什麼詩壇領袖，而是清朝乾隆年間的一位基層官員，蘅塘退士，孫洙。平心而論，《唐詩三百首》非常優秀，選編水準遠超當時風行的另一個選本——《千家詩》。刊行之後，「幾至家置一編」⑯，幾乎每家都要買一本。

但即使是這樣，遺憾也很多。比如，杜甫的巔峰之作《秋興八首》，一首也沒有選；李賀、羅隱這樣大家的詩作，居然也沒入選。

這就留下了很大的遺憾，也留下了後人指摘的空間。比如，清代的王闓運就說《春江花月夜》「孤篇橫絕」，後人演繹成了「孤篇蓋全唐」的說法。現代的聞一多也說這首《春江花月夜》是「詩中的詩，頂峰上的頂峰」「在這種詩面前，一切的讚歎是饒舌，幾乎是瀆褻」⑰。他們之所以把話說得這麼重，我揣測，是包含一點對《唐詩三百首》的責備意味的：這麼好的詩你都沒有選，我就偏要說這是最好的一首。

那怎麼辦？難道去讀近五萬首的《全唐詩》嗎？其實不用。偶爾找一些其他選本來看一下就可以了。

我上中學的時候，語文老師就推薦了兩個選本，一個是清朝沈德潛編的《唐詩別裁集》，選了一千九百多首，篇幅比《唐詩三百首》大一些，名作就很少有遺漏了；另一個是清朝王士禎編的《唐人萬首絕句選》，專選絕句這一種體裁，大多淺顯易懂。這兩本書，讓我看到了很多《唐詩三百首》之外的遺珠，眼界大開。

後來，我讀《紅樓夢》，看到「香菱學詩」那一段，林黛玉也有一個選本的建議。我很聽林黛玉的話，又陸續買了這些書。它們跟隨我輾轉幾十年，雖然多次搬家，也一直沒捨得丟。

黛玉道：「你只聽我說，你若真心要學，我這裡有《王摩詰全集》，你且把他的五言律讀一百首，細心揣摩透熟了，然後再讀一、二百首老杜的七言律，次再李青蓮的七言絕句讀一、二百首。肚子裡先有了這三個人作了底子，然後再把陶淵明、應瑒、謝、阮、庾、鮑等人的一看。你又是一個極聰敏伶俐的人，不用一年的工夫，不愁不是詩翁了！」

香菱聽了，笑道：「既這樣，好姑娘，你就把這書給我拿出來，我帶回去夜裡念幾首也是好的。」

——（清）曹雪芹《紅樓夢》

我還特別喜歡一個古代詩歌的選本，程千帆和沈祖棻先生的《古詩今選》。它也是我對抗《唐詩三百首》的利器，讓我看到了古詩世界裡一個個不一樣的切面。《古詩今選》中的作品不局限在唐詩，而是從漢魏六朝一直選到了宋朝。不僅選好詩，也選一些不算好，但是有獨特價值的詩。

烏夜啼　其一

庾信

促柱繁弦非《子夜》，歌聲舞態異《前溪》。
御史府中何處宿？洛陽城頭那得棲。
彈琴蜀郡卓家女，織錦秦川竇氏妻。
詎不自驚長淚落，到頭啼烏恆夜啼。

解讀：這首詩形象不夠集中，不能算是一篇好作品。但它卻是七言律詩化過程中的產物，也可以說是一篇七言新變體。它證明：在五言詩開始律化不久，詩人們也就注意到七言詩的律化並從事實踐。就這一點來說，它是重要的。

——程千帆、沈祖棻注評《古詩今選》

優秀的選集，是文化的豐碑。但是一塊碑立起來了，後人就總會向它發起挑戰，另起山頭，再搞一些選集。它們換篇幅、換角度、換體裁、換範圍、換標準，處處展現出挑戰者的文化雄心。

比如金聖歎。今天我們知道，金聖歎是清初的文學批評家。但當年哪有這個社會分工？他的實際身分是一個出版商。

才華橫溢的金聖歎要刷存在感，能怎麼做？他的辦法是，自己開創一個排行榜，一揮手，排出了所謂的「六大才子書」。

「六大才子書」裡，既有符合傳統標準的《莊子》《離騷》《史記》、杜甫律詩，也有令人意想不到的《水滸傳》和《西廂記》。

《水滸傳》是小說，當時就已被士大夫看不起。《西廂記》就更是俚俗不堪的戲文。但你看金聖歎是怎麼誇它的：「《西廂記》不同小可，乃是天地妙文。」

有人來說《西廂記》是淫書，此人後日定墮拔舌地獄。何也？

《西廂記》不同小可，乃是天地妙文。自從有此天地，他中間便定然有此妙文，不是何人做得出來，是他天地直會自己劈空結撰而出。若定要說是一個人做出來，聖歎便說此一個人即是天地現身。

《西廂記》斷斷不是淫書，斷斷是妙文。今後若有人說是妙文，有人說是淫書，聖歎都不與做理會。文者見之謂之文，淫者見之謂之淫耳。

——（元）王實甫《金聖歎評點西廂記》（〔清〕金聖歎評點）

從這段文字中，你能讀出金聖歎那種和傳統較勁的發狠心態。你們說是淫書，我偏要說它是妙文。多年之後，我們當然可以說這是強詞奪理，是一個出版商的廣告策略，但金聖歎的努力確實修正了傳統經典的篩選標準。從此，小說、曲詞這些文體漸漸登上了大雅之堂。

跳出一種「選集」，旁及其他「選集」，不僅是多讀了一些書，更能打破原先的視野局限。

到更大的池子裡去

第二種對抗篩選的方法，是到更大的池子裡去。

古人說，「弱水三千，只取一瓢飲」。這句話還能反過來理解：即便只飲一瓢，那也得是從弱水三千的全域裡取出來的。否則，我們有可能茫然不知究竟發生了什麼。

我當年讀《古文觀止》的時候，看到蘇軾的《留侯論》《賈誼論》，蘇轍的《六國論》，知道是千古名文，哪裡敢不敬？但是我從來沒有想過一個問題：爲什麼蘇軾、蘇轍兄弟要寫這種文章？

後來才知道，蘇軾何止寫過這幾篇，類似題材的論文，他整整齊齊地寫過一大套，總共五十篇。

《中庸論上》《中庸論中》《中庸論下》《大臣論上》《大臣論下》《秦始皇帝論》

《漢高帝論》《魏武帝論》《伊尹論》《周公論》《管仲論》《孫武論上》《孫武論下》《子思論》《孟軻論》《樂毅論》《荀卿論》《韓非論》《留侯論》《賈誼論》《晁錯論》《霍光論》《揚雄論》《諸葛亮論》《韓愈論》《策略一》《策略二》《策略三》《策略四》《策略五》《策斷一》《策斷二》《策斷三》《策別/課百官/厲法禁》《策別/課百官/抑僥倖》《策別/課百官/決壅蔽》《策別/課百官/專任使》《策別/課百官/無責難》《策別/課百官/無沮善》《策別/安萬民/敦教化》《策別/安萬民/勸親睦》《策別/安萬民/均戶口》《策別/安萬民/較賦役》《策別/安萬民/教戰守》《策別/安萬民/去奸民》《策別/厚貨財/省費用》《策別/厚貨財/定軍制》《策別/訓兵旅/蓄材用》《策別/訓兵旅/練軍實》《策別/訓兵旅/倡勇敢》

——曾棗莊、舒大剛主編《蘇東坡全集》

蘇轍也寫過五十篇，像《夏論》《商論》《周論》《六國論》《秦論》《漢論》《三國論》等等。也是這樣排布整齊。後來又發現，宋朝歷史上，張方平、李覯、陳舜俞、李清臣、秦觀，也都寫過這樣整齊的論文，也都是五十篇。

這就奇怪了。中國文人，通常很少寫這種大結構謹嚴的著作。爲什麼在宋朝突然湧現出來這麼多？

後來讀到朱剛老師的《蘇軾十講》，才算是解開了我這個疑惑。原來，宋朝有一個獨特的考試，叫「制科」考試。其中有個科，叫「賢良方正能直言極諫科」，報考的前提是，每人必須寫「進卷」，也就是先交五十篇論文，才能進入下一輪考評。蘇軾、蘇轍兄弟爲了這次考試，在開封的郊區租了房子，閉關寫了一整年，最後才交出了五十篇。

原來，這不是「創作」，而是「作業」。難怪這麼整齊。爲了贏得考官的好感，其中有很多故作驚人之語的地方，也就難免了。原來，蘇軾、蘇轍兄弟是在一起寫作的，那就不可能不互相商量。所以很難說哪篇是哪位的觀點。如果想依據文本的字面意思去認定什麼是「蘇軾的歷史觀」，你就要萬分小心了。

你發現了嗎？在這個追索的過程中，我其實並沒看那五十篇論文。對，如果不是專業研究者，我們其實無須細看。我們只要擁有這樣一個全域視角，瞬間就能明白很多事。

跳出選集，到更大的池子裡去，還有一個好處，就是能讓我們看到更多被遺忘，但是很有價值的個體。舉個例子。南宋有一位詩人，叫楊萬里。本來，詩歌到了宋朝，就已經走下坡路了，更何況是南宋。而楊萬里即使在南宋，也不算特別出眾，至少比陸游名氣小多了。所以，他一生寫過兩萬多首詩，留下來四千二百多首，而我們眞正熟悉的，只有兩句：「小荷才露尖尖角，早有蜻蜓立上頭」「接天蓮葉無窮碧，映日荷花別樣紅」。日常景致而已，好像也沒有很驚豔。

但是，有一次我偶然看到周汝昌先生的研究⑱，原來，楊萬里竟是個開宗立派的人物。楊萬里，字誠齋，他寫的這種詩體就叫「誠齋體」，以活潑、風趣、平易見長。在楊萬里的詩文合集《誠齋集》裡，這樣的詩隨處可見：

重九後二日同徐克章登萬花川谷月下傳觴

老夫渴急月更急，酒落杯中月先入。
領取青天併入來，和月和天都蘸濕。
天既愛酒自古傳，月不解飲真浪言。
舉杯將月一口吞，舉頭見月猶在天。
老夫大笑問客道：月是一團還兩團？
酒入詩腸風火發，月入詩腸冰雪潑。
一杯未盡詩已成，誦詩向天天亦驚。
焉知萬古一骸骨，酌酒更吞一團月。

插秧歌

田夫拋秧田婦接，小兒拔秧大兒插。
笠是兜鍪蓑是甲，雨從頭上濕到胛。
喚渠朝餐歇半霎，低頭折腰只不答。
「秧根未牢蒔未匝，照管鵝兒與雛鴨」。

——（宋）楊萬里《誠齋集》

前一首寫的是詩人和月亮之間的玩鬧；後一首則記錄了插秧時一戶農家家人之間的對話。

這種詩，用的是文言，但又夾雜了大量口語，肯定不符合傳統詩歌的審美標準。但那種活潑的趣味，在中國文學史上竟然是獨此一家。用錢鍾書的話說，楊萬里簡直就是一位會抓拍現場的攝影記者：「誠齋則如攝影之快鏡，兔起鶻落，鳶飛魚躍，稍縱即逝而及其未逝，轉瞬即改而當其未改，眼明手捷，蹤矢躡風，此誠齋之所獨也。」⑲

後來，我在電視臺工作的時候，又反覆玩味過楊萬里的詩，爲的是找到那種活潑的「鏡頭感」，說明我理解電視業務，收穫不小，好險啊。如果沒有當年的胡亂瞎逛，看到選集之外的人物、標準之外的異數，我就差點錯過了楊萬里。

在外國文學領域，其實也一樣。

最知名的外國文學作品，應該就是「諾貝爾文學獎得主的作品」了吧？

但是請看下面這張名單：托爾斯泰、卡夫卡、喬伊絲、卡爾維諾、博爾赫斯、易卜生、契訶夫、普魯斯特、哈代、勞倫斯。他們有一個共同的身分：大文豪，但是都沒有得過諾貝爾文學獎。不跳出眾望所歸的「精選」，到更大的池子裡看一眼，我們會錯過多少好東西？

其中的卡爾維諾值得拿出來單獨說說。

他應該算是義大利歷史上，繼但丁之後最著名的作家了。一九八五年，他獲得了諾貝爾文學獎的提名，但是因爲突發腦溢血去世，最終錯失該獎。

我翻過卡爾維諾最著名的代表作《分成兩半的子爵》㉑，坦白說，我沒看出來什麼妙處。中國作家陳村有句話：「卡爾維諾的書是寫給智力過剩的讀者看的。」[20]看來我還不夠格。

但是有一次，我偶然翻到了卡爾維諾整理的《卡爾維諾義大利童話故事》[22]，因爲簡單淺白，就順流而下地讀了幾段，腦子裡不禁蹦出了一個問題：爲什麼卡爾維諾要花兩年多的時間，搜集整理全套的義大利民間童話？是因爲他想要弘揚民族文化，還是因爲他特別喜歡孩子？後來經朋友指點，我才發現卡爾維諾早已給出了答案。

> 如果說在我寫作生涯的某個時期曾被民間故事和童話故事吸引的話，那也不是因為我忠於某個民族傳統（要知道，我扎根於一個完全現代和都市化的義大利），也不是因為我緬懷童年的閱讀（在我們家裡，小孩只可以讀教育性的書籍，尤其是有一定科學根據的書籍），而是因為我對風格和結構感興趣，對故事的簡潔、節奏和條理分明感興趣。
>
> 我在改寫上世紀的學者整理的義大利民間故事時，最享受的是讀到極其精練的原文。我試圖傳達這種精煉，既尊重原作的簡明，同時試圖獲取最大程度的敘述力量。
>
> ——（義）伊塔洛·卡爾維諾《新千年文學備忘錄》[23]

原來，童話只是卡爾維諾訓練自己簡練文風的工具。

這個過程給了兩點啓發：第一，不要唯讀一個人所謂的「代表作」，否則會錯過很多，隨機漫步似的閒逛，能發現更有意思的風景；第二，真正厲害的人，會透過窮盡一個領域來重塑自我。

「窮盡」這個詞，聽起來可怕，但是如果細細算帳，會發現很划算。

歷史學家黃仁宇是半路出家。他早年從軍，後來轉行當學者，四十六歲才拿到歷史學博士學位。這樣的人，怎麼能在歷史學界後來居上呢？他做了一件讓很多人望而生畏的事：把《明實錄》通讀一遍。

《明實錄》是明朝原始史料的富礦，但是篇幅實在太大了：十三部，兩千九百一十一卷，一千六百多萬字。即使是專業學者，看到這幾個數字，可能也就放棄了。黃仁宇做了個規畫，每天必須讀五十頁，用五年多的時間，全部讀完。這樣的讀法，當然是浮光掠影，能留下多少印象，不好說，更不用說全部記住了。

但自此以後，黃仁宇就成了歷史學界唯一通讀過《明實錄》的人。別人是在池塘裡泡過水，他可是在大海裡游過泳，對史料的感覺當然遠超他人。帶著這樣的底氣行走學術江湖，誰也不怕。

我們來算算看：五年時間，每天讀五十頁，聽起來是一項很繁重的工作。但是五年，其實就是一些專業碩士加博士的就讀時間，利用起來，練就一門可以吃一輩子的本領，是不是很划算？

同樣下過類似笨功夫的人，還有明史學家吳晗。他一九三一年入學清華，從第二年開始，每個週末都去北京圖書館抄錄《朝鮮李朝實錄》中的史料，風雨無阻，堅持了四年。到一九三六年，他抄滿了八十本本子，寫成了一部書，叫《朝鮮李朝實錄中的中國史料》，皇皇十二冊，三百多萬字。這套書裡其實沒有什麼別的內容，就如書名所說，是抄錄了相關的史料。但是你想，一個大學生畢業的時候，就有這麼一部大作打底，學術界的人誰敢小看？所以吳晗在明史界，算是「出道即巔峰」。這四年時間，花得值不值？到大海中去，收穫極大，付出其實有限。

那些被刻意隱去的東西

對抗知識的揀選，我們還有一個辦法，就是去「翻垃圾箱」。在做各種「選集」的過程中，有些東西是被刻意刪除的。因爲它們不符合當時的道德觀。

一棵果樹，如果你只想品嘗果子的味道，那當然只需要留下那些光鮮的果實，但是如果你對這棵樹的成長過程感興趣，看不到那些被丟掉的殘枝敗葉、拐瓜劣棗，就很可惜了。比如，一說起童話，我們想到的都是童趣、善良、美好，小紅帽、白雪公主、灰姑娘、睡美人。但如果看到她們最初的樣子，你可能會被嚇一跳。來看一段《小紅帽》故事的早期版本。

這時狼人已經先抵達外婆家殺了外婆，將一些屍肉存放在食櫥裡，並將裝其血液的瓶子放在架子上。小女孩抵達時敲門。

「門只要一推，就會開了，」狼人說，「大門只是用濕稻草綁住而已。」

「嗨，外婆，我帶了熱麵包和牛奶給你。」

「將它放在食櫥裡。櫥子裡的肉拿去吃，架子上那瓶酒也拿去喝吧！」

等她吃這肉時，一隻小貓說：「她是個齷齪的女孩，居然吃外婆的肉，喝外婆的血！」

「把衣服脱下來，我的孩子。」狼人說，「然後到我床上來躺在我旁邊。」

「我的圍裙要放哪裡？」

「把它丟進火堆裡，妳再也不需要這條圍裙。」

她繼續一一詢問，外套、緊身內衣、洋裝、裙子和襪子要放哪裡？狼人的回答都是：

「把它丟進火堆裡，妳再也不需要這東西。」

——轉引自（美）凱薩琳．奧蘭絲汀《百變小紅帽》㉔

小紅帽吃了眞外婆的肉，上了狼外婆的床，最後被吃掉了。這樣的「童話」怎麼能講給孩子聽？太殘忍、血腥、色情了。

可是你想，這些童話可是誕生在中世紀晚期的歐洲。當時沒有節育措施，孩子一生一大堆，生活物資又匱乏，大人對孩子沒有耐心。你如果看過尼爾．波茲曼的《童年的消逝》㉕，還會知道「童年」這個概念是很晚近才誕生的。早年間，孩子只被看成沒有長大，需要管教的人。所以，當時大人講故事給孩子聽的主要目的是嚇唬他們，讓他們不敢亂說、亂動。

這些童話，其實不是今天幫孩子準備的「兒童睡前故事」。到了十九世紀，經過德國格林兄弟等人的改寫，它們才變成了今天的樣子。

《金瓶梅》《肉蒲團》就不用說了。有些書，名字看上去一本正經，但裡面另有乾坤。比如有一本《明清民歌時調集》，尤其其中的一卷《夾竹桃頂針千家詩山歌》，是正式出版物，但翻開一看，古人的尺度，會讓你大吃一驚的。恕我在此就不舉例了。

殘忍也好，色情也罷，如果徹底看不到了，我們錯過的可不只是一些糟糕的童話，而是一段人類精神史的原生面貌。

「原生」二字是如此可貴。

我問過一位建築師，爲什麼現在流行把一些破敗的工廠改建成產業園區，徹底推倒重建不好嗎？新建築既美觀又好用，說不定面積還更大，也花不了多少錢。

那位建築師說：「那損失就太大了。一個工廠，別看它破，它的格局是很多年慢慢演化出來的。這裡一棟小樓，那裡一個車庫，看起來布局亂糟糟的，但那是長年在裡面工作的人，透過豐富的互動建構出來的，它有原生的合理性，是符合人性的。雖然我們並不知道它爲什麼合理，但今天一個建築師想在一塊空地上把這種原生合理性『設計』出來，那是萬萬辦不到的。保護老舊建築，實際上保護的是人的互動關係。」

這段話讓我觸動非常深。看起來不錯的新格局，一定暗中毀壞了一些原生合理性。

好在，在知識的世界裡，我們可以透過閱讀，找到一條回去的路。

書單

你可以用這些書對抗過去人們對知識的揀選：

- **《卡爾維諾義大利童話故事》**
（義）伊塔洛・卡爾維諾編，毛蒙莎、彭倩譯，上海人民美術出版社二〇二一年版。

- **《毛澤東文集》（全八卷）**
中共中央文獻研究室編，人民出版社一九九三年版。

- **《魯迅選集》**
魯迅著，林賢治評注，廣西師範大學出版社二〇一八年版。

- **《雅舍小品》**㉖
梁實秋，四川人民出版社二〇一七年版。

- **《汪曾祺全集》**
汪曾祺，人民文學出版社二〇一九年版。

5

意義：Something Bigger than Yourself

「聰明人把自己的生活變得單調，以便使最小的事都富有偉大意義。」──（葡）費爾南多．佩索亞

意義想像

經常有人激勵我們：要過有意義的生活。

這句話其實把「意義」的價值看小了。追求意義是所有人的本能，而不是什麼靈魂高尚的人的專利。社會學家馬克斯．韋伯就說：「人是懸掛在自我編織的意義之網上的動物。」

《三國演義》裡面有一個著名的情節：「周瑜打黃蓋，一個願打一個願挨。」黃蓋為什麼願意挨打？為了快樂？為了財富和權勢？都不是。你會發現，把一個人孤零零地拿出來，分析他的行為動機，其實沒有什麼解釋力。但即使是不了解前因後果的人，看到這個場面也能知道：黃蓋一定是把自己放到了一件更大的事情裡面，而這件事讓他當下受的這番皮肉之苦有了意義。

古希臘神話中，薛西弗斯因為得罪了眾神，被罰將石頭推上山頂。但每到山頂之前，石頭都會重新滾下來，然後他只能再推，再滾，如此循環往復，晝夜不停。更糟的是，薛西弗斯還永

生不死，推石上山會永無止境地進行下去。在眾神看來，這種徹底無意義的勞作，是最嚴厲的懲罰。

我曾經想過，如果我是薛西弗斯，我會怎麼辦？

既然這個懲罰的本質就是剝奪意義，那我把這個意義重新想像回來，是不是就可以了？比如，我可以給自己一個設定：每推一次石頭上山，我都是在為人間一個生病的孩子祈願。每推十次，我就在身邊的岩石上刻一道印記。每次經過這塊岩石的時候，我都會有一點點小驕傲：看，我拯救了多少孩子。如果有人路過，我會求他把我在此處的努力告訴人間，傳揚我的事蹟。如果沒有人路過，我就永遠等待他的到來。如果永遠沒有人到來，我就努力把印記刻滿整個山坡。

我一邊這樣做，一邊會在心裡嘲笑眾神：表面看起來，我和以前一樣勞累，但是他們不知道我已經脫離苦海。眾神擊中了人類的終極軟肋，但他們封不死人類靠意義想像來治癒自己的路。

人們總會一次又一次地找回自己的負擔。西西弗斯告誡我們，還有更高的忠實，它可以否定神靈，舉起巨石。他最終也發現，一切安好。從此，這個沒有主人的宇宙在他看來，既不貧瘠，也非無用。那塊石頭的每一顆微粒，那座夜色籠罩的山上的每一片礦石，本身都是一個世界。邁向高處的掙扎足夠填充一個人的心靈。人們應當想像西西弗斯是快樂的。

意義，沒有那麼玄虛，不過是找到一個比自己更大的東西，「something bigger than yourself」，然後把自己放進去。最爲豐沛的意義之源，當然就是閱讀。

——（法）阿爾貝·加繆《西西弗斯神話》㉗

歷史先例

找到比自己更大的東西，不是指找那些「大詞」，而是重新定義自己生活的舞臺。我們生活在何處？是這棟房子？這個街區？這座城市？這個國家？這個文明？還是這個藍色星球？答案不同，人的意義感也就不同。但問題是：舞臺越大，我們的肉身就越不能抵達。這時候，只能靠閱讀來填補想像。

南宋大詩人陸游，最著名的詩是：「王師北定中原日，家祭無忘告乃翁。」愛國詩人，臨終不忘收復北方失地，好像很正常。但細想一下，這其實是一個意義的奇蹟。

陸游生於宋徽宗年間，小時候北宋就已經滅亡，他隨全家逃到南方。所以，他對中原地區的認知，大部分一定來自閱讀。還有這些詩句：「僵臥孤村不自哀，尚思爲國戍輪台。」「更呼斗酒作長歌，要遣天山健兒唱。」「雪上急追奔馬跡，官軍夜半入遼陽。」「此生誰料，心在天山，身老滄州。」這裡面提到的輪台、天山、遼陽、滄州，在安史之亂之後，就陸續被中原王朝丟了。到陸游那個時代，已經過去了四百多年。

四百多年是什麼概念？英國人丟掉北美殖民地，至今不過兩百多年。今天英國國內，還會有人對此念念不忘，想要征服美國，重建大英帝國嗎？有哪個英國貴族會在臨終前叮囑子孫「王師收復北美日，家祭無忘告乃翁」呢？而陸游，從來沒有去過這些地方。相隔四百多年，他只靠閱讀，就能把自己和那麼遙遠的地方、那麼漫長的傳統對接起來，完成對「更大的自己」的融入。這當然是一個意義奇蹟。

一個典型的中國士大夫，每次登高，都會感覺五百里奔來眼底，數千年注到心頭。

> 五百里滇池，奔來眼底。披襟岸幘，喜茫茫空闊無邊！看：東驤神駿，西翥靈儀，北走蜿蜒，南翔縞素。高人韻士，何妨選勝登臨，趁蟹嶼螺洲，梳裹就風鬟霧鬢；更萍天葦地，點綴些翠羽丹霞。莫辜負：四圍香稻，萬頃晴沙，九夏芙蓉，三春楊柳。
>
> 數千年往事，注到心頭。把酒凌虛，歎滾滾英雄誰在？想：漢習樓船，唐標鐵柱，宋揮玉斧，元跨革囊。偉烈豐功，費盡移山心力，盡珠簾畫棟，卷不及暮雨朝雲；便斷碣殘碑，都付與蒼煙落照。只贏得：幾杵疏鐘，半江漁火，兩行秋雁，一枕清霜。
>
> ——（清）孫髯翁〈大觀樓長聯〉

這種力量，不是把那些往聖先賢的事蹟放在書裡供人展讀，就會自動產生影響的。它們有兩種作用機制：一種是「歷史先例」，一種是「人格範本」。

所謂「先例」，就是先人做成過一件事，後人讀到了，知道自己在類似的條件下也能做到。所謂「範本」，就是有人這麼活過，活得還不錯，後人知道自己也可以這麼活。漢武帝就為中國人創造了一個寶貴的「先例」。

漢朝初建的時候，深受匈奴之苦。高祖劉邦甚至在白登山被匈奴大軍圍困了七天七夜，差點身亡。到了漢武帝時，他整軍經武，先後派衛青、霍去病北擊匈奴。這場仗，從元光二年（前一三三年）一直打到了元狩四年（前一一九年），前後十幾年，打得匈奴遠遁，「幕（漠）南無王庭」[21]。

如果站在當時來看，這場戰爭的成果其實非常有限。不到十年，匈奴又捲土重來。到了東漢，竇固、竇憲還要再打一遍。對於中原王朝來說，北方蠻族的威脅，其實一直也沒能徹底解決。此外，漢武帝這十幾年戰爭，打光了漢初以來國家的積蓄，搞得民窮財盡。所以，「邊庭流血成海水，武皇開邊意未已」成為帝王窮兵黷武、不恤民生的象徵。

但是，這場反擊匈奴的戰爭其實自有價值。漢武帝發起戰爭的真正價值，是為後來的中華子孫創立了一個「歷史先例」：無論實力看起來多麼懸殊，農耕民族總是有機會徹底擊敗入侵的蠻族。一旦這個先例立在這裡，後人得到的資訊就是：因為我們贏過，所以不存在能不能贏的問題，只存在用什麼方法、花多長時間去贏的問題。

從范仲淹的「濁酒一杯家萬里，燕然未勒歸無計」，到岳飛的「壯志飢餐胡虜肉，笑談渴飲匈奴血」，支撐中原人努力不懈精神的，其實都包括漢武帝那場勝利帶來的自信。即使到了國破家亡的境地，也沒有關係，中原人自信總有機會東山再起。朱元璋反抗元朝的口號是：「驅除胡虜，恢復中華。」幾百年後，它居然只改了一個字就成了革命黨人反抗滿清的口號：「驅除韃虜，恢復中華。」

一九三七年清明節，抗日戰爭全面爆發前夕，國共兩黨祭黃帝陵時，共產黨的祭文還是在引用霍去病的那句豪言：「匈奴未滅，何以家爲？」

赫赫始祖，吾華肇造；胄衍祀綿，嶽峨河浩。聰明睿智，光被遐荒；建此偉業，雄立東方。

世變滄桑，中更蹉跌；越數千年，強鄰蔑德。琉台不守，三韓為墟；遼海燕冀，漢奸何多。

以地事敵，敵欲豈足；人執笞繩，我為奴辱。懿維我祖，命世之英；涿鹿奮戰，區宇以寧。

豈其苗裔，不武如斯；泱泱大國，讓其淪胥。東等不才，劍屨俱奮；萬里崎嶇，為國效命。

頻年苦鬥，備歷險夷；匈奴未滅，何以家為？各黨各界，團結堅固；不論軍民，不分貧富。

民族陣線，救國良方；四萬萬眾，堅決抵抗。民主共和，改革內政；億兆一心，戰則必勝。

還我河山，衛我國權；此物此志，永矢勿諼。經武整軍，昭告列祖；實鑒臨之，皇天后土。

尚饗！

——毛澤東《祭黃帝陵》

我們再回頭看看和漢帝國同期的羅馬帝國。

羅馬帝國同樣面對著北方蠻族的騷擾。糾纏了幾百年之後，西元四七六年，西羅馬帝國還是被日爾曼人滅國了，從此再也沒有凝聚起來。

雖然「羅馬」這個名字留下來了，西歐的「神聖羅馬帝國」和沙皇俄國，都自稱延續了羅馬帝國的法統，但是他們都知道，那個眞正的羅馬再也回不來了。伏爾泰就曾經嘲笑「神聖羅馬帝國」，說它既不「神聖」，也非「羅馬」，更非「帝國」。

雖說歷史不能假設，但我們不妨做一個思想實驗：如果當年的羅馬帝國，曾經有過一次針對北方蠻族的徹底勝利，後來的歷史會不會不一樣？有了先例，後來的羅馬人就能知道，用什麼組織形態做內部動員，用什麼戰術決勝沙場，用什麼進軍路線提高勝率，用什麼將領統率大軍，用什麼口號凝聚人心，用什麼酒宴歡慶勝利。

這些辦法一旦寫在了書裡，就可以被後人看到。歷史先例像種子一樣埋藏在地下，一旦時機合適，就會破土而出，萌發勃勃生機。

人格模板

文明，是透過「歷史先例」獲得意義；個人，則是透過「人格模板」獲得意義。

「人格模板」的力量到底有多大？

舉個例子。假設我是一個生活在東漢時期的士大夫，在當時社會，我能看到的人格模板，就只有那麼幾個：要不成爲朝廷的顯官，要不成爲地方的豪族，要不成爲學術上的大宗師。

如果我對自己有很高的期許，而這三條路都走不上，那就是人生失敗。如果我在官場上被欺負，只好回家種田，窮困潦倒一輩子，兒子還不爭氣，我對自己的評價是不是就跌到了谷底？

但是，到了東晉時期，居然出現了這麼一個人。

西元四〇五年十一月，一個小縣令辭官不做，回家種田了。回家的路上，他寫了一篇文章，叫《歸去來兮辭》。他就是陶淵明，那一年四十歲。然後，他用餘生二十多年的時間，種田、寫詩、受窮，承受兒子沒出息的痛苦，最終像一個普通人那樣去世了。

責子

白髮被兩鬢，肌膚不復實。雖有五男兒，總不好紙筆。阿舒已二八，懶惰故無匹。阿宣行志學，而不愛文術。雍端年十三，不識六與七。通子垂九齡，但覓梨與栗。天運苟如此，且進杯中物。

只要稍微拉開一點歷史視野，我們就知道，陶淵明最後二十多年的生活，意義重大，對後人的價值幾乎超過了同時代發生的所有事。因爲有了陶淵明，後世所有失意的人，不管是被動失意的，還是主動辭官不做的，當心裡煩悶的時候，都可以來到陶淵明這個名字旁邊坐下，和他聊幾句，聽他說「采菊東籬下，悠然見南山」，或者是「歸去來兮，田園將蕪胡不歸」。從此，大家就知道，人在飛黃騰達之外，還可以有另一個努力的方向：拚盡全身力氣，和山川田園融爲一體，度過普通而有眞趣的一生。

所以，宋朝的歐陽修說：「晉無文章，惟淵明《歸去來兮辭》一篇而已。」㉒陶淵明只是其中很小的一個例子。我們絕大多數閱讀，其實都是在收集這樣的人格模板。心中存著它們，無論遇到怎樣的挑戰，我們都不會感到孤獨。

孔子奔走一生，不得重用，他內心孤獨嗎？不孤獨，因爲他可以經常夢見五百年前的周公。司馬遷受盡摧殘，悲憤作書，他內心孤獨嗎？不孤獨，因爲三百多年前有個叫左丘明的人寫了《左傳》，給他指明了道路。

一個人格模板，就是一套行爲和處世的模式，也是一個由志同道合者組成的共同體。這個共同體沒有時間、空間的約束。加入了它，我們脆弱、短促的生命就加入了一個無窮增值的進程，不論我們的生命處在什麼樣的狀態，都可以在那裡獲得意義，汲取力量。

王志綱老師早年是新華社記者，一九九四年下海，幫城市和企業做了很多精彩的戰略策畫。有一次，我跟他聊起在貴州龍場悟道的王陽明。龍場，在貴州修文縣。而王志綱的老家就在隔壁的縣。王志綱說：「王陽明對我的影響，其實不僅在於他的『心學』理論，更在於三個字：搆得著。」

對一個貴州山裡的孩子來說，北京、上海太遠，搆不著。他無法想像自己能在那樣的大城市裡有什麼建樹。但發現大名鼎鼎的王陽明曾在隔壁縣待過，最重要的悟道時刻也發生在那裡，那一切就不一樣了。

王志綱說，他這輩子做事的底氣，就來自五百年前的王陽明。「我跟他吃同樣的飯，喝同樣的水，在同樣的邊陲，忍受同樣的瘴癘之氣，我讀到他的書，看到他能取得那麼高的成就，我又有什麼不能呢？我搆得著啊。」

「搆得著」這三個字太奇妙了。只要肯閱讀，誰都不缺自己「搆得著」的人格模板。

我出生在安徽蕪湖，長三角的一個三線城市。我也有大量「搆得著」的人。

如果要當文人，我知道我搆得著湯顯祖，他當年在蕪湖寫過《牡丹亭》，我會去看他的文集。

如果要創業，我知道年廣九就在我家旁邊的那條街上賣過「傻子瓜子」，我會對記錄改革開放之初那段歷史的書尤其留意。

我的搭檔脫不花，總是嫌棄自己字寫得不好看。我說還行啊。她說：「別忘了，我的老家是山東省臨沂市，古稱琅琊，那可是王羲之的故鄉。」一千七百多年都過去了，臨沂仍然有家家戶戶培養小孩子練書法的風氣。在她的觀念裡，一個臨沂人寫字不好看是很丟人的。

相隔一千七百年，還是「搆得著」。很多人自小生活在一個地方，聽過鬧市裡的人聲，看過街上的店鋪，但如果沒有翻過地方誌，沒有找過書本裡鄉賢的遺跡，那就錯過了太多寶藏。

蘇軾曾經被貶官到海南，從此就終結了海南沒有進士的歷史。海南在有宋一代出了十三個進士。第一個進士就是蘇軾在當地教的學生。

有人可能會說，這是蘇軾在當地教書育人的結果。但蘇軾在海南前前後後也就待了兩年時間，僅憑教育，哪裡能有這麼立竿見影的效果？也許，仍然是因爲「搆得著」。海南原來的讀書人，隔著茫茫海峽，遠眺東京汴梁，那是山長水遠。此地從來沒有出過進士，憑什麼我就能呢？而蘇軾這一來，讀書人們一看：「哦，這麼個普普通通的老人家，原來就是蘇軾啊。他在給我們講書的時候親口說過，我們不比其他地方的讀書人差啊。」信心一立，海南就開始出進士了，而且文脈再無中斷。

韓愈和潮州的關係也是這樣。

韓愈被貶官到潮州，在這裡做了很多事：辦學校，治水患，驅鱷魚，引進良種，推廣標準話等等。當然，每件事情都做得不夠深，因爲他在潮州只待了不到八個月的時間。

但是奇蹟發生了。韓愈之前，潮州只出過進士三名；韓愈之後，到南宋時，登第進士就達一百七十二名。直到現在，潮州還到處都是韓愈的遺跡。所以，趙樸初先生說，韓愈「不虛南謫八千里，贏得江山都姓韓。」

今天在海南、潮州的高考生，了解了這段歷史，翻開蘇軾和韓愈的詩文，看到的怎麼會僅僅是詩文？其中一定還有前輩鄉賢的加持啊。文化傳播，不只是一份知識從這裡拷貝到那裡的過程，還是一根根人格火炬彼此點燃、薪盡火傳的過程。這樣的人走到哪裡，就點化哪裡，哪裡的人就「搆得著」那架登天之梯。即使只是讓當地人做了一個虛幻的夢，夢醒之後，他們也永遠不是原來的自己了。

某甲說要去森林裡找仙女或獨角獸，某乙說要去森林裡採蘑菇或獵鹿，聽起來似乎某甲就是活命機會渺茫。

然而，「虛構」這件事的重點不只在於讓人類能夠擁有想像，更重要的是可以「一起」想像，編織出種種共同的虛構故事，不管是《聖經》的《創世記》、澳大利亞原住民的「夢世記」（Dreamtime），甚至連現代所謂的國家其實也是種想像。

這樣的虛構故事賦予智人前所未有的能力，讓我們得以集結大批人力、靈活合作。雖然一群螞蟻和蜜蜂也會合作，但方式死板，而且其實只限近親。至於狼或黑猩猩的合作方式，雖然已經比螞蟻靈活許多，但仍然只能和少數其他十分熟悉的個體合作。

智人的合作則是不僅靈活，而且能和無數陌生人合作。正因如此，才會是智人統治世界，螞蟻只能吃我們的剩飯，而黑猩猩則被關在動物園和實驗室裡。

——（以）尤瓦爾．赫拉利《人類簡史》㉘

一個愛閱讀的人，有兩種方式從書籍中獲益。

一種是學習書中的知識，再把知識轉化爲現實世界的競爭力；另一種是透過感知歷史先例和人格模板，獲取意義資源，把自己融入更大的共同體中，找到同盟軍，從而獲得力量。

書單

你可以在這些書中挖掘豐沛的意義之源：

- **《中年的意義》**㉙
  （義）大衛・班布里基，周沛郁譯，北京聯合出版公司二〇一八年版。
- **《最好的告別》**㉚
  （美）阿圖・葛文德，彭小華譯，浙江人民出版社二〇一五年版。
- **《經典裡的中國》（全十冊）**㉛
  楊照，廣西師範大學出版社二〇一六年版。
- **《此心光明，萬事可成》**
  侯文凱，民主與建設出版社二〇二一年版。
- **《老子的幫助》**㉜
  王蒙，北京聯合出版公司二〇一七年版。

6 行動：原來還能這麼做

「應當仔細地觀察，爲的是理解；應當努力地理解，爲的是行動。」——（法）羅曼・羅蘭

極致行動

書籍總是能帶我們去遙遠的地方旅行。別人的行動，也是我們旅行的目的地。

司馬遷當年讀孔子留下來的書，說自己：「余讀孔氏書，想見其爲人」「雖不能至，然心鄉往之」㉓——我越是讀孔子的書，就越覺得他做人做事的方法歷歷在目。我雖然做不到，但是我很嚮往啊。我們普通人，意志有限、資源有限、稟賦有限，所以行動能力也有限。但透過閱讀，我們能夠看到那些超凡的人是怎麼度過此生的。先要強調：看到他人的行動方案，並不意味著我們一定要照著做。非常之人有非常之行。很多時候，看看就好。

當年我讀李佩甫的小說《城的燈》，就被其中一個「行動」驚到了。

首長們白天一天都在看訓練，到了晚飯後，才開始聽營裡的彙報。不料，營長的彙報剛開了個頭，突然就停電了，會議室裡一團漆黑！這像是上蒼賜給他的一個機會，就在兩

三秒鐘之間，只聽「嚓」的一聲，文書馮家昌劃著了第一根火柴，接著他隨手從兜裡掏出了一個蠟頭，點著後放在了廖副參謀長的面前；爾後，他又掏出了第二個蠟頭，點著後放在了團長的面前；第三個蠟頭，放在了桌子的中間……再後，他從容不迫地退出了會議室，大約一分鐘之後，兩盞雪亮的汽燈放在了會議桌上！

營長彙報完工作的時候，一屋人都在靜靜地等待著廖副參謀長的指示，可廖副參謀長什麼也沒有說，他就那麼昂昂地坐著，片刻，他突然伸手一指：「喂，小鬼，你叫什麼名字？」

馮家昌精神抖擻地站起身來，應聲回道：「到。」接著，他上前一步，對著廖副參謀長敬了一個禮，說：「報告首長，獨立團一營文書馮家昌！」

……

接下去，決定他命運的時刻到了，廖副參謀長扭頭看了看坐在他身邊的團長，說：「這個人我要了。」

——李佩甫《城的燈》

一名文書，在七個多月的時間裡，褲兜中隨時裝著三截蠟燭頭、一盒火柴，就是爲了等待首長開會時突然停電的機會。蠟燭頭一旦用上了，首長一旦被觸動了，自己人生的轉捩點也就到了。這是在博多小的概率？這是埋藏了多深的心機？這是面對著多大的人生壓力？

看完這一段，我的感受就是兩個字：服氣。

我生性不可能爲這麼機率這麼小的事件做如此長期、周密的準備，心機不夠，心力也不夠。當時我就想，如果我身在職場，周圍有這樣的人，我敗下陣來，一點也不冤。

但這個故事還是教會了我一件事：要驅動他人做一件事，說服和懇求都沒有什麼力量。更有效的做法是，在對方的情境裡植入一個因素，讓對方看一眼，就能知道自己接下來該怎麼做。

耶魯大學的高年級學生接受了關於破傷風風險的普及教育，教育目的在於要學生知道去衛生中心接種疫苗的重要性。

大部分學生在聽完課之後都說他們計畫去接種疫苗。然而，結果只有三%的學生去衛生中心接種了疫苗。

另外一組學生聽了同樣的課，課堂上老師還發給了學生們一張校園地圖，地圖上用圓圈標出了衛生中心的具體位置。通過這些助推因素，有二十八%的學生最終出現在了衛生中心並且接受了疫苗接種。

我們可以看到，對這一組學生多做的僅僅是一點兒的工作。最終，第二組學生的疫苗接種率竟然是第一組學生的九倍，這足以說明「引導因素」的潛在威力。

——（美）理查・塞勒、（美）卡斯・桑斯坦《助推》㉝

在閱讀的過程中，我知道了世上的很多「狠人」。

比如多年前讀《奇特的一生》，我知道了蘇聯學者柳比歇夫。柳比歇夫一生成就卓著，在生物學、數學、農業學、遺傳學、哲學、昆蟲學、動物學、進化論、無神論、歷史、宗教、政治等眾多領域都有重要貢獻，一生寫了七十多部學術專著。支撐這些成就的，是嚇人的工作量和嚇人的知識量。

一個人怎麼能在短短一生中取得這麼多成就？柳比歇夫的祕密是對時間的超強控制。他永遠知道當前是幾點鐘，以及做一件事情已經花了多少分鐘，他還知道自己在一定時間內到底能做多少事，哪些工作方法最適合自己。爲了找到最佳的時間運用策略，他從一九一六年開始記錄、觀察自己對時間的使用，前後堅持了五十六年，從未間斷。

請注意，他對時間的紀錄，是以分鐘爲單位的。你隨便問他，這五十六年間，哪一年哪一天的哪一分鐘在幹什麼，他一翻紀錄，基本上就能告訴你。後人把這套方法稱爲「柳比歇夫時間統計法」。我們來看他七十四歲那年某一天的紀錄。

柳比歇夫的時間統計清單

烏里揚諾夫斯克。一九六四年四月八日。

分類昆蟲學：鑑定袋蛾，結束——兩小時二十分。開始寫關於袋蛾的報告——一小時五分（一・〇）。

附加工作：給達維陀娃和布里亞赫爾寫信，六頁——三小時二十分（〇・五）。

路途往返——〇・五。

休息——剃鬍子。《烏裡揚諾夫斯克真理報》——十五分，《消息報》——十分，《文學報》——二十分；阿・托爾斯泰的《吸血鬼》，六十六頁——一小時三十分。聽里姆斯基・柯薩科夫的《沙皇的未婚妻》。

基本工作合計——六小時四十五分。

——轉引自（俄）格拉寧《奇特的一生》

這樣對待自己是不是很殘酷？

讀完這本書，你會發現並非如此。以一九三八年爲例，這一年，他寫了五百五十二頁的學術著作，但與此同時，他還讀了各國文藝作品九千頁，花了兩百四十七個小時。而且，他每天要保證睡十個小時。

更有趣的是，柳比歇夫一天工作的時間一般也就四、五個小時。他認爲，如果工作少於四個小時，那麼證明今天的工作沒有達到效果。但是，如果多於四個小時，工作的效能又是下降的，還不如用來休閒、娛樂、通信、寫信、交流，甚至睡覺。這個數字，會不會讓每天必須工作滿八小時的上班族汗顏？

這樣的人，我知道自己這一輩子也不可能望其項背。但這本書還是給了我一個巨大的啓發——所謂「優化」，就是對事物進行量化管理。沒有量化，就沒有優化可言。一個文科生，發自內心地認同這個道理，並不容易。

在我們看不到的地方，到處都有這樣的狠角色。比如在《生活駭客》這本書裡，我還看到：有人爲了集中注意力，專門雇一個人盯著自己——如果自己有走神、偷懶的情況，對方要提醒；如果自己不聽，對方就直接給個耳光。

有人爲了節省精力，特意雇了一個菲律賓人，每天準時打電話提醒自己剔牙，省得他自己操心這件事。有人爲了擠出更多時間，研究了一種「多相睡眠法」，就是把一天分成很多段，比如六段，每段爲四個小時，每兩段之間睡二十或者三十分鐘。這樣算下來，每天只需要睡兩到三個小時。

他們的做法讓人驚歎，效果存疑，其中大部分並不值得效仿。但即便如此，我們也看到了人類這個物種的行動極限。他們是這個世界壯麗、奇瑰的一部分。

關鍵指令

行動，其實是天大的難題。

這不是因爲我們不知道正確的道理，而是因爲在特定情境下，總有很多種行動方向的選擇。比如說減肥，「少吃多運動」的道理明擺在那裡，問題是：今天餓了一天了，要不要稍微解放一下自己？在宴請客人的餐桌上，自己一點都不吃是不是很失禮？這個東西看起來熱量不高，吃兩口也沒問題吧？我膝蓋有點疼，跑多了不好吧？

把一個道理拿出來看的時候，它總是雄赳赳的。但在現實選擇的岔路口，它又會顯得很蒼白。所以，才有那麼句話：懂得那麼多道理，還是過不好這一生。

王陽明那麼偉大，說到底不過是洞悉了一個眞相：再好的道理，做不到也是空談。「知之眞切篤實處即是行，行之明覺精察處即是知。知行功夫本不可離。」㉔市面上有很多教我們如何做事的書。我挑選的時候，遵循兩個原則：第一，光有道理不行，得有具體的行動方案；第二，光教我怎麼做不行，得是作者本人實踐過的行動。

什麼是具體的行動方案？就是手把手教到位，我能確切知道下次遇到類似情況的時候該怎麼做。

比如，社交場合遇到有人讚美自己，該怎麼回應？

不要回答：「哪裡哪裡。」也不要只說一句：「謝謝你。」要把讚美的陽光反射到讚美者身上。溫柔地回應一句：「你真是太好了。」或者：「你能注意到這一點，真是太可愛了。」

我把回應稱讚的禮儀技巧稱作「迴力鏢」。這裡有幾個迴力鏢的例子：

「你的家人怎麼樣？」「哦，他們好極了。謝謝你問起他們。」

「你的假日過得怎麼樣？」「謝謝，你還記得這回事！我過得非常開心。」

「天哪，我喜歡你的新髮型。」「噢，謝謝你注意到我的新髮型。是的，我找到一個特別好的新理髮師。」

——（美）莉爾・朗茲《如何讓你愛的人愛上你》㉞

光有行動方案也不夠，最好是作者自己就這麼做過。

當年參加「私人董事會」培訓的時候，老師嚴禁我們對他人「提建議」。我問他爲什麼，老師說：「每一個人的行動，都有自己特定的約束條件，外人不可能全知。你給的建議再好，他可能都做不到。」那對別人的事情，我們就只能閉嘴嗎？

老師說：「你可以說。但是只能說以前你自己遇到類似的情況是怎麼處理的。這段經歷有沒有用，讓對方自行去判斷。」「所有人的建議，都是毒藥，而所有人的經歷，都是寶藏。」

所以，如果一本書中，「建議」很少，但是作者自己面對挑戰、找到解決方案的「經歷」很多，那你大概率是找到寶了。

比如，一位職場女性，如何在工作和生活之間，在養育孩子和職場奮鬥之間找到平衡？這種話題，再多的建議，也不如一位職場媽媽曬出自己眞實的時間表。Facebook（二〇二一年十月二十八日，Facebook已更名爲Meta）首席運營官謝麗爾・桑德伯格寫的《向前一步》㉟裡就有：

三個月後，我所謂的產假結束了，我又回到了我熱愛的工作崗位。若要保證陪孩子的時間，我就必須調整工作時間，而且要堅持下去。

從此，我開始早上九點到公司，下午五點三十分離開公司。這樣的時間調整讓我可以在上班前、下班後及時地給孩子餵奶，然後再哄他睡覺。

我很擔心我全新的出勤紀錄會損害我的公信力，甚至讓我丟了這份工作。為了彌補這一點，我不得不在早上五點就開始查收郵件。是的，孩子醒來之前我就起床了；每天晚上孩子入睡後，我會再回到電腦前繼續當天的工作。我竭盡全力不讓大多數人知道我的新時間表。

我的天才助理卡米爾出了個絕妙的主意，建議我每天的第一個會議和最後一個會議都在其他辦公樓進行，這樣可以讓我實際到達和離開辦公樓時不至於太招搖。如果必須從我的辦公室直接下班，我就會先在大廳裡觀察停車場，瞅準沒人的時候才會衝出去發動我的車。

——（美）謝麗爾·桑德伯格《向前一步》

與其告訴讀者「要照顧好家庭，又不能耽誤工作」，不如給他們看一張自己的時間表；與其告訴讀者「既要熱情服務甲方，又不能讓團隊過度加班」，不如講一個當年自己怎麼找甲方要加班工資的案例；與其告訴讀者「不能營養不良，但也不能暴飲暴食」，不如直接給一張自己經常吃的食譜。

有用的不是抽象的道理，而是具體的行動指令。

比如，很多人都特別想每天抽點時間學習，但現實往往是，上了一天的班，回到家往沙發上一躺，就很難開始學習了，怎麼辦？陳海賢在《了不起的我》㊱這本書裡，就給了一個很具體的行動指令——爲自己建一個「場」。

我家裡有一個書桌，在這個書桌上，我只做跟工作有關的事情。如果我想流覽網頁或者看電影，我會要求自己換一個地方，比如到客廳的沙發上去。因為我在書桌上娛樂的話，這個書桌作為工作的「場」就會被破壞掉。

我還有另外一個工作「場」，就是我的電腦。事實上，我有兩台電腦，一台日常用，一台工作用。工作電腦裡只有Office等一些用於工作的軟體。當我打開它的時候，我心裡就已經做好了準備，知道要開始工作了。

所以，「場」並不玄虛，它就是一個人在一個空間裡做事的習慣。習慣會形成穩定的心理預期，穩定的心理預期又會鞏固習慣的行為。一個人在某個空間裡做的事情越純粹、越持久，這個空間「場」的力量就越大。

建議：像我一樣，在家裡養一個小小的、專門進行學習與工作的「場」。如果能在這個「場」裡貼些激勵自己的話，做為「場」的邊界和線索，那就更有幫助了。這樣，在家這個純粹的休閒「場」中，學習就搶占了一塊自己的地盤。

——陳海賢《了不起的我》

一本寫得好的「行動建議之書」，用心總是非常慈悲。它會體諒讀者的眞實處境，然後把具體的行動指令嵌入這些真實處境裡。

我見過一個很極端的例子。這本書的名字叫《解答之書》[37]，作者是美國人卡羅爾．博爾特。第一次見到它，是在一位同事的位置上，挺厚一大本。我心想：什麼書敢取這麼傲慢的名字？然後順手就翻了起來，發現它居然沒有吹牛。

這本書的用法是這樣的：「用十到十五秒鐘時間集中精力思考你的問題。問題必須是一句完整的話。例如：『我正在面試的工作適合我嗎？』『這個週末我該去旅遊嗎？』等等。拿起本書，翻動書頁，默唸或說出你想要問的問題（每次只問一個）。停在感覺合適的時間，打開翻到的那一頁，你就會找到問題的答案。」

這本書的內文，每一頁通常只有一句話，甚至一個詞。

> 履行你的義務；先不做決定；別打賭；慢慢來；遵循專家的建議；探索並享受它；盡早行動；不要告訴別人；你需要適應；存疑；拭目以待；寫下來；此時不要提出更多要求；靈活對待；你得先說「謝謝」；謹慎行事；注意細節；留神走的每一步；明確地說出來；不要猶豫；繼續；轉移你的注意力；列出做的理由；不要等待；你需要爭取主動；你必須妥協；最好專注於你的工作；慷慨一點；讓自己先休息一下；重新考慮你的方法；不妥；盡快解決；是的，但不要過度；現在可以了；不能僅憑一己之力；從一數到十，再問一次……
>
> ——（美）卡羅爾．博爾特《解答之書》

這看起來是不是有點像「算命」？當年的那些占卜者，焚香沐浴、端坐明堂，用蓍草反覆推演出一個結果，再到《周易》上去查閱那句話，是不是也這樣？

這本書幫我們看到了一個眞相：行動建議不重要，重要的是它要嵌入聽建議的人的眞實場景中。

「用十到十五秒鐘時間集中精力思考你的問題」「焚香沐浴」等動作，就是爲了讓聽者認眞對待自己的境遇，準備好接納即將到來的答案。

蒂姆．哈福德在《混亂：如何成爲失控時代的掌控者》㊳這本書裡介紹過一個類似的做法：有一位先鋒音樂人布萊恩．伊諾，在創作時會事先製作一些卡片，每張卡片上寫一句類似於格言的話，比如，「做第一個吃螃蟹的人」「發揮你的劣勢」「關注細節，忽略整體」「改變樂手的角色」「打亂順序」等等。

然後，他把所有這些卡片的順序打亂，放在一個盒子裡。創作過程中一旦靈感枯竭，他就會從盒子裡隨便抽一張卡片，按照卡片的指示想辦法。比如，有一次卡片的指示是「像園丁那樣去思考」，他就想，園丁思考的肯定是讓東西成長啊，我能不能在樂曲中增加一點成長元素呢？

伊諾的很多經典之作，就是靠這些卡片做出來的。

無畏布施

佛家把幫助人稱爲「布施」，又把「布施」分爲三種：「財布施」「法布施」和「無畏布施」。說白了，就是：給錢、給方法、給信心。

那當我們幫助他人實施行動的時候，哪種布施更重要？看起來好像「法布施」，也就是給方法最管用。讀的書多了，我才知道，其實「無畏布施」更重要。

就像在健身房，教練最重要的作用不是制訂健身方案，而是在我們耳邊說：「六！七！再堅持一下！八！漂亮！九！再來一個！十！」就像在我們失落的時候，朋友的價值不是勸導，而是陪伴。

閱讀的價值也是如此。對個人的具體困境，一本書能提供的方法其實很少。但是在書裡，我們總能看到在類似的情況下，別人是怎麼重燃信心的。有一次看易中天老師寫的《費城風雲》，這種感受尤其強烈。這本書講的是一七八七年美國制憲會議。一幫紳士把自己關在烈日炎炎下的一間屋子裡，花了幾個月的時間，爭吵出了一部美國聯邦憲法。

參與會議的人，代表的都是自己州的利益。當利益發生劇烈衝突的時候，矛盾其實是無解的。不管與會者口才多好、算盤打得多精，都無法說服他人。那怎麼辦？

來看看整本書給我印象最深的兩個人——富蘭克林和華盛頓——是怎麼做的。富蘭克林當時已經是個八十一歲的老人了。當其他人吵得不可開交，甚至要一拍兩散的時候，富蘭克林做了一件事。

眼見制憲代表吵成一鍋粥，八十高齡的富蘭克林深感憂慮。他說：「我們關起門來開會，已經四五個星期了。大家都在黑暗中努力摸索，卻很少有人想想事情怎麼會弄成這樣！我已經活了一大把年紀。活的時間越長，就越相信是上帝在主宰著人間的事務；而會議的進程則證明，人的悟性絕非完美。看來，我們只有祈求上帝保佑了。」他建議聘請牧師，在每天開會之前主持祈禱儀式，讓萬能的主引導我們前進。

——易中天《費城風雲》

富蘭克林給的不是具體的「辦法」，而是一個「視角」。在這個上帝視角下，參與會議者才能看到自己理性的局限，才能重拾回到談判桌前的信心。

而另一位重量級人物華盛頓，從頭到尾幾乎就沒說話。

華盛頓在整個會議期間都表現得十分謙虛、謹慎和低調。

他在會上一共發言三次。第一次是在第一天，當選主席後致簡短答謝詞。第三次是在最後一天，問由他保存的會議紀錄以後怎麼辦。第二次也是在最後一天，對戈勒姆的一項動議表示附議。在這唯一一次實質性的發言中，華盛頓說，他的處境限制了他發表自己的見解，表達自己的情緒。但現在已到最後關頭，大家都希望這個方案遭到的反對越少越好。因此，他認為應該採納剛才這個建議。

華盛頓一言九鼎，戈勒姆的動議被一致通過。

——易中天《費城風雲》

富蘭克林和華盛頓的表現，實質性地推動了行動。但這種推動，又不是我們通常認為的大力推動，他們只是一言不發，或者是提醒大家看向別處。

有一次，我向一位朋友抱怨創業艱難。他沒有多說什麼，而是給我推薦了一本書——伊查克·愛迪思寫的《企業生命週期》。那本書把一家創業公司比喻成一個生命體，說它在每個階段都有特定的優勢和難題。翻完那本書後，我很快釋然了：眼下的困擾不過是成長中必然的煩惱。這個煩惱結束了，下一個煩惱會不請自來。習慣就好。

正好那段時間，我遇到了一位名醫。他說，雖然醫生能治的病非常少，但還是很有用的。他見過的情況很多，所以他能告訴病人，下一階段會發生什麼。一個好醫生，會陪著病人把人生走完，並不斷告訴他前面路的樣子。醫學嘛，「偶爾治癒，常常幫助，總是安慰」㉕。用自己的專業知識給病人盡可能多的安慰，才是醫生最重要的責任。

在我們行動的時候，一本好書也是這樣，一邊給我們信心，一邊陪我們把路走完。

哲學家齊澤克寫過一本書，叫《事件》，裡面有一句話讓我眼睛一亮：什麼是事件？事件就是「某種超出了原因的結果」。

人類只要行動，就會製造一個事件。只要有了事件，就一定會產生結果。而這個結果，就一定會超出行動之前的預測和期待。世界就是這樣在人類的行動中滾滾向前，不斷產生出人意料的新事物。我們原本寄望於書的，要不幫我們制訂一個好計畫，要不幫我們看清一套好戰略。

所謂「計畫」，就是從現實條件往未來演進；所謂「戰略」，就是從未來目標向現在倒推。但除此之外，世界竟然還給那些既沒有完備計畫，也沒有清晰戰略的「莽撞人」留下了一個機會——直接行動，先做了再說。

有很多書都在告訴我們：這樣其實也行，行動本身就是力量。

書單

你會在這些書中感受到行動的巨大力量：

《如何讓你愛的人愛上你》

（美）莉爾·朗茲，毛燕鴻譯，新世界出版社二〇一一年版。

《向前一步》

（美）謝麗爾·桑德伯格，顏箏譯，中信出版社二〇一三年版。

《八月炮火》

（美）巴巴拉·塔奇曼，張岱雲等譯，上海三聯書店二〇一八年版。

《溝通的方法》[39]

脫不花，新星出版社二〇二一年版。

《張藝謀的作業》

張藝謀圖／述，方希文，北京大學出版社二〇二一年版。

第三章

奇妙的創新

我有一個夢想，終有一天，我能在自己的領域有所建樹。我知道，寫書是一項非常考驗創造力的工作；寫書人探索出來的創新方式，於我也有重要的啓示。

我能否找到一個樞紐性的創作者，看他如何爲知識結網？

我能否在各種體例的創新中，找到文明建構的更多可能性？

我能否看見「怪談」映射出來的人性之幽深、文明之邊界？

我能否基於一連串設定，推演出這個世界會變成何種樣貌？

我能否打破學科、職業之間的知識壁壘，遷移高手心法，爲我所用？

我能否跟隨文字的追光，撫觸眞實社會的紋路？

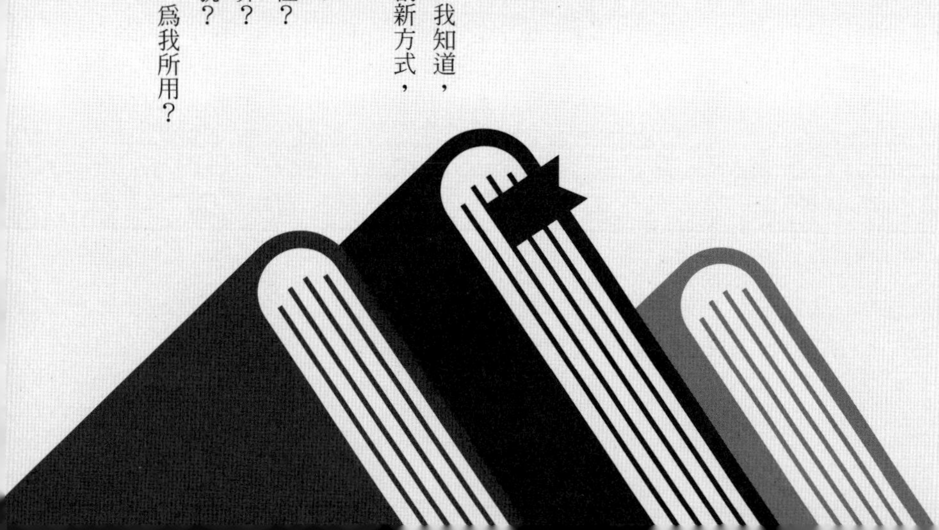

1

結網：千門萬戶次第開

「不確定為什麼要去，正是出發的理由。」——（日）村上春樹

書籍的世界是什麼形狀的？

一個經典的比喻是：「書山有路勤為徑。」把書比喻成山，這既是在說書多，也是在說讀書的順序：你必須從低處爬到高處，從入門漸至精通，一步步攀登，一步步進階。

接著還有下句：「學海無涯苦作舟。」把知識比作一片海，把學習者比作一條船，海面無比遼闊，而又處處相同，除了奮力往前划，沒有別的辦法。如果這樣閱讀，那麼除了「勤」和「苦」，我們真的就什麼也剩不下了。

一座山，還是一張網？

一百年前有這麼一樁公案。

一九二三年，清華大學的幾個學生即將赴美留學，怕跟中國的知識圈脫節，請胡適先生開一張國學書單給他們。當時胡適在北京大學任教，很有名望。他替學生們列了一份「最低限度的

國學書目」。

學生們拿到這張書單一看，好嚇人，居然有一百八十四種書。其中，僅《正誼堂全書》就有兩百多冊，加上《全上古三代秦漢三國六朝文》之類的大全集，總共得有上千冊，怎麼看得完？於是，《清華週刊》的記者寫信給胡適，請他再擬一張書單，稱得上「實在的最低限度的書目」。

胡適勉強又圈出了三十九種，說：「眞是不可少的了。」即便這樣，書單裡還是有《全唐詩》《九種紀事本末》這樣的大書。其中，《全唐詩》九百卷，《九種紀事本末》也有六百多卷。

梁啓超比胡適年長十八歲，看到這張書單，他毫不留情地批評說，這是「把應讀書和應備書混爲一談」。這「不是個人讀書最低限度，卻是私人及公共機關小圖書館之最低限度」。更何況，書那麼貴，「私人購書，談何容易，結果還不是一句空話嗎？」①

我想，這或許不是胡適在炫耀自己的學問，而是他的知識觀念：要以海量地讀書做爲基礎，再步步攀登。類似的「知識觀念」還有很多：要讀經典，不要讀熱鬧的暢銷書；要讀原典，不要讀二手轉述等等。這樣說的人，自有他們的道理。但他們恐怕忘了，《紅樓夢》《水滸傳》也曾經是暢銷書；《理想國》《論語》也是二手轉述。他們甚至忘了自己在功成名就之前，是怎麼愛上閱讀的，又是怎麼走上學術道路的。

大權威指導中小學教育，實際效果是添亂。

天資超卓的才智之士容易有一個毛病，普通孩子要苦思冥想、上下求索才能理解的東西，他隨隨便便就懂了，有時反而不知道該怎麼講解，和孩子之間也缺少共情。

學問精深的專家對「常識」的定義，和普通人往往大不相同，容易把自己研究領域中相當專門的知識，當作常識要求孩子必須掌握，「怎麼可以這都不懂？」於是專家的「常識」一粒灰，壓到普通孩子頭上就是一座山。

進入到研究層次，表述務求嚴謹，一個判斷前面必須加大量限定，有所疏漏便視為罪大惡極，忘掉初學者難免要經歷這個階段——先有個大差不差、湊合能用就行。

——劉勃《知道幾句三字經》

人的閱讀興趣，都是被一個偶然的機緣激發起來的。

就拿胡適來說，小時候，他偶然翻到一本殘破的《水滸傳》，迅速讀完，不解渴，於是去借其他部分，結果《水滸傳》沒借到，反而借到了一套《三國演義》，從此就讀了很多小說。然後偶然又碰到一本日本的政治小說《經國美談》，這又打開了他讀外國書的門。你看，他也沒有按照自己的「實在的最低限度的書目」去閱讀，反而是橫衝直撞，一路撞成了位大學問家。

在「超連結」中衝浪

我請教過很多在學術上有成就的人，無一例外，他們都曾經是書籍世界的「闖入者」。

在還沒有找到特定學術方向的時候，他們總是抓到什麼就讀什麼，不管它是經典著作還是通俗讀物。有興趣了，就讀下去；乏味了，就丟下來。更有趣的是，每一本書，總是會通向很多別的書。它們既是目的，也是道路；既是道路，也是路標。

這就像偶然看見一道門，走進去是一個大房間。這個房間裡又有很多門，你完全憑著感覺，隨意推開其中一扇，又走進下一個有很多門的房間，永無盡頭，「長安回望繡成堆，山頂千門次第開」。我自己的閱讀經驗，也可以印證這個過程。

記得初中二年級，我找語文老師推薦一本書，好在暑假的時候看。他隨手在書架上抽了一本劉再復的《性格組合論》塞給我。這是一本專業的文學理論書，其深度完全超出了我當時的接受能力。

但是有什麼關係呢？重要的是，這本書裡引用了大量我聞所未聞的小說裡的內容，還讓我看到了其中一些很有意思的段落。很多世界文學名著，像《復活》《紅與黑》❶《浮士德》❷，原來只是書架上嚇人的篇幅大的書，現在袒胸露腹，為我亮出了大量的細節。作者像大型收割機一樣，按照邏輯理路向前推進。而一個初二學生，不關心那些道理，只是興致勃勃地跟在後面「拾麥穗」，一樣也是滿載而歸。

透過《性格組合論》，我知道了《七俠五義》，一路追過去，看了大量公案小說。

透過《性格組合論》，我知道了金聖歎，從《金聖歎批評本水滸傳》《金聖歎批評本西廂記》追到了《金聖歎選批杜詩》，然後還順便一轉彎，讀了《毛宗崗批評本三國演義》。

透過《性格組合論》，我還知道了《野叟曝言》❸。

更為畸形化本質化的是《野叟曝言》。這部小說的主人公文素臣，正是封建時代「高大完美」的典範。關於文素臣，聶紺弩先生把他描述得極為清楚，他說：「舊禮教那東西，要建築在像文素臣那樣的英雄的鐵腕上。既有豪傑肝膽，又有聖賢心腸，有伊呂之志，孔孟之學，孫吳之略，武穆文山之至忠至正，而又才高子建，勇邁孟賁，貌勝潘安，功壓韓信，天文地理，醫蔔星相，三教九流，諸子百家，十八般武藝無一不精，連生殖器也與眾不同，只有嫪毐薛敖曹之流可比。這真把古今中外的偉大人物冶於一爐，也造不出這樣一個大英雄。」

這種極端的英雄化導致作品的荒唐化，正是中國傳奇小說寫作的教訓。

——劉再復《性格組合論》

在《性格組合論》中，《野叟曝言》被說成了一本典型的爛書。但是看了上面那段「批判」，你不覺得興趣陡增嗎？多年後，我在一個舊書攤上偶然買到了一套《野叟曝言》，喜孜孜地捧回去，一口氣讀完。

在學術世界，《性格組合論》是一套理論，而在我的世界，它只是一張書單。在作者的世界，它圓滿地幫他完成任務，而在我的世界，它只不過是一發起跑的槍響。後來的整個中學時代，我的課餘閱讀，就是踩著這塊板，漫遊在文學世界裡。

上大學後，我終於有了可用的大圖書館。

我從圖書館借出來的第一本書，叫《明史海瑞傳校注》。這不是因爲我對明史感興趣，而是因爲這本書太奇怪了。《明史．海瑞傳》全文也就短短三千字，什麼人那麼大本事，幫三千字做註解，居然寫出了近二十萬字的一本書？這勾起了我的好奇心。

把書借出來一看，哈哈，原來是作者偷懶，懶得自己做結構，借一個現成的結構，然後透過寫注解，把自己對海瑞的研究穿插進去。居然非常好看。

爲什麼能寫那麼多字呢？舉個例子。《明史．海瑞傳》第一句：「海瑞，字汝賢，瓊山人。」僅僅這八個字，能做多少文章？「海」這個姓是怎麼來的？海瑞祖上是怎麼到海南瓊山縣的？瓊山縣的風物水土如何等等。

這本書現在在市場上已經找不到了，我也不認爲它是什麼了不得的著作，但它幫我開了一個腦洞——原來知識世界不是一座由低到高的山峰，也不存在什麼登山的唯一道路。就像我在前言提到的，知識世界是一張網。從一個節點可以隨時跳到另一個節點，每一本書都和無數的書相關聯。在此地碰上的，在別處仍可重逢；在此時錯過的，在彼時仍可偶遇。

關於書籍的未來，傳統觀點認為書仍將會是孤立存在的物品，每本之間相互獨立，就像它們擺在公共圖書館書架上的樣子一樣。在這種情形下，每本書都不會意識到相鄰的那本。一旦作者完成一部作品，這本書就是一成不變，已經完成的了。只有讀者拾起這本書，用他／她的想像力讓它變得生動起來時，這本書才會變得動態起來。

在這種傳統的觀點裡，未來的數位化圖書館，其主要優勢是具有移動性——將一本書的全部文本轉譯成為比特，從而使人們可以通過螢幕在任何地方進行閱讀。但這種觀點忽視了由掃描書籍催生出的重大變革：在萬能的圖書館裡，任何一本書都不會成為一座孤島，它們全部都是相互關聯的。

密布在書籍中的超連結，會把所有書籍變成一個網路化的事件。

——（美）凱文・凱利《必然》④

很多人都想在此生讀一遍《史記》。如果你按部就班地翻開，從《五帝本紀》《夏本紀》《殷本紀》《周本紀》開始，逐字逐句往下讀，過不了三篇，你應該就會興致全無，掩卷長歎。其實完全可以換一種讀法，從最熱鬧的鴻門宴進入。

進而，你可能會對《項羽本紀》全篇產生興趣。從這裡，還可以通往劉邦的《高祖本紀》、張良的《留侯世家》和樊噲的《樊酈滕灌列傳》。《史記》本身就是一個超連結結構，你可以在裡面任意跳躍，隨著自己的興趣指向和問題意識的生長自由行走。

讀書這件事，關鍵在入門。入門之後，還有門，穿堂過院，任何一扇門都通向人類文明的所有地方。

找到樞紐

當然，衝浪也有方法。

書籍既然是一個「超連結結構」，那什麼才是這個結構裡的「超級節點」呢？是所謂的「名著」嗎？

很多人主張讀名著、讀原著。但是坦率地說，大多數原著對我們普通人並不友好。像《理想國》❺《純粹理性批判》❻這樣的書，門檻高得足以讓一個入門者望而卻步。

我自己的方法是：找到那些樞紐性人物的樞紐性的書。

比如，史學界的唐德剛，我的安徽老鄉，他本人在歷史學術界的地位並不是頂尖的，但是因為一個特別的機緣，他和民國史上很多重要人物有了交集。

一九四八年，唐德剛到哥倫比亞大學留學。那個階段，正好是中國風雲突變，大量民國人要湧入紐約的時候。

正是這一年，歷史學家艾倫·倪文斯成立了美國首個口述史的專門學術機構——哥倫比亞大學口述歷史研究室。這個研究室的主要任務是利用當時先進的錄音技術，採訪個個領域中對美國歷史有重要影響的人物，將其口述回憶整理成文，然後將相關資料存檔。李宗仁、胡適、蔣廷黻、李漢魂、李璜、左舜生、顧維鈞、孔祥熙、陳光甫、陳立夫、張發奎、吳國楨等都在被訪問者之列。

一九五八到一九八〇年間，在讀博士唐德剛得以訪問這些風雲人物，寫下了《胡適口述自傳》❼《顧維鈞回憶錄》《李宗仁回憶錄》三部足以傳世的作品。

胡適正在紐約八十一街做寓公，那是他一生中最清閒而又最寂寞的時候。胡適有三大好：安徽、北大、哥倫比亞。唐德剛既是安徽老鄉，又是哥倫比亞大學的學弟，自然讓胡適倍感親切。

我問唐先生：「當年胡適在紐約的生活如何？」唐先生道：「胡適在美國是『難民』，我們比胡適強多了，我們年輕力壯，什麼事都可以做，還有免費醫療。胡適那時在這裡做『寓公』，他也沒有錢。」

有時候唐家請客，唐德剛給胡適打電話：「胡先生，今晚我們家裡請客，菜很多，您有沒有空？」胡適說：「有空！有空！」唐先生覺得：「胡適跟我在一起像家常父子一樣，我對我爸爸不敢那樣，對胡適可以。」

——李懷宇《家國萬里：訪問旅美十二學人》❽

這些昔日呼風喚雨的人物，在紐約的身分是難民，其心境之落寞，可想而知。他們待在家裡沒什麼事做，唯一能追求的就是歷史定位了。所以在唐德剛登門拜訪的時候，他們往往接待得非常熱情，回溯往事時，也是盡可能坦誠相告。比如李宗仁，那可是當過「代總統」的人，每次唐德剛上門採訪，都要談十幾個小時，而且他夫人郭德潔還會親自下廚做飯。《李宗仁回憶錄》就是這麼前前後一百六十八頓飯吃出來的。

這樣的書裡面，記錄的就不僅是史實了，還有非常珍貴的個人視角的內容。

我照例遣隨員請侍從室轉向蔣先生請示關於就職典禮時的服裝問題。蔣先生說應穿西裝大禮服。我聽了頗為懷疑，因為西式大禮服在我國民政府慶典中並不常用，蔣先生尤其是喜歡提倡民族精神的人，何以這次決定用西服呢？但他既已決定了，我也只有照辦。乃夤夜找上海有名的西服店趕制一套高冠硬領的燕尾服。

孰知就職前夕，侍從室又傳出蔣先生的手諭說，用軍常服。我當然只有遵照。

五月二十日，總統府內尤其金碧輝煌。參加典禮的文武官員數百人皆著禮服，鮮明整齊。各國使節及其眷屬也均著最華貴莊嚴的大禮服，釵光鬢影與燕尾高冠相互輝映。這是國民政府成立後第一任正副總統的就職典禮，也確是全民歡慶，氣象萬千。在這種氣氛中，我深感到穿軍便服與環境有欠調和。

孰知當禮炮二十一響，贊禮官恭請正副總統就位時，我忽然發現蔣先生並未穿軍常服，而是長袍馬褂，旁若無人地站在臺上。我穿一身軍便服佇立其後，相形之下，頗欠莊嚴。我當時心頭一怔，感覺到蔣先生是有意使我難堪。

——唐德剛《李宗仁回憶錄》

所以，當我們看到那張南京國民政府總統就職典禮的照片時，會覺得穿軍裝的副總統李宗仁像極了穿長衫的蔣介石的侍衛。如果沒有這段口述紀錄，我們又怎麼能看懂它背後的政治權謀和人物心境？

在《李宗仁回憶錄》裡，我還獲得了一項受益終身的心法：「李先生說故事時雖亦手舞足蹈，有聲有色，但本質上是心平氣和的，極少謾罵和憤激之辭。他對他的老政敵蔣公的批評是淋漓盡致的，但是每提到蔣公他總用『蔣先生』或『委員長』而不直呼其名，或其他惡言惡語的稱謂。」②後來，唐德剛的書，我一本一本地找來全部讀完，就因為他是一位通向很多樞紐人物的樞紐性人物。

西方世界裡也有這樣的樞紐性人物，比如房龍。

房龍出生在荷蘭，小時候就博覽群書。據說他的音樂造詣高得離譜：不必去聽音樂會，自己跑到閣樓上，翻看一部交響樂的總譜，就能和在現場聽音樂一樣，享受得如醉如癡。

二十世紀初，房龍移民美國，窮得只能賣文為生。他一生寫了大量的書，《寬容》❾《人類的故事》❿《聖經的故事》等等。它們是經典嗎？嚴格地說，不能算。其中很多書，其實只是出版商出的命題作文，甚至只是寫給孩子看的兒童讀物，為了便於閱讀，房龍還親自為這些書畫了插畫。

但是，有這麼一個聰明人，為我們守望西方文明史，揀選其中最有意思的部分，用有趣的文筆介紹給我們，他不也是通向樞紐的樞紐嗎？

至少我自己，當年就從《寬容》這本書裡，找到了大量的閱讀跳板：我第一次知道了伊拉斯謨、蒙田和加爾文；我尋蹤找到了《蒙田隨筆》⓫和茨威格的《異端的權利》；我對伏爾泰的興趣，也是被《寬容》點燃的。

這個思想奇特的人——伏爾泰，有一天忽然覺得自己很了不起，他說：「沒有權杖又有什麼關係？我還有一支筆呢。」事實上，他可不是只有一支筆，他有很多很多支筆，簡直可以說是天鵝的死敵。他用過的鵝毛筆的數量幾乎是一個普通作家的二十倍。

他曾在骯髒的鄉下客棧裡伏案疾書，也曾窩進遺世獨立的鄉村小屋，在那冰冷的客房裡寫下無數六韻步詩句。他在格林威治寄宿時，身邊的手稿能鋪滿整棟公寓的地板；被投入巴士底監獄關押時，為了寫作，甚至連印有巴士底典獄長名字的私人信紙都用上了。

——（美）房龍《寬容》

除了唐德剛、房龍，我還有很多這樣的閱讀「前進基地」：不管我的視野前鋒抵達何處，我其實都是從幾個有限的基地出發的。這些人的書，我是出一本看一本，務必窮盡。這些人都有誰？比如：吳軍、萬維鋼、郭建龍、刀爾登、劉勃、熊逸、楊照、賈雷德·戴蒙德、理查·道金斯、麥爾坎·葛拉威爾、艾瑞克·霍布斯鮑姆、威爾·杜蘭特、阿蘭·德波頓……相信我，每一個愛閱讀的人，心裡都有這麼一張「私家清單」。追蹤這些人的好處有兩點。

第一，是像何帆老師說的那樣：「一般情況下，一流作家的三流作品也比三流作家的一流作品更好。」③他們的寫作水準在「金線」以上，不會辜負你的期待、浪費你的時間。

第二，不要把他們的書僅僅看成讀物，它們還是我們通向前沿和經典的瞭望臺。他們每個人替我們守望一個領域，揀選那些優秀的東西，放進我們的視野。一旦緣分到了，我們自然會追源溯始，和原著相逢。看起來，我們是他們的粉絲。實際上，我們是自己精神世界的君王，他們只是替我們戍守邊關的將軍。

有一次，我請教清華大學的鄭路老師，這種讀書方法如何？他說，這種方法在網路科學中叫「特徵向量中心度」。意思是：一個節點的價值，不僅取決於它連接的節點數量，還取決於這些節點的分量和價值。正如職場上的那句話：「首先要你自己行，然後要有人說你行，最後說你行的人要行。」

另一個疑問是：任由那些樞紐性人物影響自己的閱讀節奏，我們會不會步調大亂、迷失自我？

作家余華對這個問題有一番精彩的回答：「一個作家對另一個作家的影響，就好比是陽光對樹木的影響。是一樣的，但重要的是，樹木在接受陽光的營養，它是以樹木的方式在成長，而不是以陽光的方式成長。不要害怕影響，所有的影響，只會讓你越來越像你自己，而不是像別人。」[4]

是的。讓精彩的人物充分影響自己，我們只會越來越像自己，而不會像別人。

書單

你可以在這些寫書人編織的網路中穿行：

《引爆點》⑫

（加）瑪律科姆·格拉德威爾，錢清、覃愛冬譯，中信出版集團二〇二〇年版。

《光榮與夢想》

（美）威廉·曼徹斯特，四川外國語大學翻譯學院翻譯組譯，中信出版社二〇一五年版。

《不必讀書目》⑬

刀爾登，山西人民出版社二〇一二年版。

《故事照亮未來》⑭

楊照，廣西師範大學出版社二〇一一年版。

《你有你的計畫，世界另有計畫》

萬維鋼，電子工業出版社二〇一九年版。

2

建構：一本好書就是一次展覽

「寫作之難，在於把網狀的思考，用樹狀結構，展現在線性展開的語句裡。」——（美）史蒂芬．平克

上一節，我們講了樞紐性人物的創新。他們的創新作用是向外的：替讀者登山一望、披沙揀金，從此天下有福。

這一章，我們來看另一種創新：在文本內部所做的結構創新。寫書其實是一件很難的事。正如本節題記中史蒂芬．平克講的那樣：「（難在）把網狀的思考，用樹狀結構，展現在線性展開的語句裡。」⑤我們平時對別人說一件自己的事，尙且要感慨一句：「哎，從哪裡說起呢？」更何況世界千頭萬緒，每個點都和其他點糾結在一起，每個因素都牽扯著無數因素，要將其寫在紙上，變成一個有前後次序的線性過程，談何容易？

做爲「策展人」的司馬遷

早期的寫作，都是發生一件事就寫一件事，大人物說一句就記錄一句。這是把「時間」當

成了唯一的寫作線索。《理想國》《春秋》都是這樣寫成的書。但問題在於：這樣的書，只能是紀錄之書，很難是創作之書。

在西元前二世紀，中國出現了一次偉大的文本體例創新：司馬遷寫的《史記》。

西元前一一〇年，漢朝的太史令司馬談跟隨漢武帝封禪泰山，但是半路抱病，他自知來日無多，就召來兒子司馬遷見了最後一面。臨終時，他給了司馬遷兩個巨大的壓力。

「且夫孝始於事親，中於事君，終於立身。揚名於後世，以顯父母，此孝之大者。」

所謂孝道，從侍奉雙親開始，進而忠於君主，但終究是要成就你自己。你如果能揚名於後世，父母也會因此獲得榮耀，這才是最重要的孝。

「自獲麟以來四百有餘歲，而諸侯相兼，史記放絕。今漢興，海內一統，明主賢君忠臣死義之士，余為太史而弗論載，廢天下之史文，余甚懼焉，汝其念哉！」

孔子作《春秋》，寫到魯國的西郊出現一隻麒麟為止，到現在，又有四百年了，再也不曾有一部那樣的史書。

——劉勃《司馬遷的記憶之野》

簡單說，就是兩句話：第一，爲了我，也爲了成全你的孝道，你必須把這書寫成。這是你的責任。第二，已經四百多年沒有人認眞寫史書了。這是你的機會。

話說得很重。回到司馬遷的視角看，他面對的是多麼艱巨的一個任務啊：從三皇五帝到此時，數千年的歷史，無數的人物、事件、興亡、沉浮，怎麼能在一本書裡寫盡呢？

司馬遷最終創造出了「紀傳體」的寫法，也就是以人物爲主要線索來創作。

在那個時代，人還不是覺醒的個體，只是國家、君主、宗族的附屬物。從人的角度來看世界，這是一個極大的腦洞。相隔兩千多年，我們對這種寫法已經太熟悉了，以至於很難體會到這種創新帶來的震撼。

一個不盡恰當的類比是：我曾經買到過一本德國傳記作家埃米爾·路德維希的書，叫《尼羅河傳》。路德維希可是幫歌德、拿破崙寫傳記的人，居然會爲一條河流寫傳記？這本書給我帶來的新鮮感，也許和當年的漢朝人第一次看到《史記》的感覺類似。

當然，司馬遷的這次創新要偉大得多，也深刻得多。一般我們認爲，所謂「紀傳體」，「本紀」部分寫的是帝王傳記，「世家」部分寫的是諸侯傳記，「列傳」部分寫的是個人傳記。之所以名稱不同，是因爲這些人的身分不同。

但是有一次，戰略學者王鼎傑跟我聊起《史記》，他說，這是對司馬遷本意的窄化理解。他認爲——「本紀」主要負責記錄文明秩序的溯源和變遷。只要是主導了某個時期天下秩序的人物，都可以寫入「本紀」。這才可以解釋，爲什麼項羽、呂雉沒有當皇帝，但也被寫進了「本紀」。「本紀」是中華文明演化的主幹。

「世家」記錄的是地域的開拓與家國的綿延。所以，無論是周朝分封的諸侯，還是漢朝分封的世家大族，都被寫進了「世家」。有趣的是，孔子和陳涉這兩個人，並不是受封的諸侯，爲什麼也進入了「世家」呢?因爲他們是重要文明支脈的開拓者。所以,「世家」是中華文明伸展出去的枝條。

「列傳」記錄的則是個體的覺醒與人性的光輝。爲什麼《伯夷列傳》是「列傳」的第一篇?不僅是因爲他們品德高尚,更重要的是,這兩兄弟本來是孤竹國的王子,因爲不願意捲入繼承人糾紛,所以主動離開了自己的家族,浪跡天涯,也就成了最早徹底掙脫家族和地域束縛,實現個性覺醒的代表人物。七十篇「列傳」,每一篇都是中華文明結出的人性果實。

三種篇目合起來,就是中華文明主幹、枝條和果實的一張全景圖。

「紀傳體」體現出來的創新力是驚人的。此後兩千多年,二十四史的作者,再也沒能跳出這個體例。用清代史學家趙翼的話說,「自此例一定,歷代作史者,遂不能出其範圍,信史家之極則也」。⑥

優秀的書籍體例創新有兩重作用:一是封死了一部分想像力,二是打開了一部分創新空間。有了《史記》,官修正史,只能沿著司馬遷開創的道路往前走。但是,有雄心的史學家還可以另闢蹊徑,於是就有了《資治通鑒》對編年體的復活,以及南宋袁樞首創的「紀事本末體」。

爲什麼書籍的體例創新這麼難?因爲它和人類的資訊本能正好相反。

人的本能是搜集盡可能多的資訊。在上古時代,多提升一點對環境的感知能力,人的生存概率就大一點。早年寫書,也是在這種本能的驅動下,要盡可能在有限的篇幅內塞進更多的資訊。比如，《春秋》是編年體史書，只記載了史實的大略。後人就往裡填補更多的內容，於是就有了《春秋左氏傳》《春秋公羊傳》《春秋穀梁傳》。

這和我們今天的媒體是一樣的。一件事，會衍生出快訊、現場直播、綜述、評論等新聞形態。受眾也會追著看，生怕自己錯過了什麼。當然，這也造成了巨大的資訊噪音。而這個世界上，還有另外一種內容形態，我們稱之爲「展覽」。和「媒體」相比，「展覽」的努力方向正好相反。展覽不要全部，它「要在充斥著資訊噪音的洪流當中，挑選出一小部分可以感知的東西，賦予它意義，創造出一個小世界」⑦。

大英博物館曾經也是一團或多或少有些條理的雜亂物資，儲藏在一座岩塊剝落的倫敦別墅裡那空曠闊大的潮濕密室之中，等待一貨車一貨車的物資添磚加瓦。

歷任館長從一開始就對管理各式各樣的藏品有著強烈的責任心：從雜亂無章中創造井然有序，從井然有序裡誕育知識見聞，從知識見聞裡獲取對世界的理解，領悟人文、人性在大千世界的位置。

各式各樣的博物館乃是高水準文明的標誌，是公民良善的公開宣示。它認定，「關於過去」的知識、對人類願景和人類成就的理解，都是良善政府的先決條件。一旦我們開始損蝕博物館，就是在損蝕我們的文明基點。

——（英）詹姆斯·漢密爾頓《大英博物館》

泰戈爾在《流螢集》❶⑮裡說過一句話：「美懂得說『夠了』，野蠻吵著鬧著還要更多。」⑧

「展覽」就是一種很「美」的內容創新方式。它不要更多，而是在有邊界的時空裡，選擇很少的幾件展品，爲每一個展品賦予意義，在展品之間建構觀賞的動線，借此來表達一個宏大的主題。大英博物館是「展覽」，奧運會是「展覽」，《史記》也是「展覽」。

西晉的張輔曾經比較過司馬遷的《史記》和班固的《漢書》，說前者水準明顯高過後者：「遷之著述，辭約而事舉，敘三千年事唯五十萬言；班固敘二百年事乃八十萬言，煩省不同，不如遷一也。」⑨司馬遷用更少的字呈現了更長時段的史實，所以水準高。這是用「策展人」的標準來評價歷史作家了。

司馬遷，其實是中國第一代「歷史策展人」。

以「人」爲線索

「策展」是一種用少數個體，在有限時空中呈現意義的藝術。先接受約束，然後順勢就能打開一個巨大的自由空間。寫書也是一樣，不同的約束條件，通向不同的體例創新。

比如說，遊記類的作品，像約翰．斯坦貝克的《横越美國》⑯這樣的名著，歷史上有很多。這類書很難寫，因爲一趟旅行見聞太多，選取什麼材料，呈現何種感受，都是大難題。

所以就出現了一種創新的寫法：作者先去錨定一個歷史名人，最好是著作豐富的人，然後把這個人曾經走過的路再走一遍。這樣寫出來的書，就會出現多重張力：既有書本知識和實地見聞之間的張力，也有不同時代之間物是人非的張力，還有兩個不同觀念、背景的人感受之間的張力。

比如，法國思想家貝爾納—亨利．萊維，就按這個方法寫了一本《美國的迷惘：重尋托克維爾的足跡》。托克維爾也是法國人。一八三一年，他去美國考察監獄改革，一路參訪了很多地方，回到法國後寫出了名著《論美國的民主》。時隔近兩百年，二〇〇四年，萊維又沿著托克維爾走過的路線，開始了一趟深度考察美國的旅行，並寫成了這本書。

我不是推薦這本書本身，而是請你回想一下：一八三一年是什麼時代？拿破崙戰爭結束不久，法國還高踞在世界的中心。而彼時的美國還是個農業國，只是西方文明在新大陸開闢的一塊制度試驗田。而在今天，歐洲和美國的位置發生了一次大顛倒。所以，無論什麼時候，一位法國思想家都可以重走一遍托克維爾的路，借美國這面鏡子，來思考今天法國的命運。萊維的這次「體例創新」，可以被今後的法國人反覆使用。

中國作家楊瀟的《重走：在公路、河流和驛道上尋找西南聯大》，視野更爲開闊。他錨定的歷史人物，是一組群像：抗日戰爭時期，奔赴昆明西南聯大求學的師生。

想像西南地區一條穿越群山的道路，路上先是走過了徐霞客，然後走過了林則徐，還有做為背景而存在的無名的商旅，赴任的官僚，以及迎面而來的緬甸進貢大象的隊伍。讓它進入文化史的，則是由西南聯大的近三百名男生和十一位教授及助教組成的湘黔滇旅行團，為了躲避戰火和求學，徒步一千六百公里的旅程。

往後的歷史映襯得越久，西南聯大就越在視野深處迸射著理想主義的微光，也把人們的好奇心，吸引到這條路上來。

楊瀟好像的確是享受著這段旅程，盡量以當年的學生們的方式流連於山川與風俗之間。在這部分當中，我喜歡他有所見聞，思及當年舊事，腦中出現的沉思。做為一個旅行者，他攜帶的知識也令人受惠。

——李海鵬《重走》（序一）

這類書，我還可以推薦一本：馬伯庸寫的《文化不苦旅》。二〇一四年，馬伯庸和三位好友開始了一趟自駕遊，路線正是當年諸葛亮六出祁山的北伐之路。

對於多年前的那場戰事，我們留下了「出師未捷身先死，長使英雄淚滿襟」這麼強烈的情感，但諸葛亮到底是怎麼想的？他又是怎麼走的？他當年面對的挑戰到底有多大？爲什麼最終惜敗？「說傳奇則失之輕薄，說悲壯則失之濫情，講忠義過於迂腐，談軍略又太細碎。」[10]只有重走一遍當年的道路，才會獲得切實的體感。

圍繞北伐的種種分析和疑問，在你真正置身其中時，說不定便可迎刃而解。即使解不了，也沒關係。正所謂「人生代代無窮已，江月年年只相似」。站在秦嶺之中，想像著諸葛丞相和蜀軍在千年之前，就在我身立之處默默開過，朝著長安的方向堅定地前進。我們同樣聞著山林的味道，感受著隴西吹來的風，這是何等讓人激動的體驗。

——馬伯庸《文化不苦旅》

以特定「時空」爲線索

還有一種創新的寫法，是把筆觸約束在一個特定的時間和空間裡。其中最著名的應該要算黃仁宇的《萬曆十五年》[17]了。這本書英文版的書名是《*1587：A Year of No Significance*》（一五八七：一個無關緊要的年分）。有意思的地方恰恰在於這個「無關緊要」：萬曆皇帝、張居正、海瑞、戚繼光、李贄這些人物的截面，正是在這個平平無奇的年分才閃耀出獨特的光芒。

二十世紀八〇年代初，這本書經中華書局出版之後，立即在中國掀起了一股熱潮。我不只一次看見學術界的人對它的批評：「註腳不完整」「以論代史」等等。但是，這都掩蓋不了《萬曆十五年》在體例上的創新價值。很多人說，他們喜歡歷史書，就是從《萬曆十五年》開始的。

我自己也是。自從看了這本書，我對這種體例的書就產生了獨特的興趣。比如，吳十洲的歷史作品《乾隆一日》[18]，劉和平的小說《大明王朝一五六六》[19]。不僅時間可以當作一本書的約束條件，空間也可以。

這方面的代表作品是比爾·布萊森的《趣味生活簡史》。它號稱是「穿著睡衣和拖鞋寫出來的居家生活簡史」。

有一天，布萊森環視了一下自己住的房子，突然發現他對房間裡最熟悉的陳設和日用品竟然一無所知。於是，他站起來，像個外星人一樣，帶著完全陌生的眼光，從門廳走到廚房，走到客廳，走到餐廳，再走到書房、臥室、浴室、地下室，最後再來到門外的花園，他意識到，房間裡每個尋常事物背後，其實都隱藏著人類幾千年的歷史。

他把這個想法寫成了這本書。我們跟著他的視角走一遍，會發現，「浴室是一部個人衛生的歷史，廚房是一部烹調的歷史，臥室則成了一部愛情、死亡和睡覺交叉的歷史」⑪。在寫這本書的過程中，他「還梳理了從建築學到電力學，從考古學到園藝學，從食物貯藏到流行病，從香料貿易到埃菲爾鐵塔，從女性時裝到室內裝潢等方面的演變脈絡，」⑫這麼多學科包羅萬象的知識，竟然被他在一棟房子裡都打通了。

住宅是個極其複雜的博物館。我發現，無論世界上發生了什麼——不管人們發現了什麼，創造了什麼，或激烈爭奪了什麼——最終都以這種或那種方式落實到你的家裡，這大大出乎我的意料。戰爭、饑荒、工業革命、啓蒙運動等，它們都在你的沙發裡和五斗櫥裡，在你窗簾的皺褶裡，在你鬆軟的枕頭裡，在你家牆上的油漆裡，在你家的自來水裡。因此，家庭生活的歷史，不僅是床、沙發和廚房爐灶的歷史，就像我起初無知地以為的那樣，而且是壞血病和鳥糞的歷史、埃菲爾鐵塔的歷史、臭蟲的歷史、盜屍的歷史，一切其他已經發生過的事的歷史。住宅不是躲避歷史的避難所，它們是歷史的最終歸宿。

——（英）比爾・布萊森《趣味生活簡史》

把那麼多的史料，集中放到一個特定時間、特定空間的「火藥桶」裡，加壓、點燃、爆炸，升空的一定是絢爛的煙火，給我們帶來的也一定是暢快的閱讀體驗。

這就牽涉到一個話題：對於一個寫作者來說，「約束條件」到底意味著什麼？是對創新力的毀滅嗎？

其實不是。正如西方古典戲劇的「三一律」規定：一齣戲，必須發生在同一個地點、同一天之內，講述同一個主題。為什麼會有這個規則？說到底還是因為當時劇場簡陋，不太方便換舞臺布景。久而久之，就變成了劇作家都要遵循的約束條件。

但是，像莫里哀的《偽君子》、曹禺的《雷雨》，都是按照「三一律」的規範創作出來的。如果事先不知道「三一律」的存在，看到在如此精巧的結構之下居然能有這麼大的劇情容量，我們更加會為之喝采。

體例創新的無窮空間

書籍體例的創新空間是無限的。

這種創新，不僅帶來了形式上的變革，更重要的是，它往往也是對內容的重塑。有些經典著作，因爲時代背景的變化，已經不適合今天的人閱讀了。比如克勞塞維茨的《戰爭論》⑳，雖然是西方軍事理論史上的經典，但寫作風格晦澀難懂，當年的戰爭技術也早就過時了。更何況，這還是一本沒有寫完的書。今天我們看到的《戰爭論》，其實是一八三一年克勞塞維茨去世之後，他的妻子根據其遺稿整理出來的，結構難免凌亂。這樣的書，讓今天的人再去讀，實在有些爲難。

但是有一本奇書，叫《二十一世紀戰爭論》，作者是英國人克里斯多夫·科克爾。這本書完全丟開了《戰爭論》原書裡的篇章結構、技術背景和具體措辭，只揪出了作者克勞塞維茨本人，爲他設想了幾個發生在當代的虛擬場景：如果一所軍事院校的學生正在上課，克勞塞維茨一推門進來了，他會怎樣參加今天的軍事理論討論？

十一月某個週三的晚上。秋已深，十五名軍校學員正在參加一個軍事理論考試。

老師：「女士們、先生們，今天，我們很榮幸地請來校史上最重要著作的作者來到這裡。這是我們教學大綱中十門軍事學課程之一。你們都知道他是作家，實際上他還是優秀的士兵、足智多謀的參謀軍官、戰爭理論的奠基人。」

克勞塞維茨：「我發現所有機場書店裡孫子的書都比我的書暢銷。我第一次到達這裡的機場時，看到一本叫作《約會的戰爭藝術：贏得女性芳心的孫子兵法》。我的書無法幫你做到那樣的事情。」

老師：「好了，同學們，將軍非常幽默。我同意他說的。」

下面轉入實質性的討論。大家可以看一下PPT，我們的討論分為四部分。

——（英）克里斯多夫．科克爾《二十一世紀戰爭論》

是不是很有看下去的欲望？

這本書還假設了其他場景：如果「下個美國世紀研究中心」智庫正在舉行一場關於反恐戰爭的研討會，克勞塞維茨在座，他會說什麼？如果克勞塞維茨是英國皇家國防學院的一名客座教授，他會發表什麼樣的演講？如果克勞塞維茨沒有在一八三一年因爲霍亂去世，而是活到了達爾文發表《物種起源》之後，他的觀點會發生什麼變化？

做這樣的體例創新，需要作者有非常的膽略。他既得眞的讀懂了《戰爭論》原著，還得把其中的觀點做原則抽象，還得對當前最新的軍事前沿問題有起碼的了解，還得把兩百年前的舊理論應用到這些新問題當中。這是一個很高的境界，學習一個人，不僅要知道他是怎麼說的，更要知道他如果處在我當前的情境下會怎麼選擇。鮑鵬山老師有句話說得好：「讀孔子，問題不是孔子是怎麼說的，怎麼想的，他老人家不在了。而是在我們面對的一切公共事務裡面，我們要有能力判斷孔子如果在這個處境下，他會站在哪，然後我們走過去，和他站在一起。」⑬

類似這樣的書還有一些，比如著名的哲學入門書《蘇菲的世界》㉑，社會學入門書《米拉的猜想》，介紹心理學、社會學當代成果的《社會動物》㉒。它們都是在虛構寫作的殼裡裝進了嚴肅學術的核心，用來自專業知識的解決方案幫助人們應對日常生活的挑戰。

這就不僅是寫作方法的創新了。大道不離日用。這本身就是知識的創新。

這一節，我們看了書籍體例創新的一些案例。

這些創新每發生一次，就讓後人看到了文化建構的更多可能性。如果想寫一本書，何妨直接借用這些智慧？

我們可以大膽設想：未來會不會有人借用《趣味生活簡史》的寫法，把故宮、蘇州園林、張作霖大帥府、長安城寫一遍？未來會不會有人借用《萬曆十五年》的寫法，把一二七九年、一六四二年、一九一二年寫一遍？未來會不會有人借用《重走》的寫法，沿著杜甫、王陽明、徐霞客的足跡重走一遍中國，然後捧出一本書？未來會不會有人借用《二十一世紀戰爭論》的寫法，寫出一本孔子、老子在今天大學課堂上的講座紀錄稿？

建構無窮，以待來者。

書單

你會在這些做出重大創新的書籍中感受到建構的價值：

《趣味生活簡史》
（英）比爾．布萊森，嚴維明譯，接力出版社二〇一七年版。

《魔鬼辭典》㉓
（美）安布羅斯．比爾斯，李靜怡譯，北京聯合出版公司二〇一八年版。

《米拉的猜想》
（英）安格斯．班克羅福特、（英）拉爾夫．費弗爾，金芳旭譯，上海文化出版社二〇二一年版。

《福樓拜的鸚鵡》
（英）朱利安．巴恩斯，但漢松譯，譯林出版社二〇一六年版。

《重走：在公路、河流和驛道上尋找西南聯大》
楊瀟，上海文藝出版社二〇二一年版。

3

怪談：意料之外，都在情理之中

「常識：你用來說服別人，自己卻該不時質疑的『理所當然的事物』。」——喻穎正

想像力競賽

書籍的世界裡，還有一個隱密的所在。

那裡沒有我們熟悉的世間萬物，沒有常理常情，既不設目的，也不給工具，甚至看起來乾脆就像是一個精神錯亂的夢境。那是「怪談」的世界。

《聊齋》裡的狐鬼神仙、《愛麗絲漫遊奇境》裡的兔子洞，都算「怪談」。不過，在這個角落裡，作家只比拚天馬行空的想像力，所以，沒有最怪，只有更怪。

比如，義大利建築師塞拉菲尼的《塞拉菲尼抄本》。

很遺憾，直到本書臨出版前，我們都還沒辦法申請到《塞拉菲尼抄本》的圖片授權。你如果好奇，可以到網上去搜尋它典型圖片的樣子。這些圖，粗看起來似曾相識，旁邊的文字也排布整齊，我們甚至能模糊地猜出它要表達什麼。但細看局部，你會發現，圖是生硬編造出來的，字也是，圖文關係也是，它們沒有任何意義。

像這樣的圖片，《塞拉菲尼抄本》裡有一千多幅，小到動物、植物、服飾、食物，大到機械、橋梁、樓宇、城市。每幅圖片都煞有其事地配上了塞拉菲尼獨創的文字。

正是存在於這個宇宙中的事物，激發出了藝術家的語言。這些事物，正如我們在這本百科全書的插圖中看到的那樣，幾乎都是不可思議的。但它們和我們生存的世界中的事物之間，存在著意想不到的聯繫，這會帶給我們某種心理上的不安。

其關鍵之處在於，塞拉菲尼的語言被賦予了一種權力，它將要喚醒的是一個其內在語法完全顛覆的世界，因此，它必須將這種更為深刻動人的語言和思想的內在邏輯，隱藏在其表面的神祕難解之下。

——（義）卡爾維諾《塞拉菲尼抄本》推薦序

《塞拉菲尼抄本》被列爲「世界十大神祕天書」之首。我細細翻過一遍，那種閱讀體驗很難準確描述。

剛開始是疑惑：世上爲什麼會有這麼認眞的惡作劇？進而又是心驚：這彷彿是從某個平行世界傳遞過來的資訊。它故意把我們熟悉的文明的表皮揭掉，露出下面的底層眞相。讓我們看到：在人類文明現有的樣子之外，還默然存在著無數種可能。

有意思的是，《塞拉菲尼抄本》的內容不在我們的經驗體系之內，但又與我們的經驗有著某種若合符節的默契。文字模型是西方的，圖片風格也是西方的。它不但沒能脫離人類文明的範圍，甚至連西方文明的範圍也沒能突破。

所以，《塞拉菲尼抄本》暴露了所有「怪談」書籍的困境：越是離奇的想像，就越是暴露了想像力的邊界；越是想脫離地面，反而越是顯現出地心引力的強大。

中國歷史上，也有這樣的「怪談」之書。

對唐朝人來說，《虬髯客傳》是「怪談」；對明朝人來說，《封神演義》是「怪談」；對清朝人來說，《鏡花緣》是「怪談」；對民國時候的人來說，《蜀山劍俠傳》是「怪談」；對我們這批生於二十世紀七〇年代的人來說，金庸的小說就是「怪談」；而對今天的年輕讀者來說，網路小說才是「怪談」。

每一代人都會覺得上一代人想像力貧乏。但新一代人覺得最奇詭的想像，也總會被下一代人視爲平常。所以，「怪談」之書的價值不僅在於創造一個新世界，更在於豎起了一面鏡子，照見舊世界的可能邊界和眞實樣子。

人性的鏡子

網路小說，算是當代「怪談」中最顯赫的存在了。

有一位這個行業內的朋友跟我講，眞正最讓人上癮的內容產品，其實不是電子遊戲，而是網路小說。電子遊戲帶來的快感很短暫，而網路小說可以讓人很長時間不眠不休地追。而且，大量網路小說動輒上百萬字，幾百萬字的也很常見，所耗時間可想而知。

不僅是中文世界的讀者這樣「上癮」。據說，有些外國人追中文網路小說的翻譯版，也是如醉如癡，甚至有人因此戒掉了毒癮；還有人因爲等不及翻譯，直接學會了中文。傳聞不知眞假。但萬維鋼老師確實說過一句話：「網路小說是這一代中國人的重大文化成就，我們很可能已經找到了給讀者製造爽感的終極公式。」⑭

那這個公式是什麼呢？我自己也曾是網路小說的資深讀者，覺得這個公式應該可以寫成：爽感＝明確的目標＋清晰的成長路徑＋金手指作弊。

首先，網路小說在一開始，就會快速交代清楚小說主人公的終極目標是什麼。網路小說有各種各樣的流派，什麼「廢材退婚流」「洪荒流」「無限流」等等，但是所有流派都會嚴守這個規矩。否則，讀者就跟不住。

比如，網路小說《鬥破蒼穹》是典型的廢材退婚流小說。開篇就說主角因爲實力很弱，被原來有婚約的大家族退婚了。這是他人生的奇恥大辱。那麼這部小說的一個目標就是，主角快速成長，最後成功，給對方一記響亮的耳光。當年你對我愛理不理，現在我讓你高攀不起。讀者從一開始，就是知道這個情節終點的。這和傳統小說技法——隱藏情節終點——是不是正好相反？

其次，小說主人公還需要有清晰的成長路徑，也就是這個玄幻世界要有一個能力進階體系。比如，有的修仙小說將成長路徑分成四層大的境界：煉精化氣、煉氣化神、煉神還虛和煉虛合道，然後每個階段再細分。每部小說的設定可能不一樣，通常很繁複。主人公沿著這道漫長的臺階，一級一級地往上走，這也是網路小說一開篇往往就要交代的。

更重要的是第三點：一定要有「金手指」。「金手指」這個詞，最開始來自遊戲圈，是遊戲作弊器的意思。網路小說裡的金手指當然也是用來作弊的，要不是主角無意中找到了什麼寶物，要不就是主角有什麼奇遇，每當遇到困難時，金手指都會幫他解決問題。比如，《鬥破蒼穹》裡的金手指，就是主角在開篇撿了個戒指，裡面有一個高人的靈魂，每當主角遇到困難的時候，高人都會出面指導，說明主角度過難關。還有常見的穿越、重生類的小說，主角通常是從現代穿越回古代的，所以他們腦子裡有現代人的知識。這也是一種「金手指」。

我看過的網路小說，基本都是這個套路。

在狂讀網路小說的那幾年裡，我既得到了巨大的爽感，也進行了沉痛的反省。它們像一面面鏡子，讓我們窺見了自己人性中的缺陷。

對照上面的「爽感公式」，可知：

第一，我隱隱然在貪圖一個確切的目標，而懶於自己去設定人生的議程；

第二，我隱隱然在希望按照公認的臺階向上攀登，而懶於自己去探索更好的方法；

第三，我隱隱然在期待捷徑。

知道了自己最容易被什麼蠱惑，也就知道了如何去補上bug。

大腦是生物學的奇跡。但就像我們其他部位一樣，它喜歡偷懶，在可能的情況下會選擇阻力最小的道路。為此，大腦會給某些進程降格，甚至索性跳過某些進程，以節省精力。這意味著大腦總喜歡走捷徑，免得考慮每一個細節。在現實生活中，大腦會敷衍塞責，導致我們每天犯錯誤。

——（美）彼得·霍林斯《思維模型》

所有的「怪談」，其實都是「鏡像之書」。它們透過對現實的切割，透過把某個點放大到荒誕的程度，讓我們反過來看清自己。

還記得少年時讀《聊齋志異》，因爲故事非常奇詭，所以我就有了一種虛幻的安全感，可以放心大膽地把自己代入情節中，想像自己在那些極端情境下的反應。夜宿荒齋，遇到投懷送抱的鬼狐怎麼辦？天人永隔，遇到生離死別怎麼辦？天降奇遇，面對巨大的誘惑怎麼辦？暗夜沉沉，面對殘虐不公怎麼辦？

《聊齋志異》不是純粹的消遣讀物，它還是一個人性的試煉場，自有其冷峻的一面。

無論任何流派的文學，在各種奇巧變幻、怪誕荒唐等對現實的變形的描寫背後，是社會生活的原形，是歷史和時代的脈搏在跳動，是人性的強烈表現。文學的本質歸根到底是現實主義的。

文學的根本目的在於反映人類對世界、對社會、對人性的認知，書寫人類的恐懼和希望。為了「盡可能完美」地反映現實，作家需要借助「幻想」。世界上最虛幻、最富有幻想的事情，往往是真實的事情，而看起來虛幻的道理，往往是至真的道理。

——莫言《幻想與現實》，載《散文海外版》二〇一一年第十二期

在我的閱讀經驗中，最讓我冷汗直流的「怪談」之作，是余華的小說《現實一種》㉔。這篇小說寫了一家人，莫名其妙地開始互相殘殺。用余華自己的話說：「記錄了我曾經有過的瘋狂，暴力和血腥在字裡行間如波濤般湧動著，這是從噩夢出發抵達夢魘的敘述。為此，當時有人認為我的血管裡流淌的不是血，而是冰碴子。」⑮

山崗將山峰的襪子脫掉後，就揭開鍋蓋，往山峰腳心上塗燒爛了的肉骨頭。那條小狗此刻聞到香味馬上跑了過來。小狗貪婪地用舌頭舔著山峰赤裸的腳底。他脖子拉直了哈哈亂笑。狗舔腳底的奇癢使他笑得連呼吸的空隙都快沒有了。

山崗一直親切地看著他，現在山崗這樣問他：「什麼事這麼高興？」

山峰回答他的是笑聲，現在山峰的笑聲裡出現了打嗝。所以那笑聲像一口一口從嘴中抖出來似的，每抖一口他都微微吸進一點氧氣。那打嗝的聲音有點像在操場裡發出的哨子聲，節奏鮮明嘹亮。

山崗繼續說：「你高興得連呼吸都不需要了。」

於是山崗又走到那只鍋子旁，揭開蓋子往裡抓了一把，又塗在了山峰的腳底。那條狗立刻撲了上去繼續舔了。

山峰這次不再哈哈大笑，他耷拉著腦袋「嗚嗚」地笑著，那聲音像是深更半夜颳進胡同裡來的風聲。聲音越拉越長，都快沒有間隙了。然而不久之後山峰的腦袋突然昂起，那笑聲像是爆炸似的瘋狂地響了起來。這笑聲持續了近一分鐘，隨後戛然而止。山峰的腦袋猛然摔了下去，摔在胸前像是掛在了那裡。

——余華《現實一種》

這種親人之間的殘殺，沒有邏輯，不符合常識。我讀完之後甚至覺得，這不是什麼殘殺，這就是被剝離了人性的純粹的恨的樣子。

在正常的觀念中，家人之間應該只有融洽的親情，但那只是「應該」，不是全部現實。余華的這篇小說，就是把人性中掩藏得最深、最不堪的一面，突然用血淋淋的手術刀剜了出來。這一面，人人都敢說自己絕不會那麼做，但不是人人都敢說自己心裡沒有。「怪談」之書，既不是人間實相，又和人間形成了一種奇妙的呼應關係。

文明的邊界

「怪談」之書，不僅在探查人性的幽深之處，也在探索整個人類文明的邊界。

典型的例子是中國的《山海經》。在古人看來，《山海經》就是一本「海外奇談」。《四庫全書》乾脆就把它分到了神怪小說一類。翻開《山海經》，裡面是一行一行的條目，寫的都是眞實世界裡沒有的東西。比如，「某個地方有座什麼山，有個什麼方國，那裡有哪些奇怪的人和動物，也夾雜了一些神話和占卜內容」⑯。既沒有資訊來源，似乎也懶得去求證，看起來就是古人胡思亂想、痛快吹牛的一部書。

共工之臣曰相柳氏，九首，以食於九山。相柳之所抵，厥為澤谿。禹殺相柳，其血腥，不可以樹五穀種。禹厥之，三仞三沮，乃以為眾帝之台。在昆侖之北，柔利之東。相柳者，九首人面，蛇身而青。不敢北射，畏共工之台。台在其東。台四方，隅有一蛇，虎色，首沖南方。

——佚名《山海經．海外北經》

從古至今，很多學者都想釐清那些地方和奇怪生物的原型到底是什麼。但是這種「求實」的研究，總是越研究越茫然。

後來葉舒憲教授提出了一個有意思的觀點：《山海經》的世界觀本質恰恰不是混沌，而是秩序和理性。治水神話中的主角大禹「命山川、類草木」「內別五方之山，外分八方之海」，⑰幫九州大地奠定了萬古空間秩序。

第一，《山海經》的內容分類很有秩序。今天通行的《山海經》共十八卷，分五卷《山經》和十三卷《海經》。「《山經》談的是山川萬物，講動植物和草木，類似博物學。《海經》分海內、海外和大荒三部分，說的是時間和空間問題，屬於天文地理範疇，反映的是上古時代的世界觀。」⑱從這種分類思維就能看出，在《山海經》成書的戰國時代，人們已經開始用秩序意識來組織世界了。

第二，《山海經》寫「山川河流，是按照方位距離、植被、物產、鳥獸這個固定順序來講的。寫動物也是先寫頭、身體和皮毛，再寫習性和叫聲。這個寫作目標很明確：作者既是在建立地理旅行手冊，也是在建立分類學目錄，要爲外部世界建立一個系統」。⑲

初民們睜眼看世界，總是想爲世界立法，爲萬物命名。這種衝動明顯體現在《山海經》中。也許，這種帶有秩序感的胡思亂想，反倒是一個文明更爲眞確的樣子。

馬奎斯的《百年孤寂》，也是寫了一個超級魔幻的世界，但它反而比任何一篇新聞報導、任何一部非虛構作品，都更能呈現那個時代拉美世界的面貌。

賈西亞・馬奎斯虛構了一個家族的命運，來代表拉丁美洲整個大陸的命運。小說中描繪了大量神奇和帶有魔幻色彩的細節和故事情節：一個被殺的人的血會流好幾公里；一個姑娘會坐毯子飛上天空；有人死後能夠復活，有的人死了卻陰魂不散地繼續糾纏著活人。小說中，死亡和生命、時間和歷史成了混沌一片。

但是，在賈西亞・馬奎斯看來，他僅僅是把外祖母給他講的故事和哥倫比亞的日常生活、民間故事與歷史事件綜合在一起，一股腦地寫了出來，於是，就有了這麼一個「魔幻現實主義」。所以，他從來都認為他寫的是真正的現實主義小說，因為，拉丁美洲到處都是這樣的神奇和充滿了魔幻色彩的現實：「在拉丁美洲的河流上，可以看到像人一樣吃奶的海牛，雨有時候一下就是一個月，在熱帶雨林中，幾天之後，草木就將所有大地上的痕跡覆蓋成原始洪荒的狀態……」

——邱華棟《大師創造的世界》

你有沒有發現一個現象，越是晚近的嚴肅文學創作，就越脫離現實，越帶有「怪談」的特徵？即使說的是人間事，也往往會使用一種人間難懂的語言？

普魯斯特的《追憶似水年華》[25]、湯瑪斯·曼的《魔山》[26]、卡夫卡的《城堡》[27]、喬伊絲的《尤利西斯》[28]。本本如雷貫耳，但又有多少人從頭到尾讀過呢？還有福克納的《喧嘩與騷動》[29]裡，長長一段描寫，沒有一個標點，叫人怎麼讀？

即便是想像一下那樹叢我就覺得我能聽到那低語聲神祕的湧動還有氣味不再神祕的狂野肉體之下熱血奔騰著紅著眼眶看著繩子鬆脫的豬成雙成對奔跑著交媾著沖進大海於是他說我們得保持清醒看到惡會一時得勢但不會長久於是我說甚至不用多久就會看到它的失勢尤其對一個勇敢的人來說然後他說這個你也叫做勇敢嗎於是我說是的先生你不覺得嗎於是他說每個人都是自己品德的評判者你自己覺得自己是否勇敢比行動本身更重要比任何行動都更重要不然的話你不會當真這麼想吧於是我說你不相信我當真於是他說我想你就是太當真了叫我擔心都擔心不起來不然你也不會用這種權宜之計跟我來講你犯下了亂倫罪不然的

話於是我說我沒有撒謊我沒有撒謊於是他說你是想把率性而為的小小蠢行昇華為滔天大罪然後用真相去拷問它於是我說這是為了將她從那喧鬧的世界分離出來這樣這事自然會離我們而去接著它的聲音就彷彿從未存在過一般

——（美）威廉・福克納《喧嘩與騷動》

再比如，普魯斯特的《追憶似水年華》，譯林出版社出版的中文版共七卷，兩百多萬字。雖說是小說，但其實沒有什麼情節，就是沒完沒了地描寫自己的感受。英國作家毛姆說過：「我寧願讀普魯斯特讀得厭煩，也不願讀其他作家的作品來解悶。」[20]這明顯話裡有話，毛姆雖然正面評價了它，但畢竟也很厭煩。

我看過一家英國圖書俱樂部的調查，四〇%的英國人承認，他們把文學作品擺在書架上純粹是做做樣子，爲了面子上好看；有七十一%的英國人承認，爲了顯得更有文化，他們會吹噓自己讀過某些名著。[21]

那問題來了：經典嚴肅文學爲什麼名聲那麼大，卻越來越難讀？答案可能是：因爲經典嚴肅文學正在把娛樂大眾的責任交給其他內容形態，比如網路小說、短影片、電子遊戲，而自己則去孤獨地探索人類文明的新疆界。

這些經典嚴肅文學的任務，是要從原有的、習慣的、熟悉的文學表達中走出來，進入一個更廣闊，但是很陌生的新世界，要不就是在語言方式上，要不就是在敘事結構上，要不是在問題意識上，多少得有些突破。

所以，它們看起來是「怪談」，不過是因爲它們走得遠了一些。仰望它們所在的位置，不是爲了欣賞，而是爲了看到人類精神世界的新輪廓。

書單

你可以在這些書中不斷突破想像力的邊界：

《聊齋志異全譯》

（清）蒲松齡，丁如明等譯，上海古籍出版社二〇一九年版。

《李賀詩集》

（唐）李賀，上海古籍出版社二〇一五年版。

《何典》

（清）張南莊，學林出版社二〇〇〇年版。

《夜晚的潛水艇》[30]

陳春成，上海三聯書店二〇二〇年版。

《夜譚十記》[31]

馬識途，人民文學出版社二〇二一年版。

4

設定：我們來假設一下

「謹記，你是在尋找最好的答案，而不是你自己能得出的最好答案。」——（美）瑞·達利歐

世界假設如此……

上一節我們提到了「怪談」之書。它們叩問的是：世界將會怎樣變化？

還有一類書，會更進一步追問：假設世界變化成那樣，人類又會怎樣變化？這樣的書，魅力當然又增加一點。我稱之爲「設定」之書。

很多科幻小說，在講到高科技的時候，想像力大增，可是一旦觸及未來人類社會的狀態，想像力就會顯得非常貧乏。當年我看田中芳樹的科幻名著《銀河英雄傳說》[32]，就是這個感覺：在那麼發達的技術條件下，人類的政治體制居然還是「帝國」「共和」那麼幾種形態，怎麼可能？這種科幻小說，剝開技術想像的外殼，呈現的還是一個歐洲中世紀故事的核心。

還有一類科幻小說就精彩多了。它們設定一種未來的情境，不是去遙想星辰大海，而是像玩骨牌那樣，推倒第一塊，然後把它丟到人類社會內部的鏈條中，看看究竟會演化出一個怎樣的

局面。

劉慈欣的科幻小說，就具有這樣的特質。

我讀劉慈欣的小說，當然是從《三體》㉝開始的，然後一路追了他出版的幾乎所有作品。最強烈的感受就是：比起關注未來和科技，劉慈欣更關心人類的可能性。不妨從《流浪地球》㉞說起。

《流浪地球》的設定是：太陽即將毀滅，人類只好幫地球裝上行星發動機，逃離太陽系，去尋找新的家園。這一路上，當然是九死一生。根據《流浪地球》改編的電影曾經大火。可惜的是，劉慈欣對人類社會的很多深刻反思，電影沒有很好地傳達出來。那麼，在如此巨大的壓力下，人類社會會如何演化呢？

先來看「愛情」的變化。

爸爸突然想起了一件事，「呵，忘了告訴你們，我愛上了黎星，我要離開你們和她在一起。」

「這是誰？」媽媽平靜地問。

「我的小學老師。」我替爸爸回答。我升入中學已兩年，不知道爸爸和小星老師是怎麼認識的，也許是在兩年前那個畢業儀式上？

「那你去吧。」媽媽說。

「過一陣我肯定會厭倦，那時我就回來，你看呢？」

「你要願意當然行。」媽媽的聲音像冰凍的海面一樣平穩，但很快激動起來：「啊，這一顆真漂亮，裡面一定有全息散射體！」她指著剛在空中開放的一朵焰火，真誠地讚美著。

過了兩個月，爸爸真從小星老師那兒回來了，媽媽沒有高興，也沒有不高興。

爸爸對我說：「黎星對你印象很好，她說你是一個有創造力的學生。」

媽媽一臉茫然：「她是誰？」

「小星老師嘛，我的小學老師，爸爸這兩個月就是同她在一起的！」

「哦，想起來了！」媽媽搖頭笑了：「我還不到四十，記憶力就成了這個樣子。」她抬頭看看天花板上的全息星空，又看看四壁的全息森林，「你回來挺好，把這些圖像換換吧，我和孩子都看膩了，但我們都不會調整這玩意兒。」

——劉慈欣《流浪地球》

老公出軌，老婆竟然如此平靜。老公回來，老婆依然如此平靜。當整個人類文明陷入朝不保夕的危險處境時，愛情在社會中的位置居然被如此邊緣化了。

用劉慈欣的話來說，「在這個時代，死亡的威脅和逃生的欲望壓倒了一切。除了當前太陽的狀態和地球的位置，沒有什麼能眞正引起他們的注意並打動他們了。這種注意力高度集中的關注，漸漸從本質上改變了人類的心理狀態和精神生活。對於愛情這類東西，他們只是用餘光瞥一下而已，就像賭徒在盯著輪盤的間隙抓住幾秒鐘喝口水一樣」㉒。

再來看人類倫理的變化。

警報響起，我聽到市政廳的廣播：「岩漿滲入！全體市民到中心廣場集合，通過升降向地面撤離。注意，撤離時按危急法第五條行事！」

我知道現在的危險。升降梯的載運量很小，要把這座城市三十六萬人運出去需要很長時間。但也沒有必要去爭奪生存的機會，聯合政府的危急法把一切都安排好了。

古代曾有過一個倫理學問題：當洪水到來時，一個只能救走一個人的男人，是去救他的父親呢，還是去救他的兒子？在這個時代的人看來，提出這個問題很不可理解。

當我到達中心廣場時，看到人們已按年齡排起了長長的隊。最靠近電梯口的是由機器人保育員抱著的嬰兒，然後是幼稚園的孩子，再往後是小學生……我排在隊伍中間靠前的部分。我現在看不到媽媽。我知道她在最後一段，因為這個城市主要是學校集中地，家庭很少，她已經算年紀大的那批人了。

我到地面兩個半小時後，岩漿就在五百米深的地下吞沒了整座城市。我心如刀絞地想像著媽媽最後的時刻：她同沒能撤出的一萬八千人一起，看著岩漿湧進市中心廣場。

——劉慈欣《流浪地球》

在我們農耕民族的歷史上，經常有這樣的記載：當災荒襲來的時候，老人先去赴死，把活命的機會留給年輕的兒孫。但那畢竟是非常時代的倫理悲劇。而當整個人類面對生存危機時，老人先死，竟然被如此制度化地安排了。看過這個段落的人，內心應該都受到了巨大的衝擊。

二〇一四年，劉慈欣曾經在一場演講裡提到一個概念：「歷史微積分」。迄今爲止所有的政治家、思想家，都是像微積分那樣，只從現狀出發考慮很短時間段的變化，他們設定的文明目標很近。「但是科幻文學不一樣。科幻文學是唯一一個考慮人類終極目標的文學，這是它的價值所在。這也是科幻文學當中政治觀豐富多彩，社會圖像豐富多彩，而且它對社會圖像又採取很寬容的態度的原因。」㉓

如果能跳過當下，直接一眼看到文明的盡頭，彼時的社會景觀會不會嚇我們一跳？在很多篇小說裡，劉慈欣都在做這樣的設定和推演。

如果地球上所有的大人都將在一年內死去，整個世界都交給十三歲以下的孩子，這個世界會變成什麼樣？這是劉慈欣的《超新星紀元》㉟要講的故事。

如果人類有了一個超級電腦，用它可以查出人類社會的所有眞相，從此，任何犯罪，甚至每個人的每個小過失，都能被追查到底，人類社會會變得更美好嗎？這是劉慈欣的《鏡子》要講的故事。如果當年鄭和沒有停下，而是繼續沿非洲海岸向西航行，歷史會怎樣改寫？這是劉慈欣的《西洋》要講的故事。

如果你是一個科學家，現在有個機會擺在你面前，你可以向更高等的文明詢問你最關心的宇宙眞理，但代價是你的生命，你會問嗎？這是劉慈欣的《朝聞道》要講的故事。

如果任由貧富分化發展到極端，全世界九十九％的財富都集中到一個人手中，世界會變成什麼樣子？這是劉慈欣的《贍養人類》要講的故事。

如果一個人被困在地心，船艙的生命維持系統可以維持幾十年，但他就是沒有任何被救援的可能，這個人會怎樣度過餘生？這是劉慈欣的《帶上她的眼睛》要講的故事。

在這些小說中，離奇的技術想像並不是重點。劉慈欣先是問：「假設果眞如此，我們究竟會怎樣？」然後就用一種冷峻至極的眼神盯住我們，等著聽我們的回答。

世界何以如此……

還有一種反向操作的「設定」之書：已經在現實中看到了某種「結果」，倒回去追問，原因是什麼呢？

這種追問往往並不「科學」，因爲任何一種社會現象的成因都非常複雜，很難找到那第一隻雞或者第一顆蛋。但這個思想遊戲的過程非常有趣。

比如在中國歷史上，秦滅六國，一統天下，這是一個重要的「結果」。那爲什麼秦國能做到，而其他諸侯國則不能？關於這個問題，你一定聽過很多答案。有從人物出發的，比如歸因於商鞅、秦始皇；有從制度出發的，比如歸因於秦國的變法；也有從地理條件出發的，比如歸因於關中和蜀地的獨特區位優勢。

不過，我在張笑宇的《技術與文明》裡看到了一個「弩機猜想」，很開腦洞。

當「弩機」這種軍事技術在一國內大範圍普及時，它會給這個國家的統治者提供一種戰略優勢，那便是用技術的力量將原先無法有效動員的平民百姓充分動員起來，變成（在特定作戰環境中）可以驅策的部隊，以適應戰國時代的大規模衝突。

而統治者可以這樣做，又是以能夠徹底變革封建時代的治理結構，擺脫「小圈子」和「血緣家族」的桎梏，建立一種「科層化」的現代管理體系為前提條件的。

——張笑宇《技術與文明》

弓、弩經常被並稱。但你有沒有意識到，弓和弩對人的要求完全不一樣？

拉弓是非常需要體力的。古代軍隊評價一個人的武力，往往就是看他能拉開多少石的弓。當然，只是拉開弓還不夠，做過平板支撐的人都知道，拉開、停住、等待發射時機，都是非常需要力氣的。所以，如果弓箭是一支軍隊的主要遠端武器，那麼能去當兵的人就很少，而且能去的人也得經過長期的訓練才能上戰場。

而弩呢？它有一個扳機，可以先用腿部或腰部的力量上弦，力氣小的人也很容易就能掌握；也可以先上好弦，等上了戰場再用。關於弩的學習，有一個說法叫「朝學而暮成」。普遍用弩的結果，是可以動員大量的平民上戰場了。

還有更深一層的影響：當弓箭是戰場上的主要武器時，只有少數的精英、貴族集團能把持武力。而到了弩的時代，國君就可以繞過原來的武裝集團、貴族集團，直接向最普通的民眾徵兵了。平民上了戰場，爲了保持士氣和戰鬥力，就要對他們進行激勵。一個人立了戰功，國家就要給他從金錢到榮譽的全面獎賞。當時，贏得戰爭是一個國家的最高任務。只要是有利於戰爭的制度安排，都會被快速推行。既然要大規模使用弩，就必須大規模動員平民；既然要大規模動員平民，就必須從制度上摧毀貴族制。於是，商鞅變法就是歷史的必然了。

從這個角度來說，商鞅變法之所以能在秦國推行開來，和秦國要大規模使用弩有很大關係。

更早的時候，也有人用類似的邏輯來解釋火藥武器對於西方近代史的影響。火藥武器剛出現的時候，技術並不成熟：裝彈慢，火繩容易受潮，殺傷力也不夠。而當時普遍使用的長弓，優勢則很明顯：射程遠，力度強，性能更穩定。但爲什麼歐洲軍隊最後還是普遍配備了火藥武器呢？

道理是一樣的：火藥武器使用起來太簡單、太便捷了。訓練一個弓箭手可能要幾年乃至十幾年，但訓練一個火藥武器手只需要幾星期，這使得當時歐洲各國政府有條件在短時期內把平民組織訓練爲一支可以作戰的軍隊。而大規模動員平民，又會觸發其他制度變革。美國社會學家查爾斯·蒂利就說過，「從十五世紀到十六世紀，對一個國家的勝敗而言，是否具有動員和部署大規模軍隊的能力變得越來越重要，而這也是稅收體系越來越現代化的最強大動力」㉔。

從歷史意義來說，火藥時代敲響了騎士制度和騎士精神的喪鐘。

如果說匈奴人給歐洲帶來的馬鐙導致了騎士制度的誕生，那麼蒙古人給歐洲帶來的火藥卻使騎士制度走向消亡。就連托克維爾也不得不承認，槍炮的發明，使平民和貴族在戰場上處於平等的地位。

封建騎士雖然穿著精緻閃亮的盔甲，卻無法抵擋平民一顆滑膛槍的鉛彈。

——杜君立《歷史的細節（卷四）：火藥、槍炮與革命》

那麼問題來了：弩、火槍眞的是這段歷史發展的第一推動力嗎？別忘了本節的主題：設定。它僅僅是一套思考的設定，幫我們在一叢叢紛亂的歷史元素中看到一根可能存在的因果鏈條。學術洞察的魅力就在這裡。

比如，德國社會學家馬克斯・韋伯在《新教倫理與資本主義精神》裡提出了一個設定：和天主教相比，新教的倫理讓人更願意勤奮工作，努力賺錢，更有利於資本主義經濟的發展。這個設定太有名了，以至於到今天還不斷有人引用。

這個設定「正確」嗎？

其實，西方主流歷史學家一直對此存疑。放眼全世界，也不乏一些反駁的證據：日本這樣的東亞國家經濟崛起，和新教倫理肯定沒什麼關係。愛爾蘭這些年也發展得很好，那可是道地的天主教國家。

那麼是韋伯「錯」了嗎？

也不能這麼說。在韋伯那個年代，「基本上不存在大規模的民意調查、完整的宏觀經濟和社會資料、科學上嚴謹的統計技術」，他的學術研究只能是「從概念到概念，從推斷到推斷，從靈感到靈感」。㉕

但是，韋伯提出新教倫理和資本主義精神之間的關係，仍然是一個極高明的洞察。他第一次把思想觀念和經濟成就之間的關係問題擺到了桌面上。僅僅是提出這個問題，就已大大拓寬了人類的認知邊界。世界每增加一個可以自圓其說的「設定」，都是人類認知能力的自我提升。

世界竟然如此……

每一個人、每一個組織，都生活在一系列基本設定中。

秦始皇的設定是，只要措施得當，帝位傳承就可以萬世不絕；一個古代舉子的設定是，只要窗前苦讀，就能金榜題名；資本的設定是，只要投資正確，財富就可以永遠增值。而閱讀的好處就在於，通過更多人的故事，知道那些看起來理所當然的東西，並沒有那麼牢固。

在我的閱讀經歷中，最讓我覺得齒冷的，是有關當年日本發動侵華戰爭的故事。這是一個典型的「設定」已變，而當事者惘然無知的故事。

日本人原先的設定是：一個新型工業國打一個落後的農業國，是可以輕易取勝的。而取勝之後，是可以予取予求的。先在戰場上贏一次，然後在談判桌上再收割一次。

不能說這個設定沒有道理。實際上，在第二次世界大戰之前，全世界的戰爭都是這麼打的。歐洲的君主們打仗，非常看重決戰。把所有賭注一次性押上去，敗者割地賠款，勝者贏家通吃。中國早期的戰爭也是這樣的。比如「輸贏」的這個「輸」字，左邊是車，右邊是船，是「運輸」的意思。爲什麼「輸」後來又衍生出「敗」的意思呢？因爲打仗打輸了的後果，就是把財貨、子女給對方運送過去。所以，敗家也就是輸家。

日本人此前的經驗也是支持這個「設定」的。一八九四年的甲午戰爭，日本在決戰中戰勝了清朝，於是清朝割地賠款。十年後，一九〇四到一九〇五年的日俄戰爭，日本人又贏了，俄國把在中國的權益轉讓給了日本。抗日戰爭之前的日本人，就是想照著這個劇本再來一回。

很多人可能都聽說過一個說法，抗戰之前，日本高層有人說要「三個月滅亡中國」。後來有學者考證，原話實際上是「一個月內解決中國事變」。㉖這兩種措辭之間有什麼區別呢？「滅亡」，是指徹底征服中國的每一寸土地。日本人明知做不到，做到了也統治不了。那什麼是「解決」呢？就是和中國決戰，戰勝之後，中國政府按照慣例，投降，簽訂喪權辱國的條約，日本把在戰場上收穫的利益落袋爲安。

但是，日本人的想法落空了。

南京陷落後，東京又拿出一個更苛刻的「和平方案」。中國何以答應？

但日本人在等消息，而且很認真地等。他們給出的最後期限是一九三八年一月十五日。一月十五日到了，中國沒理睬日本。

當天上午九點半，東京召開緊急會議。軍部則認為：還可以再等等。總長載仁親王則在沒話找話，問：「我們的方案有很多條，能不能保證一條條傳達到中國那邊呢？」

多田繼而問陸軍大臣杉山：「『膺懲』到底要達到一個什麼目標？僅僅叫中國屈服嗎？如果中國不屈服，怎麼辦？當時有沒有人想過？把戰爭一直打下去嗎？一直打到中國屈服嗎？這次戰爭的目的就是要中國屈服嗎？」

多田幾乎快說上繞口令了。

開會的人互相觀望，沒人能回答出來。

——魏風華《抗日戰爭的細節》

不僅南京陷落之後中國沒有屈服，武漢陷落、華北陷落之後，乃至國民政府準備從重慶遷都西康之時，中國都沒有屈服。

爲什麼？

國家和人一樣，歷史上的成功會嚴重地縮小他們的視野，以爲只要前提重演，結果就會重演。他們往往忘了，歷史的基本「設定」也是會變的。

爲什麼在甲午戰爭、日俄戰爭中，日本取得了滿意的結果？其中一個原因是，它當時面對的是兩個君主國。君主把國家看成自己的私產，一場仗打輸了，止損認賠就是了。

而到了抗日戰爭爆發的二十世紀三〇年代，中國已經具備了現代民族國家的基本雛形。所謂「現代民族國家」，就是一個「想像的共同體」，而不是任何人的私產。無論是蔣介石還是汪精衛，誰都不能替中國人做主，把土地和主權拱手讓人。這就註定，日本和那時的中國打仗，只能是一場不死不休的死鬥。

很久以前，我就看到過民國著名軍事家蔣百里的一句話——「勝也罷，敗也罷，就是不要同他講和！」當時只知道這是一句豪言，並不理解這句話背後的戰略意義。

蔣百里生前遺留的話也在振聾發聵：「中國對日本，打不了，亦要打；打敗了，就退；退了還是打。五年、八年、十年總堅持打下去；不論打到什麼天地，窮盡輸光不要緊，千千萬萬就是不要向日寇妥協，最後勝利定是我們的。你不相信，可以睜眼看著。」

——曹聚仁《將將之將：蔣百里評傳》

後來讀的書多了才知道，蔣百里的這句話，講出的是一個全新的戰爭邏輯。在這個邏輯裡，出現了一個全新的設定：可以敗，但是不認輸。

後面的事情我們都知道了。中國一敗再敗，但是絕不認輸，也絕不和談，導致日本在戰略上陷入絕境，隨後發動了珍珠港事變。日本侵華的故事，既是一個血淚悲劇，也是一個抱著過時的設定，自尋死路的鬧劇。

有很長一段時間，我非常熱中於閱讀戰爭史方面的書。讀得越多，我就越知道——人世間的競爭，往往並不是力量和智慧的決勝。博弈雙方雖然在下同一盤棋，但是各自腦子裡的「設定」並不相通。最後決定勝負的，其實是誰的「設定」更符合時代潮流。

書籍的世界裡，有最豐富的人類文明圖景。有的圖景，給出一個設定，要我們求解出結果。有的圖景，呈現一個結果，要我們逆推出設定。

還有的圖景，則讓我們看到，設定如果錯了，會導致多大的悲劇。

書單

你可以在這些書中預見小設定帶來的大改變：

《「太空漫遊」四部曲》
（英）亞瑟．克拉克，郝明義等譯，上海文藝出版社二〇一九年版。

《呼吸》[36]
（美）特德．姜，耿輝等譯，譯林出版社二〇一九年版。

《蠅王》[37]
（英）戈爾丁，龔志成譯，上海譯文出版社二〇一八年版。

《光明王》
（美）羅傑．澤拉茲尼，胡紓譯，北京聯合出版公司二〇一五年版。

《超新星紀元》
劉慈欣，重慶出版社二〇一九年版。

5 遷移：我找到了！Eureka！

「一切美好的事物都是曲折地接近自己的目標，一切筆直都是騙人的。」——（德）尼采

知識大融通

現代社會是分工社會。

而分工越精細，不同行業的知識就越無法共用。比如，同樣是外科醫生，眼科醫生和骨科醫生的知識交集就很少。而像我這樣的文科生，看到《Java性能權威指南》或者《中國外科年鑒》這樣的書，通常也會視而不見。

但是知識世界裡也有這樣的努力：試圖打通不同學科、不同職業之間的知識壁壘。

愛因斯坦在寫給朋友的信中提到：「能從直接觀測時看似不相干的事件中，體認到這些複雜現象之間具有統一性，真是令人欣慰。」愛因斯坦在這裡所指的，是自己能成功地把毛細血管的微觀物理現象，和舉世通用的重力的宏觀物理現象相配合。

他在生命後期的目標是，企圖把所有的其他事件結合成一個精簡的系統，包括把空間與時間、物理運動相結合，以及把重力與電磁場、宇宙論相結合。他努力地追求這個「聖

杯」，但從來沒有達到目標。

——（美）愛德華・威爾遜《知識大融通》

知識為什麼能夠融通？我聽到過兩個理由。

第一個理由是一個信念：上帝創造世界，一定不會用複雜的規則。如果個個學科分頭發現的規律不一樣，那說明我們還沒有看到上帝口袋裡真正的底牌。

第二個理由則是一個很妙的洞察。

請問，一個行業為什麼有別於其他行業？不僅僅是因為它的工作物件不同，更是因為它經常會處理某一類極端情況，並積累起相關的經驗和知識。這些極端情況，其他行業也會偶然遇到，所以這些經驗和知識也就必然會遷移到其他行業。

一個行業，不僅要對它的產品和客戶負責，還要對整個人類的知識積累負責。

比如說，醫生的日常工作對象是病人，但是他們經常要接待情況不明的急診病人。可以想像一個場景：一個大出血的病人被路人十萬火急地送到醫院急診部，事發突然，他既沒有家屬陪同，也無法說清過往病史供醫生參考，但醫生還是要出手救人。此時，醫生面對的挑戰是：如何在資訊不完備的情況下，做出攸關生死的決定？這份經驗，是不是對其他行業也有用？

再比如，火箭科學家的工作主要是發射火箭，但在人類所有職業中，這個職業的特殊性還在於，經常要面對「耗資巨大，事先無法彩排，還不允許失敗」的極端情況。這份經驗，是不是對其他行業也有用？

又比如，天文學家研究的是宇宙，但他們承擔的獨特挑戰是：如何在資訊極少且不能做實驗的情況下，得出有價值的結論？這份經驗，是不是對其他行業也有用？

當然，這麼講，可能還是有點抽象。我們展開來說說。就以與我們日常工作交集很少的軍工業為例。

軍工業裡有一個詞，叫「軍工六性」，也就是一個軍工產品應該具備的六個方面的性能：可靠性、環境適應性、安全性、保障性、維修性和測試性。這套標準對軍工之外的領域有什麼用呢？

就拿其中的「測試性」來說。簡單講，它是指產品不用等到去修，我拿起來馬上就知道它是不是性能完備、狀態良好。有點像手機，拿起來一看便知電量還剩多少。其實日常工作中也有「測試性」一說，它展現在你不僅能做事，能把事情完成，還能保持一定的透明度，讓你的同事，甚至社會上所有的人看見、評估你所做的事。比如，在日常工作群、日報、週報中，或者在開會以及公開發言時，同步一下你目前在進行什麼工作，就可能會讓公司內外，甚至不在你視野裡的資源主動找上門來跟你合作。

你看，這樣兩個相隔甚遠的領域裡創造出來的知識，也完全有融通的可能。

現代社會每分化出一個行業，它都肩負著兩項使命：第一，處理特定物件；第二，積累特定情境下的知識。而這些知識，將成為人類共有的財產。

通常，我們稱這種現象爲「啓發」。

行業的B面

我看過的最有啓發性的書來自醫學界——美國著名外科醫生、白宮曾經最年輕的健康政策顧問阿圖・葛文德寫的《清單革命》㊳。

葛文德發現，醫生有一個非常獨特的挑戰：要用到的工具太多了。他寫這本書的時候，一位醫生手邊可用的藥物有六千多種，還有四千多種可供選擇的治療手段。在重症監護狀態下，醫生平均每二十四小時要對患者進行一百七十八項護理操作。現在，隨著醫學的迅猛發展，這些數字應該變得更龐大了。可想而知，這麼複雜的操作一不小心就會帶來可怕的失誤。葛文德說，人類的錯誤分兩種：「無知之錯」和「無能之錯」。前者是我們沒有掌握正確知識而犯下的錯誤；後者是我們掌握了正確知識，卻沒有正確使用知識而犯下的錯誤。後者是不可原諒的。㉗

於是，醫生們就摸索出了一個辦法：凡事列出清單，逐步執行，列清單帶來的效果非常驚人。有一家醫院把防止插入中心靜脈置管引發感染的五個步驟製成了清單，並授權護士，一旦發現醫生跳過清單上所列步驟，就叫停操作。這個舉措，讓「原本經常發生的中心靜脈置管感染比例從十一%下降到了〇%；更避免了四十三起感染和八起死亡事故，爲醫院節省了兩百萬美元的成本」㉘。

清單之所以有效，是因爲它把醫生在記憶和經驗中的工作流程「視覺化」了，從而確保在任何情況下，重要的操作步驟都不會被遺漏。更重要的是，當醫生把這部分記憶的工作「外包」出去以後，他們自身也可以更專注於具體的操作。

這套方法能不能爲其他行業所用？當然能。航空、救災這些領域，很快就借鑒了醫學界的這項操作。

在《清單革命》中，我看到的最有意思的應用，居然發生在商業演出行業。

爲了呈現出最佳的視覺效果，一場商業演出對舞臺裝置的要求極高。但現實中往往會有疏漏。有時候聚光燈和絲絨幕布靠得過近，可能造成火災；有時候舞臺的門搭得不夠高，音響就沒辦法過等等。

爲了防止出現這些問題，搖滾樂手大衛·李·羅斯就在巡演合同里加上了一條「M&M's巧克力豆款項」。它本質上就是「清單」方法的一種展現：某個特定環節沒有準備好，往往預示著其他準備環節也會出問題。

著名搖滾樂手大衛·李·羅斯，每次簽訂巡演合約的時候，都會堅持在其中包含這樣一個條款：後臺化妝間裡必須擺放一碗M&M's巧克力豆，而且裡面不能有一粒棕色巧克力豆，如果主辦方沒有做到的話，演唱會將被取消，而且主辦方還要對樂隊進行全額賠償。

至少有那麼一次，樂隊因為上述原因霸道地取消了科羅拉多的一場演唱會，因為羅斯在化妝間裡找到了棕色的巧克力豆。

有人或許會認為大明星總是喜歡擺譜，提出不近人情的苛刻要求。但其實不然，這是羅斯用來保障演唱會安全的一塊試金石。「如果在後臺放置巧克力的碗裡發現了棕色巧克力豆，我們就會對各項裝配工作逐一進行檢查。我保證會發現技術錯誤，會碰到各種各樣的問題。」

——（美）阿圖·葛文德《清單革命》

在一個複雜系統裡，某個地方出了問題，大概率其他地方也出了問題——這是一個多有力度的洞察？

據說，查理·蒙格讀完《清單革命》之後欣喜若狂，馬上給葛文德寄了一張兩萬美元的支票。因爲他意識到：清單做爲一種抓取關鍵、規避風險的工具，也可以爲投資行業所用。

每一個行業裡，都遲早會出現葛文德醫生這樣的人。他們會把同行習以爲常的做法提取出來，變成所有人都用得上的思維模型和解決方案。如果你的行業裡還沒有這樣的人，也許這就是你的機會。

不過，要做這樣的人，僅僅有洞察還不夠，還需要一點點勇氣。因爲每一個行業，不僅有應對挑戰的技巧，還有迴避麻煩的智慧。而後者，同行們往往是達成默契、避而不談的。比如，法律行業。在公眾眼裡，法律是正義和規則的化身，形象非常正面。但是，法律行業從業者也有非常獨特的難題：責任太大。

法官的一份判決書，可能會影響數額龐大的財產的歸屬，甚至還可能會決人生死。判決做出後，還要被放到公眾輿論下討論，甚至被千秋萬代審視。設想一下，如果你是一名法官，馬上要在一張死刑判決／覆核書上簽字，即使犯人罪大惡極，這樣的壓力是不是也很難承受？

所以，法律行業就有一個天大的兩難困境：既要讓法律有權威，又不能讓具體的個人獨自面對那麼大的責任，怎麼辦？法律行業的辦法是——「甩鍋」，也就是推卸責任。當然，「法律不是簡單地推卸責任，而是把它制度化，把決定推給公認的、無可辯駁的權威力量」，比如神祕力量、程序或者集體人格。㉙

清華大學法學院的劉晗老師就說，在人類歷史上，這是一個通行的辦法。比如，商周時期用龜甲占卜，歐洲中世紀用「神判法」，都是為了獲得神意的支持。

到了後來，法律非常講究程序，也是有這個考慮在內。比如：一個刑事案件，「員警先偵查，搜集證據。檢察院再檢查證據，提起公訴。被告人還會找律師，提交有利於自己的證據，甚至還有可能找專家證人。最後才是法官依據兩邊提交的證據以及相互的辯論作判斷」㉚。

設置「這些程序當然是為了公平。但你細想一下就會發現，程序其實是把法官做決策要承擔的責任，甩給了制度。因為如果程序完全正義，最後結果錯了，那也不是法官個人的責任，而是整個司法體系的責任」㉛。

有一次，王爍老師的兩個孩子吵架，二寶跑來告狀，說大寶弄壞了他的氣球，讓爸爸罰大寶一百元。王爍老師沒有直接表態，而是把兩個孩子都叫過來，模仿法庭程序，爸爸充當「法官」，讓他們依次陳述事實。同時規定，沒有被「法官」叫到的不能亂發言。

首先是二寶發言，他說自己打了大寶，所以大寶把他的氣球弄破了。然後大寶發言，他有兩點補充：第一，二寶動手前，兩寶各自誇自己的氣球最美，二寶說不過大寶，就急了；第二，二寶的氣球是自己（大寶）不小心弄破的。爸爸轉頭問二寶，是不是這樣？二寶點頭。

結果經過幾輪「交叉詢問」，「法庭辯論環節」結束，兩個孩子對事實沒有了爭議。最後，「法官」爸爸的判決結果是，兩人都有錯，相互抵銷。但兩人都違反了家規，因此各自被罰五元。於是問題就這麼和平地解決了，兩個孩子都對判決結果心服口服。

在衝突面前，爸爸變成了中立裁判者。不偏向誰，也不針對誰，居中裁判。輪到誰誰才能發言，保證年齡較小的二寶也有充分發言的機會。這就是限制強勢一方，幫助弱勢一方。正因為如此，在整個過程中，兩個孩子的想法和情緒才能得到充分表達。

——劉晗《想點大事》

我自己曾經做過電視臺法律單元的製片人，對法律這一行也不算太陌生，但我從來沒有從這個角度考慮過「程序」問題。原來，程序不僅是對司法人員的約束，也是對他們的保護。用劉晗的話說，「甩鍋是有正面價值的。那就是，它讓普通人也敢去替公眾做出重大決策，同時讓這樣的決策能夠獲得權威」[32]。

理解了法律行業的這個「B面」，如果你是一個組織體系裡的管理者，再次面對繁瑣且效率低下的「程序」時，是不是也能多一份體諒呢？

高手早有答案

剛才講的，是一個行業對其他行業的啓發。

對個人來說，啓發更是無處不在。可以說，我們日常面對的絕大部分挑戰，在某個行業的頂尖高手那裡，都早已準備好了解決方案。只不過，我們需要透過閱讀，花點時間把它找出來。比如，如何提升自己的職場競爭力？這可能是當代都市生活中最重要的問題之一。

二〇二〇年，我偶然看到了王瀟的新書《五種時間》，裡面講到了運動員如何提升自己的競爭力，我大受啓發。運動員這個職業有兩個特殊性：一方面，與普通人相比，他們面對的競爭要慘烈得多；另一方面，運動員的職業生涯很短，他們必須盡早讓自己的競技水準達到最高。

在書中，王瀟專門對頂尖運動員的競爭模型進行了分析。根據她的總結，運動員只做五件事：

一，運動員了解自己，包括自己的天賦、身體素質和在專業領域所處的位置。

二，運動員一定要找到一個好的教練、榜樣、指導者。

三，運動員都有艱苦卓絕的訓練計畫。

四，運動員永遠對標對手，觀察對手，尋求超越。

五，運動員永遠籌備下一次比賽，永遠爭取下一個賽點。[33]

看起來很簡單，但是如果對應到職場中，又有幾個人全都能做到呢？就拿「了解自己」這一點來說：

運動員對個人天賦、技術和身體能力的了解，是極其細緻的。在深入這個項目之前，他早已全方位地發掘過自己：是協調力好還是核心強？更擅長耐力還是爆發力？個人能力突出還是擅長團隊合作？體能極限在哪裡？每天早晨醒來，運動員都要重新了解自己當日的身體狀況，做基本測試。當然，每天早上醒來後，他都要再次明確自己在整個運動項目中的排名，他需要知道全世界這個項目最強的人有多強，在亞洲最強的有多強，在中國最強的有多強。最重要的是他必須知道，自己，到底想要有多強。

那麼，當你要向運動員學習如何應對和逾越生存時間時，你要問的第一個問題是：我了解自己嗎？

當你感覺自己被困住，毫無頭緒時，你應該做什麼呢？你至少應該先分析一下自己的優劣勢：

- 我處在行業或領域中的什麼位置？
- 我的天賦是什麼？核心能力是什麼？如何發揮？
- 我與同領域的頂尖選手相比，短板在哪裡？如何彌補？

- 我的能力和熱愛是否與行業匹配？
- 我是否獲得了這個階段的正面評價？

對自身水準了解得越透徹，你對自己才會越苛刻。

——王瀟《五種時間》

競爭中，最容易犯的錯誤，就是緊盯對手、忽略自己。所以有一句話說：「競爭意識損害競爭力。」

但是，即使是在「緊盯對手」這件事上，我們普通人做得也遠遠不夠。和運動員相比，我們往往是盯住身邊的人，忘記了遠方的人；盯住這一局，忘記了整個江湖的大局。

普通人和職業運動員的思考方式存在一個巨大的區別。

普通人每天早晨醒來，拉開窗簾看向遠方，會先想到早飯吃什麼，出門穿哪件衣服。

運動員在清晨睜開眼的第一刻就知道，有一個或很多個和他處於同等水準的運動員也在這時候睜開眼，甚至兩小時前就已經在訓練了。

運動員的水準越高，他的對手畫像就會越清晰，他會知道對手姓什名誰，有什麼必殺絕技，在用什麼方式訓練，未來哪一天會和他交手。運動員早已習慣了這一切，而我們普通人遠遠沒有。

——王瀟《五種時間》

對於運動員，還有一個重要的啓發——運動員很自然地生活在「賽點」中，永遠在爲下一場比賽做準備。而普通的職場人，常常對「賽點」毫無覺察。其實，每一次交工作成果，每一次寫日報、週報，每一次開會，每一次公開發言，只要能夠在我和他人之間形成公開對比的場合，都是職場中的「賽點」。

想想身邊那些在開會的時候一言不發、在發言的時候不做準備的同事吧，不需要什麼有形的失敗，他們正在輸掉一個個「賽點」。這就是運動員行業給我們帶來的一幅「職場競爭要素全景圖」。我們可以不追求那樣的贏，但是至少應該從中知道爲什麼有人會輸。

再看一眼我們身邊的各行各業吧——政治家在教我們如何在複雜矛盾中凝聚共識；科學家在教我們如何換個角度看同一個事實，以得到令人興奮的新結論；藝術家在教我們如何用新的技法表達古老的感受；樂器家在教我們如何透過「刻意練習」攀爬技能的峰頂；產品經理在教我們如何放下自我，站到用戶的角度審視自己；程式師在教我們如何用簡潔的代碼實現複雜的功能；工程師在教我們如何在資源不足的前提下達成目標；媒體人在教我們如何把事實講成故事；廣告人在教我們如何用簡短的字句直擊人心……

在這樣的視角下，現代分工社會是不是顯得可愛了一些？一個愛閱讀的人知道，各行各業的高手，並非漸行漸遠，他們不過是在爲我們分頭探路。

書單

你可以在這些書中捧走行業高手的心法：

《像火箭科學家一樣思考》[39]

（美）奧贊·瓦羅爾，李文遠譯，北京聯合出版公司二〇二〇年版。

《天真的人類學家》

（英）奈吉爾·巴厘，何穎怡譯，廣西師範大學出版社二〇二〇年版。

《清單革命》

（美）阿圖·葛文德，王佳藝譯，浙江人民出版社二〇一二年版。

《警察：街角政治家》

（美）小威廉·克爾·繆爾，曹志建、徐婧譯，社會科學文獻出版社二〇一九年版。

《五種時間》

王瀟，中信出版集團二〇二〇年版。

6

追光：閃電劃過夜空

「在你讀這幾行字的短短數秒間：地球同時誕生了四十位新生兒以及七億隻螞蟻。」——（法）貝爾納・韋爾貝爾

看見別人看不見的東西，是一種特殊的能力。

我在北京廣播學院（即今天的中國傳媒大學）電視系讀研究生的時候，聽過一則傳說：有個學生平時特別懶，所有作業都會拖到最後一天晚上再熬夜趕。有一次該他倒楣，老師規畫的作業是製作一部影片。通常，做一部影片需要很長的準備時間，不可能當天完成。但這位仁兄依然氣定神閒，最後一天才開始準備。到系上領取攝影機的時候，老師說：「現在才想起來要拍？你拍了也沒空後製。」這個學生說，我這部片不用後製。說完，他就拎著攝影機，彎著腰，在校園的核桃林裡跑了一圈。第二天，他把這部片交上去，命名為《狗眼看世界》，居然得了當年的作業大獎。

雖然大家對校園都很熟，但畢竟沒人從一隻狗的視角看見過它。所以，當年老師經常問我們一個問題：電視錄影機的發明，到底給人類的視覺經驗帶來了什麼？答案是：不僅讓人看到了遠方的事物，更重要的是，讓人看到了前所未見的景觀。

比如，特寫鏡頭——日常生活中，很少有人能讓你那麼貼近觀察；又比如，慢動作——日常生活中，你看不到那樣纖毫畢現的刹那。

怎樣才能拍攝出打鬥場面中那狠狠的一拳？教你最簡單的一招，效果相當好。電影《搏擊俱樂部》中，愛德華打出的第一拳就採用了這種簡單的技法。

拍攝的時候，攝影機的位置要擺好，以保證拳頭的落點藏在受害者的腦袋後面。但是，攝影機必須緊跟演員的出拳動作一起移動，這樣才能表現出這一拳的速度和力度。

當主角朝著挨打者走來時，他可能會跑，可能會一個箭步撲上來，也可能會堅定地邁步過來，不管怎樣，在這個時候，攝影機必須稍稍地向後退一點，彷彿被主角的英氣震懾了一樣。

當這一拳揮過來的時候，攝影機要定住，要有攝影機也被打中了的感覺，並隨著那力度擺向一邊。要拍攝類似的出拳鏡頭，攝像師需要有很好的時間感，但只要拍好了，現實中毫無力量的一拳就會變得帥氣十足，英勇無比。

——（澳）克里斯多夫·肯沃斯《大師鏡頭（第一卷）》

其實在電視攝影機發明之前，有一些書就已經做到了這一點。它們像鏡頭一樣對準了那些精彩的瞬間。透過對刹那的捕捉，很多珍貴的歷史細節就能像拳頭一樣，打在我們的頭腦中，成爲記憶的烙印。

那些「名場面」

怎麼才能用文字捕捉到刹那間的寶貴細節呢?用畫面感來呈現是一個極好的辦法。喜歡閱讀的人可能會忽略一個事實:人類用文字來記錄和表達,才不過幾千年的時間;人類普遍具備這種能力,更是近幾十年才發生的事情。畫面和聲音是人類大腦更適應的交流介質。

即使是在文字時代,一幅畫面的說服力仍然極強。一個典型的例子,是宋代的「流民圖」事件。話說王安石變法時,從封疆大吏到朝廷重臣,再到深宮後院,都不乏激烈反對的人,但宋神宗始終不爲所動。直到熙寧七年(一〇七四年),一位名叫鄭俠的小官,把當時老百姓流離失所的慘狀繪成了一幅《流民圖》,偷偷進獻給皇帝。宋神宗看到之後,方寸大亂,把這幅圖帶回宮中反覆觀看,甚至到了夜不能寐的程度。他支持變法的決心終於動搖,不久之後,王安石罷相。

這件事蹊蹺的地方在於:第一,民間災情慘狀,並非沒有大臣透過文字上奏。第二,繪圖並非攝影,鄭俠的《流民圖》也可能是惡意攻擊變法。那爲什麼宋神宗的心態一下子就逆轉了呢?只能解釋爲「畫面感」的超強力量。

很多優秀的書,其實並非勝在文字,而是勝在善於用文字描述畫面,畫面則讓一個個珍貴的瞬間定格在那裡,就像特寫鏡頭那樣。比如,寫羅馬歷史的書很多,爲什麼日本作家鹽野七生寫的《羅馬人的故事》被公認是最好看的？就是因為他的書裡面充滿了各種「名場面」。比如，八十歲高齡的老加圖是怎麼說服羅馬人攻打迦太基的。

加圖從迦太基帶回非常漂亮的迦太基產無花果，拿到元老院展示給大家看，說能生產如此豐饒果實的敵人就在相距三日海路的地方。

經濟獲得重生的迦太基，其經濟實力還不至於引起羅馬的擔心。但是，迦太基畢竟有過引發「漢尼拔戰爭」的「前科」。

一個國家有了經濟實力，招募雇傭兵不是難事。誰又敢斷言迦太基不會再出現第二個「漢尼拔」呢？

加圖依然健在，儘管已經八十歲高齡。加圖反迦太基的態度異常執著。無論談論什麼事情，最後，他總是不忘加上這樣一句話：「但是，我認為迦太基應該被消滅！」布匿戰爭時代的羅馬人，看到從迦太基運來的新鮮無花果都會有一種不寒而慄的感覺。

——（日）鹽野七生《羅馬人的故事》

老加圖用無花果的「畫面」說服羅馬元老院，而鹽野七生用老加圖的「畫面」來說服我們：迦太基人是如此富庶；迦太基距離羅馬是如此近；老加圖的說服術是如此精湛。

我選書閱讀的時候，有一個很武斷的方法：先拿起書來大致翻翻，看看其中的「專有名詞」和「直接引語」的含量。如果含量高，就應該很有畫面感，書也應該很好看。所謂「專有名詞」，就是特定的人名、地名等。所謂「直接引語」，就是人物對話。

道理很簡單。只有用特定的人名、地名、動植物名等，才能將具體的「情景」還原。讀到這樣的內容，我們頭腦中自然會浮現出對應的畫面，甚至不需要調用大腦皮層就可以理解。「直接引語」也是同樣的道理。讀到這樣的文字，人說話的聲音以及兩人對話的場面就會在頭腦中出現。

美國作家威廉．曼徹斯特的《光榮與夢想》，寫了一九三二到一九七二年這四十年的美國現代史。它之所以是不朽的名著，就是因爲畫面感呈現得好。

比如，寫二十世紀三〇年代胡佛總統當政時大蕭條的貧民窟，書中並沒有用多少數字，而是有這麼一段。

用錫鐵罐、紙板和麻袋搭建的破舊寒酸的棚戶村被稱為「胡佛村」。曼哈頓有兩大胡佛村，分別在河濱大道旁和中央公園的方尖碑附近。

失業一族扛著的裝廢品的麻袋叫作「胡佛袋」。

在北卡羅來納州，貧困的農民將拋錨的廉價汽車的前臉鋸下，安到骨瘦如柴的騾子身上，稱之為「胡佛馬車」（政府曾試圖將其改名為「『大蕭條』時期戰車」，但無人理會）。

「胡佛毯」是公園長椅睡客裹著取暖的舊報紙，「胡佛旗」就是被翻得底朝天的空口袋，「胡佛豬」是飢餓的農民抓來充飢的長耳大野兔。

> 雜耍演員會大叫一聲：「什麼？你說生意變好了？你的意思是胡佛死了嗎？」
>
> 有的報導諷刺說：胡佛向財政部長梅隆要五美分給朋友打電話，梅隆說：「最小的都是十美分，拿去打給兩個人吧。」
>
> ——（美）威廉·曼徹斯特《光榮與夢想》

有一次，我和一位讀書很多的朋友聊天。他一直盛讚這本《光榮與夢想》。我問他，這書既然這麼好，你還記得什麼細節嗎？他突然哈哈大笑，說就記得其中一個畫面——杜魯門第一次覺得自己像個總統之後，一位總統助手說：「他回到白宮時，你能聽到他兩個睪丸碰撞的聲音。」我也哈哈大笑，因爲我記憶最深的居然也是這一段。

在營造畫面感這方面，奧地利作家茨威格走得更遠。他有一個信念：「無比豐富的事件集中發生在極短的時間裡，一如整個太空的電聚集於避雷針的尖端。」[34]少數關鍵人物在短時間內的行爲，會直接決定整個歷史的走向。

他的名著《人類群星閃耀時》[40]，選擇了人類歷史上十四個決定性瞬間，用一種叫作「歷史特寫」的手法將它們給描繪出來。比如，他寫滑鐵盧戰場的這一段。

> 格魯希想了一秒鐘，這一秒鐘決定了他自己的命運，決定了拿破崙的命運和世界的命運。它，在滑鐵盧附近的一家農舍裡的這一秒鐘，決定了整個十九世紀，而這一秒鐘卻取決於一個相當勇敢卻又相當平庸的人的嘴巴，掌握在一個神經質地揉著皇帝的一紙命令的

人手中。

如果格魯希現在能鼓起勇氣，敢於相信自己和相信確實無誤的跡象，違抗皇帝的命令，法蘭西就獲救了。但是這個唯唯諾諾的人，一向服從命令而不聽從命運的呼喚。

他拒絕違背皇帝命令的行動。軍官們悶悶不樂，不吭一聲。他的周圍出現一片靜寂。而決定性的一秒鐘就在這靜寂中流逝，此後無論何種言辭和行動都永遠無法再把握住這一秒鐘。威靈頓勝利了。

一個微不足道的小人物的怯懦毀掉了最勇敢、最有遠見的人在叱吒風雲的二十年間建樹的一切。

——（奧）斯蒂芬・茨威格《人類群星閃耀時》

這就是茨威格在這本書裡的文風：把複雜的歷史因果，壓縮在一個極小的瞬間。像一枚琥珀，讓人能夠從中聽到上古某個瞬間的松濤和蟲鳴。

這樣的段落，如果落在嚴肅的歷史學者眼裡，也許會招致很嚴厲的批評：這也太戲劇化了吧？對，這種寫法寫的肯定不是歷史的本來面目。但是必須承認：這樣寫，非常好看。這些瞬間經過作家的手，被凝固在那裡，我們後來的人才有機會仔細端詳。這樣的瞬間在這本書裡還有很多，它們為我們認識世界新開了一扇窗。

我們知道哥倫布發現了新大陸，但有多少人知曉那個藏在行李箱裡躲債的巴爾博亞，是第一個看到太平洋的歐洲人？我們知道拜占庭隕落的歷史，但有多少人曉得夢想家穆罕默德二世組建了人類第一支翻山越嶺的艦隊？我們知道著名的《馬賽曲》，但有誰知道那是年輕上尉魯日的心血？我們都被杜斯妥也夫斯基的文采征服，但有誰能明白他在死刑刑場上被赦免的剎那心境？

正如書名《人類群星閃耀時》，「人世間數百萬個閒暇的小時流逝過去，方始出現一個眞正的歷史時刻……有如星辰放射光芒，而且永恆不變，照亮空幻的暗夜。」㉟

那些被光照過的地方

除了用畫面感捕捉精彩的瞬間，還有一類追光，是我特別喜歡的——作者用自己的筆觸照亮了一個被忽視的領域。這類書在「社會學」領域非常常見。作者深入實地，近距離地進行了「社會調查」，在他們的描寫、分析和研究下，很多以前未曾見過的眞實景象，進入了我們的視野。

這樣的書，常常會對我們的觀念造成極大的衝擊。

比如，我很早就從媒體上知道了深圳有一群「三和大神」。他們不去工廠上班，只願意做「日結」的工作，有錢了就去網咖打遊戲，沒錢了就去睡大街。在我原本的認知裡，這樣的生活方式就是「混吃等死」，這樣的人就是「沒出息」。

直到看了田豐、林凱玄寫的《豈不懷歸》，我才知道這種認知是多麼沒有同理心。「三和大神」們確實過著那樣的生活。但問題是：這既不是他們的主動選擇，也不是他們在誰逼迫下做出的選擇，而是多種社會因素組成了一張網，他們只不過身陷其中，無力掙脫而已。

即便收入很低，三和青年使用手機購物和支付也是普遍現象，但手機並沒有幫助他們聯入世界，反而更像是幫助他們脫離了這個世界和時代。

他們在手機上自娛自樂，在手機上消磨時間，在手機上完成工資結算等。手機的存在讓三和青年對外部世界的依賴程度下降了很多，工作以及吃穿住行的大部分行為都可以用手機實現。

而手機最初的功能——聯通世界、聯繫家人、聯絡感情，反而被忽略了，大概是因為三和青年連接外部世界的需求已經下降。他們有時主動逃避外面的世界，甚至躲避家人，其原因可能是感到羞愧，或害怕家人擔心。

——田豐、林凱玄《豈不懷歸》

除了手機之外，讓「三和大神」過上這種生活的，還有很多因素。

比如，深圳天氣暖和，讓他們露宿街頭成爲可能；比如，工廠的生活枯燥，讓他們視爲畏途；比如，這個時代物資豐沛，讓他們可以用四十元人民幣的生活成本過上一天，吃兩頓麵，喝一瓶水，加上一個十五元人民幣的床位，還能有幾塊閒錢用來買彩券；比如，物流發達，讓他們可以獲得很多物流行業的臨時工作；比如，圍繞他們形成了一個完整的服務鏈條，過這樣的生活並沒有明顯的不便；又比如，他們身邊全是處境類似的人，比上不足比下有餘，足可自安。

這是一張何等綿密、溫柔又殘酷的網啊。

設身處地地想，如果我處在這樣的環境下，如果沒有外部因素介入，我又有多少力量能破局而出？這本書的名字叫「豈不懷歸」——「難道我不想回家嗎？」——簡直就是對我原先看法的質問。

這時候，我腦子裡冒出來的是《大亨小傳》開篇的那句話：「每逢你想要批評任何人的時候，你就記住，這個世界上所有的人，並不是個個都有過你那些優越條件。」㊱

再比如，我們都知道，一個良好的社會應該幫助窮人。窮人不被金錢困擾，就能過上體面的生活。但是，我偶然看到了德國人瓦爾特·伍倫韋伯寫的《反社會的人》。其中一個段落讓我跌破眼鏡。

年輕人在紐克爾恩這個德國最著名的貧民居住區的運河上划皮划艇已有超過百年的歷史。

俱樂部為此會定期去紐克爾恩區（貧民區）的各所學校做宣傳。讓十一到十三歲的孩子觀摩影片，還在訓練機上測試他們的力量。但其中的大部分都會在一個星期後打退堂鼓離開。而堅持下來的少數幾個也會在一兩個月之後被送回家去。這又是為什麼呢？因為他們交不起俱樂部會費？

「原因不是這個。」這位負責人變得吞吞吐吐，顯然他對自己接下來要說的話感覺有些尷尬，「我越來越覺得，如今的下層階級不適合參加皮划艇運動。」

在皮划艇運動中絕不允許有人任性而為。八個人中只要是有一人擾亂了全隊的節奏，整船人都得掉進水裡。一個隊員缺席訓練，其他的人就只能在岸上無所事事。赫爾曼說：「讓人寒心的是，這些孩子雖然有意願，但他們確實沒法做到。」

——（德）瓦爾特・伍倫韋伯《反社會的人》

窮人的孩子沒有辦法參加皮划艇運動，居然不是因爲缺錢，而是因爲不能守紀律，甚至是因爲不能按時起床。至少在這本書說到的場景裡，貧富差距問題靠簡單給錢已經無法解決了。

在《反社會的人》裡，我還看到了一個更加殘酷的現實：德國經濟一旦好轉，窮人街區的狀況就會變得更差。這是爲什麼呢？

因爲窮人區到處都是垃圾、人尿、狗屎、破舊的啤酒瓶，環境惡劣到了極點。一旦經濟好轉，那些暫時因爲經濟形勢不好而找不到工作的人就有工作了。一旦賺到錢，他們做的第一件事就是搬家，徹底離開這個地方。而這些人也是貧民區中最有上進心的人：他們可能是耐心的足球教練，是鄰里當中的熱心人，或者是大家鬧矛盾時可以去找來評理的人。他們一旦走了，這個街區的狀況就會進一步惡化。

要是沒有《反社會的人》這樣的作品，我們可能永遠也沒有機會看到德國窮人街區的眞實圖景。錢似乎不是唯一的原因。事情遠比我們認爲的複雜得多。

費孝通先生有一本《江村經濟》[41]。這是老先生的成名作，也是國際上社會學界、人類學界的里程碑。很多年內，我都沒有眞的翻開過它。

事後反思，可能有兩個原因：第一，我覺得這是一本學術作品，或許很枯燥。第二，費孝通的社會學理論，最知名的不就是「差序格局」嗎？我已經粗知其大略了，爲什麼還要去讀原著呢？但是後來眞的翻開它，我才知道自己錯過了什麼。

村莊店鋪不能滿足農民全部日常的需求。例如村裡沒有地方賣鹽和糖這樣的重要物品。這些東西必須由航船去買。航船的一個重要特點是做為消費者的代購人，是不賺錢的。同樣，乘客也不付船費。城鎮店鋪給航船主的禮物遠遠不足以維持他們的生活。他們只有在充當生產者的銷售代理人時才得到報酬。

銷售貨物需要更多的技巧和有關市場的知識，農民不一定具備，因此他們出售產品時需要依靠航船主。後者經常與城鎮裡的收購商品的行家保持聯繫。他了解個個行家的情況。行家與不同的商人或紡織廠相聯繫，他們收購貨物是有挑選的。生產者為了出售他們的某種產品應該知道與那些有關的收購人保持聯繫，這是很重要的。

此外，在收購生絲的時候，有一種已經被收購者接受了的習慣做法，即允許生產者在絲里加一定量的棉花和水以加重分量。但如果超過慣常的限量，收購者便要扣錢，扣的數量比外加分量的錢更多。因此，生產者需要就這方面的業務與內行的代理人商量。

——費孝通《江村經濟》

上述這段話，記錄了那個時候中國鄉村一種奇特的「航船」制度。它迥異於我們熟悉的那種「市場經濟」：交易多方之間沒有清晰的權責邊界，但是居然能正常運行在約定俗成的習慣中。百年之後的今天，這個場景早已消失。如果不是專門做經濟史研究的學者，似乎也不必深究這段材料。

但看在我眼裡，還是有一番深自警醒的感觸：眞實的民間經濟網路，原來不像經濟學教科書上寫得那麼黑白分明。它們古怪、複雜，但又自有其合理性。

這種社會調查類的書在閱讀市場上非常吃虧。即使名氣很大，也很少有人認眞去看。因爲它往往給不了清晰的認知、簡潔的結論，甚至無法被人興致勃勃地轉述。它們只是把眞實社會的原生複雜性攤開給讀者看。看多了之後，對現實的敬畏感會一點點地在我們心裡滋生出來，從此，我們對不了解的事物不再敢妄下斷言。也許，這樣的書才是人格養成最好的養分。

讀書是爲了明理。

但是讀了太多「道理分明」的書，反而容易把自己的頭腦格式化爲黑白兩色。

喬恩·威特在《社會學的邀請》這本書裡說，社會學有兩個根本問題：第一，爲什麼我們會照自己做的那樣去做？第二，爲什麼我們會照自己想的那樣去想？[37]

看來，我們的所思、所行，並非盡合天理。

幸好還有這樣的書，像閃電劃過夜空，幫我們照亮真實社會的紋理，幫我們療癒因知識而導致的無知。

書單

你可以在這些書的追光下，撫觸社會的真實紋理：

《下沉年代》[42]

（美）喬治．派克，劉冉譯，文匯出版社二〇二一年版。

《禮物的流動：一個中國村莊中的互惠原則與社會網路》

閻雲翔，李放春、劉瑜譯，上海人民出版社二〇一七年版。

《跨越邊界的社區：北京「浙江村」的生活史》

項飆，生活．讀書．新知三聯書店二〇一八版。

《我的二本學生》

黃燈，人民文學出版社二〇二〇年版。

《中國在梁莊》

梁鴻，台海出版社二〇一六年版。

第四章

極致的體驗

我還有一個夢想，終有一天，我可以遍歷人世間極致的體驗。

我知道，與現實世界相比，那些從書中獲得的體驗，總是別有一番滋味。

我能否從自身的渺小中脫身出來，體驗全人類共通的情感？

我能否快速進入心流狀態，一臉神往地走近一種趣味？

我能否將現實中積累的情緒釋放出來，快意地高呼一聲「過癮」？

我能否透過體會先賢在苦痛中的感受與行動，重塑個體的尊嚴？

我能否把各種角色請進頭腦，以豐富自己的人格？

我能否分辨文心造境的幽微妙處，創建屬於自己的小世界？

1

情感：今晚月色真美

「有些人能感受雨，而其他人只是被淋濕。」——（美）羅傑．米勒

前面三章，無論是強勁的大腦、遙遠的地方，還是奇妙的創新，我們更多的是在探討如何透過閱讀完善我們的理性，最後一章，我們就來看看閱讀是如何豐沛我們的感性和體驗的。

與理性相比，感性之於人更像是底層的作業系統。就像心理學家喬納森．海特所說的那樣：「人類的理性其實非常依賴複雜的情感，因為只有當充滿情緒的大腦運作順暢時，理性才得以運轉」①。

悲歡可以相通嗎

說到情感，大多數人都認為這是個人的事情，除了至親至近之人，別人的喜怒哀樂與我們都不相關。正如魯迅所說：「人類的悲歡並不相通。」

樓下一個男人病得要死，那間隔壁的一家唱著留聲機；對面是弄孩子。樓上有兩人狂笑；還有打牌聲。河中的船上有女人哭著她死去的母親。

人類的悲歡並不相通，我只覺得他們吵鬧。

——魯迅《而已集》❶

做爲一個情感沒那麼細膩的人，我一直也是這麼認爲的，直到上大學時，偶然讀到了蒲松齡的一首詩。在蒲松齡生命的最後幾年，與他恩愛了一輩子的妻子劉氏先他而去。有一次，他來到亡妻的墓前，寫下了一首詩。

野有霜枯草，谷有長流川；
草枯春復生，川流逝不還。
朱光如石火，桃杏忽已殘；
登壟見殯宮，叢柏翳新阡。
欲喚墓中人，班荊訴煩冤；
百扣不一應，淚下如流泉。
汝墳即我墳，胡乃著先鞭！
只此眼前別，沉痛摧心肝。

——（清）蒲松齡《過墓作》

我還記得，讀到這首詩的時候，是一個傍晚。我一個人在宿舍裡反覆吟味詩意，哭得不能自持。尤其是這句：「欲喚墓中人，班荊訴煩冤；百扣不一應，淚下如流泉。」

這是我人生中第一次體會到，什麼是天人永隔帶來的巨大悲傷；也是我第一次知道，一個人向已逝的摯愛親人發出的呼喊，這麼微弱，但又這麼有力量。

事後回想，當時我連女朋友都沒有，怎麼會被亡妻之痛勾出這麼大的悲情呢？答案只能是：這實在是人之常情，是每個人都最容易被觸動的情感軟肋。年齡不同，經歷不同，處境不同，都沒有妨礙到這份悲痛在幾百年之後瞬間擊中我。人的悲歡何止是能相通！

一八二三年，七十四歲的德國大文豪歌德愛上了十九歲的烏爾莉克。彷彿枯木逢春，老頭兒歌德突然像男孩一樣陷入愛情的狂熱。他請求一位公爵代自己向烏爾莉克求婚，然而得到的回答只是拖延和推諉。他非常痛苦，寫下了晚年最負盛名的愛情詩篇《瑪麗恩巴德悲歌》。

在這花期已過的今天，我如何期望和她再見？

天堂和地獄都張開大口，我心潮翻湧左右為難！

純潔的心裡鼓湧著追求，人帶著感激甘心俯首向那陌生的至上至潔，要把那未知的永恆參透：這就是信仰！站在她跟前，我也有這種至幸的感受。

——（德）歌德《瑪麗恩巴德悲歌》，轉引自《人類群星閃耀時》

茨威格在《人類群星閃耀時》中記下了這個文學史上閃閃發光的時刻。

從德文翻譯過來的詩，我其實也看不出什麼好。但是我知道，「花期已過」「天堂」「地獄」「純潔」「永恆」這類字眼，會打通所有讀者的悲歡，讓我們在感受這份愛情之熾烈的同時，忘記雙方年齡的懸殊。這在一定程度上拯救了這場不倫之戀。

我有一個慈悲的想法：這首詩的價值，不在於文學性，而在於自此以後，世間每一個愛上少女的老頭兒，只要知道這首詩，內心就不會覺得自己那麼不堪了。

好文字不僅能創造情感表達的新形式，還能讓人從自身的渺小中脫身出來，讓讀到它的人，都能感同身受。

冰山下的洶湧

我曾經問過作家周曉楓：「你見過的最好的情感表達文字是什麼？」她說：「文無第一，哪有什麼最好？不過，所有好的情感表達文字都有一個特點——運用字詞簡單，表達感情克制，冰山下的洶湧，安靜的絕望。」說罷，她給我看了一段聖修伯里的《小王子》❷的內容。

當他最後一次給花兒澆水，準備給她蓋上罩子的時候，他只覺得想哭。

「再見啦，」他對花兒說。可是她沒有回答。「再見啦，」他又說了一遍。

花兒咳嗽起來。但不是由於感冒。「我以前太傻了，」她終於開口了，「請你原諒我。但願你能幸福。」他感到吃驚的是，居然沒有一聲責備。他舉著罩子，茫然不知所措地站在那兒。他不懂這般恬淡的柔情。

「是的，我愛你，」花兒對他說，「但由於我的過錯，你一點兒也沒領會。這沒什麼要緊。不過你也和我一樣傻。但願你能幸福……把這罩子放在一邊吧，我用不著它了。」

「可是風……」「我並不是那麼容易感冒的……夜晚的新鮮空氣對我有好處。我是一朵花兒。」「可是那些蟲子和野獸……」

「我既然想認識蝴蝶，就應該受得了兩三條毛蟲。我覺得這樣挺好。要不然有誰來看我呢？你，你到時候已經走得遠遠的了。至於野獸，我根本不怕。我也有爪子。」

說著，她天真地讓他看那四根刺。

隨後她又說：「別磨磨蹭蹭的，讓人心煩。你已經決定要走了。那就走吧。」因為她不願意讓他看見自己流淚。她是一朵如此驕傲的花兒……

——（法）聖修伯里《小王子》

這可能正是所有眞實情感的原面目。它從來不是簡單直白的，而是一直在矛盾中翻滾，若隱若現、載浮載沉。只能等待作家用準確、有節制的筆法把它捕撈上來，固化爲一段文字。

這讓我想起了我的同事、語言學者李倩做出的一段評價。她說，在描寫夫妻之間的思念上，中國文學的巔峰之作，其實是極其簡單的兩句話。

陌上花開，可緩緩歸矣。

——轉引自周勳初主編《唐人軼事彙編》

寫下這兩句話的錢鏐，是五代十國時期吳越國的國王。一個春意盎然的日子，他想念回娘家的王妃，寫下了這封書信。他很思念夫人，說田間小路上的花都開了，妳也該回家了吧？同時，他又強忍著思念，說妳別著急，可以一路看著路邊的花，慢慢回來和我相聚。

這個錢鏐，並不是李煜式的君王，而是個南征北戰的武人。換作其他武人出身的君王，想夫人了，要不派個士兵把她接回來，要不就寫「速歸！」但他不是。找到這種既熱烈又含蓄的表達方式，不容易。這是在說男女之間的感情和思念，在克制的筆法下，情緒盡現。而即便是在被很多讀書人視爲禁區的性描寫方面，也有直白和節制兩種全然不同的寫法。

《西廂記》應該是中國古典文學中描寫情愛的頂峰之作了，但它最膾炙人口的句子，不過就是：「餓眼望將穿，饞口涎空咽，空著我透骨髓相思病染，怎當他臨去秋波那一轉。」詞句典雅談不上，還把愛情和更原始的食欲比擬在了一起。

更著名的一段，出現在《西廂記》第四本第一折，寫到張生和鶯鶯的雲雨幽會，用詞異常膽大，被人斥爲「濃鹽赤醬」。

我這裡軟玉溫香抱滿懷，
呀！阮肇到天臺。
春至人間花弄色，
將柳腰款擺，花心輕折，露滴牡丹開。
但蘸著些兒麻上來，

魚水得和諧，
嫩蕊嬌香蝶恣采。
半推半就，又驚又愛，
檀口揾香腮。

——（元）王實甫《西廂記》

當然，中國古典文學中，很乾淨地描寫情愛的文字也不是沒有，但往往還是關起門來的閨房之樂。那麼再來看看老舍先生的《駱駝祥子》中，關於虎妞和祥子的一段。

屋內滅了燈。天上很黑。不時有一兩個星刺入了銀河，或劃進黑暗中，帶著發紅或發白的光尾，輕飄的或硬挺的，直墜或橫掃著，有時也點動著，顫抖著，給天上一些光熱的動盪，給黑暗一些閃爍的爆裂。有時一兩個星，有時好幾個星，同時飛落，使靜寂的秋空微顫，使萬星一時迷亂起來。有時一個單獨的巨星橫刺入天角，光尾極長，放射著星花：紅，漸黃；在最後的挺進，忽然狂悦似的把天角照白了一條，好像刺開萬重的黑暗，透進並逗留一些乳白的光。餘光散盡，黑暗似晃動了幾下，又包合起來，靜靜懶懶的群星又復了原位，在秋風上微笑。

——老舍《駱駝祥子》

我第一次讀《駱駝祥子》的時候，竟然都沒有發現這段是性描寫，重讀時才恍然大悟。這樣的描寫，沒有半遮半掩，也沒有故意衝撞，把「雪夜閉門讀禁書」變成了「推窗見景境自來」，寫得坦然、節制而又絢爛。

閱讀之所以能提升人的心性，不就是因爲那些好文字能把心底事寫成人間事，把人間事寫成宇宙洪荒中發生的普普通通的事嗎？

作家賈行家講過汪曾祺晚年的一個變化。

汪曾祺在去世前的幾年，大概一九九〇年以後，寫了很多篇題材「尷尬」的小說。比如，「一九九二年的《尷尬》寫的是中年農業科學家奇怪的出軌，一九九三年的《小姨娘》寫的是未成年人的性行爲，一九九四年的《辜家豆腐店的女兒》、一九九五年的《鹿井丹泉》《窺浴》《薛大娘》《釣魚巷》以及一九九六年的《小孃孃》，寫了包括拉皮條、亂倫在內的各種各樣的禁忌的性話題」②。這些篇目很少被選入汪曾祺的文集。「不知道他當年的編輯會不會無所適從：這位老先生怎麼老了老了，倒開始寫這些了？」③

賈行家的理解是：「因爲這是人性中的東西，它們當然也要構成生命的事件，而且是最底層的事件，這些事件總是被掩蓋、被壓抑、被無視，最後就用最變態的方式爆發，也就構成了更大的悲劇。而他寫的這些性問題，在道德和倫理上很模糊，可是寫出來了一種美，一種有生命力的掙扎感，所以這些故事是值得寫的。可能正是因爲他老了，德高望重，也覺得自己來日無多，才迫切地想要去做這件事：至少在故事裡，把人性解放出來。」④因此，汪曾祺才自稱是「中國式的抒情的人道主義者」。把私人情感從個體的肉身中抽離出來，讓它曝光，讓它脫敏，讓它被精準地表達，進而成爲公共認知的正常部分，這是很多代作家努力的方向。

有一個很著名的故事：日本作家夏目漱石還是英語老師的時候，曾問學生「I love you」該如何翻譯。有學生翻譯爲「我愛你」。夏目漱石說：「日本人是不會把『我愛你』掛在嘴邊的，不如譯成『今晚月色眞美』。」

「今晚月色眞美」，這是文字進化的一個隱喻。愛在心頭，不如月在樹梢頭。因爲天上一輪月，人人看得見。

消失的灞橋和月臺

爲什麼要透過閱讀來體驗情感？

過去的人，是爲了在書裡找到更精確的情感表達方式。而我們這代人，又多了一個理由：有些情感，在現實中已經找不到載體了，必須到書裡才能重尋舊夢。比如離別之情。

在古人那裡，離別是最傷情的場合，所以出現了大量的詩文：「黯然銷魂者，唯別而已矣」「多情自古傷離別，更那堪冷落清秋節」「揚子江頭楊柳春，楊花愁殺渡江人。數聲風笛離亭晚，君向瀟湘我向秦」等等。但是，情感不能以虛浮的方式存在。每一種情感，往往都要附麗於特定的場景符號。比如在唐朝，人們若是從長安城送別友人，通常會送到城郊的灞橋。灞橋旁邊遍植柳樹，「柳」諧音爲「留」，所以，在灞橋邊置酒送客，同時折柳相贈，就成了通行的送別儀式。李白說，「年年柳色，灞陵傷別」，就出典於此。

後來，送別改到了火車站，所以，十九世紀和二十世紀的文學作品，又留下了大量關於「月臺」的段落。比如朱自清的《背影》。

但是今天呢？因爲網路的存在，每個人都以帳號的方式生存於虛擬空間，即便萬里之遙，也可以瞬間面晤。柳枝不再代表不捨。坐高鐵的時候，連月臺票都買不著了；上了火車，若還是想念，就接著用通訊軟體聊。對我們這一代人來說，人不再分成「眼前的人」和「離別的人」，而是分成「通訊錄裡有的人」和「不認識的人」。那離別之情會不會消失呢？不會。那是人類永遠也不會癒合的傷口。

早上，我起來煮咖啡，她還沒睡醒。我洗了澡，刮了鬍子，穿上衣服。接著她起床。我們一起吃了早餐，我叫了一輛計程車，把她的過夜箱拎下臺階。

我們互道再見。我看著計程車駛離視線。我沿臺階而上，走進臥室，把床重新鋪好。在一個枕頭上有一根黑色長髮，我的心窩沉著一大坨重鉛。

法國人有句話形容那種感覺，這些混蛋在每件事情上都有句諺語，而且永遠是對的。告別，就是死去一點點。

——（美）雷蒙德·錢德勒《漫長的告別》

沒有了灞橋柳色，沒有了月臺送別，作家還能用文字再造一些全新的場景。比如席慕蓉的《渡口》。後來，這首詩被改編成了歌曲，最著名的版本是蔡琴唱的。每次前奏響起，我都會心口一緊，雖然並不知道在惜別何人。

讓我與你握別／
再輕輕抽出我的手知道思念從此生根／
浮雲白日　山川莊嚴溫柔讓我與你握別／
再輕輕抽出我的手／
華年從此停頓／
熱淚在心中匯成河流／
是那樣萬般無奈的凝視
渡口旁找不到一朵可以相送的花／
就把祝福別在襟上吧／
而明日／
明日又隔天涯

——席慕蓉《渡口》

有這樣一個故事。

一九五四年，一位生物學家從美國康乃狄克的海邊挖來一些牡蠣，養在了千里之外芝加哥的一個地下室。他是一個生物節律研究者，知道牡蠣會隨著潮水的漲落而起居。很快，他發現這批牡蠣的生活節律產生了變化。但奇怪的是，這種節律不符合科學所知的任何一個地方的潮汐表。經過反覆計算，這位生物學家突然意識到：這就是芝加哥的潮汐表。雖然芝加哥沒有海，但是牡蠣有能力想像此地就是一片大海，並隨著大海的節律生活。⑤

我看到這個故事之後，跟一位同事感慨：一個人要是不能透過讀書擁有想像力，不能讓自己內心的節律隨著人類共通的情感而律動，不能活成一個超越自己生命的存在，他還不如一個牡蠣呢。

書單

你可以在這些書中體驗人類相通的情感：

- **《孤獨傳：一種現代情感的歷史》**
  （英）費伊·邦德·艾伯蒂，張暢譯，譯林出版社二〇二一年版。

- **《刀尖上的舞蹈》**
  （俄）瑪麗娜·茨維塔耶娃，蘇杭譯，廣西師範大學出版社二〇一三年版。

- **《沈從文經典名作》**
  沈從文，上海三聯書店二〇二〇年版。

- **《蔣勳說紅樓夢》**
  蔣勳，中信出版集團二〇一七年版。

- **《春牧場》**❸
  李娟，中信出版集團二〇一七年版。

2

趣味：興致勃勃，嚴肅認眞

「你未看此花時，此花與汝心同歸於寂。你來看此花時，則此花顏色一時明白起來。」——（明）王陽明

什麼是「愛好」

有一個問題，我們從小到大都在被追問：「你的興趣愛好是什麼？」很多人塡表的時候都會寫：音樂、電影、旅遊、讀書、美食、運動。但我知道，對大部分人來說，那只是他們享受的方式，而不是興趣和愛好。

兩者之間的區別很簡單：享受，是感官接受外來的刺激；而興趣和愛好，是多了一種把握世界的方式，形成了「興趣——能力」的迴圈。

愛音樂，可曾專攻過某項樂器？愛美食，可曾在烹飪技巧上有過精進？愛旅遊，可曾深研過某地的歷史和風物？愛電影，可曾試著拍攝、剪輯過一支影片？如果嘗試過，那你就已經在「愛好」的路上了。如果沒有嘗試過，那你就還只是一名普通的娛樂消費者。

我當年去北京廣播學院讀研究所，第一次和同學吹牛，就被摁在地上摩擦。有人問：「你

愛好讀金庸嗎？」我說：「愛好啊。」他說：「那我考你一題，《天龍八部》裡面，鳩摩智一共使了幾次火焰刀？」我張口結舌，雖然明知這個知識點沒什麼價值，但還是羞愧難當。

緊接著又發生了一次。有人問我：「你愛好電影嗎？」我說愛好。他說：「那哪天我介紹一位學長給你認識吧。他把《阿拉伯的勞倫斯》這部片拉了六十多遍。你們應該有共同語言。」我趕忙擺手告退。後來我才知道，一個眞正的電影愛好者管看電影叫「拉片子」，一部片子要看上很多遍，分別看它的故事、角色、性格、對立關係、事件、銜接、創意點、語言、動作、選景、色彩、構圖、景別、鏡頭調度、節奏、聲音、對白、音樂、音效、剪輯、情緒，甚至還要看它的成本構成、演員人工費用、特效費用、預算、轉場次數、選角標準等。

這兩次經歷，幫我改掉了一個毛病——從此不再輕易說「愛好」兩個字。

我問過一位朋友，什麼是愛好。他哈哈大笑說：「費勁、費時間、賺錢的事，叫上班；費勁、費時間，還花錢的事，叫愛好。」他這兩句話的關鍵字，其實是「費勁」。

日本作家村上春樹，在決定成爲職業作家的那一年，也成了一個跑步愛好者。據說，他每天清晨四點起床，寫作四小時，跑步十公里，已經堅持了四十年。

毛姆寫道：「任何一把剃刀都自有其哲學。」大約是說，無論何等微不足道的舉動，只要日日堅持，從中總會產生出某些類似觀念的東西來。

……

「痛楚難以避免，而磨難可以選擇。」我以為，這兩句話簡潔地歸納了馬拉松比賽最為重要的部分。

……

跑上一個小時，就彷彿用水桶潑過水，身上的每一樣東西都被淋漓的汗水打得透濕。因為日晒，皮膚火辣辣地痛。頭腦變得朦朧恍惚，無法完整地考慮任何一件事情。可是當你不顧一切地堅持跑完，便覺得彷彿所有的東西都從軀體最深處擠榨了出來，一種類似自暴自棄的爽快感油然而生。

——（日）村上春樹《當我談跑步時我談些什麼》❹

我見過很多這樣的人。在愛好的領域裡，他們並不是專業選手，但他們總是能夠從中受到滋養。

微信的創始產品經理張小龍還有一個身分：高爾夫球錦標賽的冠軍。據說，他曾經每天都去練習場，耐心而又緩慢地打掉四百個球。我一度以爲，這不過就是一個人突然撞到了一件擅長的事，表現突出也很正常。

後來有一次，我在微信上玩一個叫「跳一跳」的小遊戲。遊戲規則很簡單，就是透過調整按壓手機螢幕的時間，來控制一枚小跳棋的跳躍距離，只要跳棋不從高臺上掉下來，就可以一直加分。可是，我不管怎麼努力，得分也超不過四百分，很快就放棄了。朋友圈裡的頂尖大神也就得了一千多分，而張小龍的分數紀錄是六千多分。

玩過這個遊戲的人都知道六千多分是什麼概念：這不僅意味著遊戲者對自己身體的控制水準極佳，還意味著他進入了一種既不全神貫注，也不完全分心的近乎「禪定」的狀態，否則，他不可能堅持那麼長時間。張小龍後來也在一次演講中說，玩這個遊戲「讓我平靜」。

這時我才明白，對張小龍來說，做產品、打高爾夫球、玩「跳一跳」，本質上都是一回事。要知道，「跳一跳」遊戲在最高峰的時候，每天有一億人玩。很多人，比如我，都只是用它「殺掉」了一點時間。而張小龍這樣的人，卻找到了一條不斷逼近自己極限、塑造自己心性的道路。同樣是「玩」，就這樣把人區別了開來。

什麼是「心流」

我之所以要花這麼多篇幅來說明什麼是眞正的興趣愛好，是因爲想提醒你一件事：不要上了那些「吃喝玩樂」的書的當。

在書店裡，經常會遇到關於吃喝玩樂、花鳥魚蟲、古玩收藏、極限運動的書，它們總是把自己打扮成很有趣的樣子。相信我，那是假象。所有「玩家」都經歷過一個艱難的進階過程。只不過在吸引外行的時候，他們還來不及講述這段心路歷程。

「玩物喪志」是一個很強有力的觀念。它把一切和終極目的無關的人生趣味都看成了懈怠。這很容易讓我們忽略一個事實：所有大玩家都是狠角色。

相聲演員于謙，專門寫過一本書《玩兒》。郭德綱寫給這本書寫的序中說：「我非常認同他的觀點，又不是成吉思汗，攻城掠地有什麼意思？就算熬成了太上老君，也是給玉皇大帝燒鍋爐的。人的一生幾十年光景，樂一樂就過去了。」看上去，玩兒似乎就是圖個樂。但你若真的翻開書一看，看到的是另一種肅然的光景。

九爺這時把話頭兒接了過來：「爺們兒！你可別小瞧這幾塊顏色，能讓它勻勻實實地長在該長的地方你知道得費多大勁兒？這養鴿子就跟畫畫兒一樣，你腦子裡得有東西，得描這顏色。一堆母本擺在你面前，你得知道用哪兩隻搭配，牠的基因傳到下一代大概是什麼樣兒。就拿頭頂這塊白來說，歪了不行，大了不行，太小了也不好看。後背上這塊黃，色深了，變淺咖啡色了，就老了；色淺了，真變成黃色了，那就嫩了，怎麼能讓牠黃得這麼恰到好處？這不單得是行家，還得有多少父本母本做基礎，經過多少代的繁殖才能成！就這樣，還告訴你吧，一半是定向繁殖，一半也靠蒙，哪兒就出落得這麼規矩呀？」

聽著這爺兒倆的一番講述，我這心裡涼了半截。我就是玩兒到死，還玩兒得出點兒名堂來嗎？我感覺這玩兒和相聲沒什麼兩樣。也可能所有事情都是這樣，最初接觸可能是喜歡、愛好，乍一入門覺得這東西不過如此，都有一個小馬紮行嫌路窄，初生牛犢不怕虎的過程。可是你再往深鑽，越鑽越覺得深不可測，越學越覺得難，甚至難到可怕的程度。

——于謙《玩兒》

人和所有動物一樣，行爲方式都遵循「趨利避害」的原則。既然這麼難，爲什麼還有人要玩呢？

積極心理學家米哈里·契克森米哈賴揭開了謎底。

他發現，無論男女老幼，無論什麼文化背景，人們對幸福體驗的描述都是高度相似的：你沉浸地做一件事，忘記了自我，也忘記了時間流逝，幾小時猶如幾分鐘，幾分鐘也可能變得像幾小時那麼漫長。契克森米哈賴把這種感覺命名爲「心流」。

「心流」是過去三十年最引人入勝的心理學概念之一。它揭示了人的幸福之源，還告訴了我們享樂和樂趣的不同：第一，「享樂無須耗費精神能量，但樂趣必須調用高度的注意力」。第二，享樂僅僅是需求和欲望得到滿足，不能帶動自我成長；而樂趣是「超越既有制約，完成了一些意料之外的事」，且「樂趣具有向前發展的特性，並蘊涵新鮮感和成就感」⑥。第三，享樂轉瞬即逝，而樂趣回味無窮。

一般人認為，生命中最美好的時光莫過於心無牽掛、感受最敏銳、完全放鬆的時刻，其實不然。雖然這些時候我們也有可能體會到快樂，但最愉悦的時刻通常在一個人為了某項艱巨的任務而辛苦付出，把體能與智力都發揮到極致的時候。

游泳健將在最刻骨銘心的比賽中，可能會覺得肌肉痠疼，肺臟幾乎要迸裂，說不定還疲倦得差點兒暈倒——但這可能是他一生中最美妙的一刻。掌控生命殊非易事，有時根本就是一種痛苦，但日積月累的最優體驗會彙集成一種掌控感——說得更貼切些，是一種能自行決定生命內涵的參與感——這就是我們所能想像的最接近所謂「幸福」的狀態。

——（美）米哈里・契克森米哈賴《心流》❺

按照這套理論，即便是感官之樂，也必須經過訓練，才能產生「心流」。「不培養必需的技巧，就不可能在追求中找到眞正的樂趣。」⑦

就拿人人都會的「吃」來說。很多人都羨慕美食家，因爲覺得他們有大量的機會滿足口腹之欲。但如果眞的翻開美食書，你會發現，美食家一直在苛刻地挑戰自己的味覺感受能力。跟我們理解的正好相反，他們是在主動放棄享受食物的機會。

比如，清代的袁枚是著名的美食家。他寫過一本《隨園食單》，裡面有這麼兩段。

煎炒之物多，則火力不透，肉亦不鬆。故用肉不得過半斤，用雞、魚不得過六兩。或問：食之不足，如何？曰：俟食畢後另炒可也。

必使水米融洽，柔膩如一，而後謂之粥。尹文端公曰：「甯人等粥，毋粥等人。」此真名言，防停頓而味變湯乾故也。余嘗食於某觀察家，諸菜尚可，而飯粥粗糲，勉強咽下，歸而大病。

——（清）袁枚《隨園食單》

第一段的意思是，煎炒肉食，用的肉不能超過半斤，怕火力不透。有人問了，要是不夠吃怎麼辦？袁枚的回答是：吃完了再炒一份。

第二段說的是粥要怎麼做，還描述了袁枚在某處做客，那戶人家的粥做得不好，所以他回家之後大病了一場。

僅從這兩段你就可以看出，美食家吃的東西不見得比我們吃的更好，他們只是透過食物這個載體，把自己的味覺感受力提升到了一個常人難以企及的高度。同樣一盤食物，我們覺得還行，袁枚能吃出沒洗乾淨的抹布味；同樣兩條鯽魚，我們覺得味道都一樣，袁枚覺得白色扁身子的才好，如果是黑脊背圓身子的，就簡直不能下嚥。

我倒要問，在吃上，袁枚是比我們更幸福，還是更不幸？眞相可能是：我們普通人的食欲更容易被滿足，因爲碰到什麼都可以大快朵頤；袁枚的食譜選擇更少，但他收穫了感官被磨礪進階之後的「心流」。

很多美食家都是這樣。比如近現代公認的「中華談吃第一人」唐魯孫，一向消瘦，不僅食量不大，而且不管遇到什麼樣的美味，都只吃一兩口。因爲太挑剔，他在食欲的滿足上其實遠不及常人。

早年家裡雇用廚師，試工的時候，試廚子手藝，首先准是讓他煨個雞湯，火一大，湯就渾濁，腴而不爽，這表示廚子文火菜差勁。

再來個青椒炒肉絲，肉絲要能炒得嫩而入味，青椒要脆不泛生，這位大師傅武火菜就算及格啦。

最後再來碗雞蛋炒飯，大手筆的廚師，要先瞧瞧冷飯身骨如何，然後再炒，炒好了要潤而不膩，透不浮油，雞蛋老嫩適中，蔥花也得煸去生蔥氣味，才算全部通過。

雖然是一湯一菜一炒飯之微，可真能把三腳貓的廚師傅鬧個手忙腳亂，「稱練」短啦（「稱練」兩字北平話「考核」的意思）。

——唐魯孫《酸甜苦辣鹹》❻

看這類「吃喝玩樂」的書，通常不會讓我感覺到什麼樂趣，反倒經常讓我把一樁享樂之事視作畏途。美食、養寵物、打球、彈鋼琴等，這些看起來很美好的事，在眞正的玩家那裡，都是對自己身體的極限挑戰。

至於樂趣，那是登頂之後才有的風景。站在山腳的我們，是看不見的。

什麼是「爲世界立法」

說到這些「趣味之書」，有一個話題是繞不過去的：它們到底有什麼用？

一個粗暴的回答是：不需要有什麼指向外部的目的。所有美好事物，都自成目的。

如果我覺得滑雪這項運動很美好，那讓自己的滑雪水準提高這件事本身就既是目的，又是手段。如果我覺得讀書很美好，那翻開一本書閱讀就既是目的，又是手段。這反過來也能解釋一件事：爲什麼金錢總是名聲不好？賺錢總是爲了換點別的東西。一旦賺錢的目的就是賺錢，它自成目的了，錢就變得庸俗了。所以，錢很有用，但是不夠美好。

不過話說回來，一個人在興趣上的孜孜以求，也確實會幫他建功立業。他們攀爬愛好的天梯，如果能夠抵達一個新的高度，抬升的就是整個人類的水平，甚至會開闢出一個新的價值領域。

這樣的人，會成爲一個新世界的「立法者」。

比如，《昆蟲記》的作者，法國人讓—亨利·法布林。

在他之前的昆蟲學家，只會搜集、分類，將昆蟲做成標本，記錄下一個個沒有溫度的資料。而法布林則是用一種前所未有的趣味視角觀察昆蟲。他觀察昆蟲的進攻、捕食、打洞、交配、產卵，乃至裝死，然後用文學化的筆法寫下了厚達十卷的《昆蟲記》。

蝸牛通常是全身藏於殼內，只有外套膜的軟肉露出一點點在殼的外面。螢火蟲見狀，便立刻打開它的工具。這是兩片呈鉤狀的顎，鋒利無比，細若髮絲。用顯微鏡觀察之，可見彎鉤上有一道細細的小槽溝。它用它的這種外科手術器械不停地輕輕擊打蝸牛的外膜，其動作不像是在施以手術，而像是在與獵物親吻。

頂多五六次，就足以把獵物給制服，使之動彈不得。蝸牛身體的前部也失去了如同天鵝脖頸那種優美的彎曲狀，觸角軟軟地耷拉下來，如同一隻折斷了的手杖。

螢火蟲如何享用其獵物呢？螢火蟲的所謂「吃」，並不是真正意義上的那種吃，而是吮吸，如同蛆蟲那樣，把獵物化為汁液，然後吸入肚裡。

總會有賓客不請自來，兩、三位，四、五位，甚至更多。眾賓客來到餐桌前，與食物的真正主人並無紛爭，毫不客氣地盡情享用，不分彼此。

當螢火蟲吃飽喝足之後，蝸牛就剩下一個空殼了，肉沒有了，湯也沒有了。但是，這只空殼雖然只用了少許黏液粘在玻璃上，卻並未開膠，仍然牢牢地粘在那裡，沒有絲毫的移位。

——（法）讓—亨利．法布林《昆蟲記》

這既不是文學的寫作方式，也不是科學的寫作方式，法布林追求獨特的旨趣，主動把自己放逐到了一個邊緣地帶。所以，法布林一生清貧。

但是隨著《昆蟲記》一卷接一卷地出版，他贏得了巨大的聲譽。在他生命的最後幾年，各種榮譽紛至遝來。小村子裡樹起了他的雕像，法國總統親自前來探訪，歐洲各國的科學院紛紛邀他做名譽院士，羅曼．羅蘭、梅特林克等文豪向他致敬，還有人幫他提名諾貝爾文學獎。

一九一五年十月十一日，法布林因病去世，享年九十二歲。這個時候的他，已不僅僅是一個趴在園子裡觀察昆蟲的文風新奇的作家了。法布林被稱爲「昆蟲界的荷馬」。他第一次讓世人知道，原來動物也有史詩。從玩蟲子開始，法布林最終把自己變成了人和自然相處的全新方式的示範者。

中國的文史大家王世襄，也是這樣的人物。

王世襄一生都在玩，而且玩得五花八門：蟋蟀、鴿子、大鷹、獾狗、攢跤、烹飪、火繪、漆器、竹刻等。在一般人眼裡，提籠、架鳥、鬥蛐蛐是遊手好閒的市井之徒所爲，但是一經王世襄之手，這些東西馬上升格成了文化。

其中最典型的，是明式家具。

在王世襄之前，明式家具並不算一個文物門類，甚至很多都會被拆成零碎木料當廢品賣。而在二十世紀八〇年代，王世襄研究明式家具的著作陸續出版。他認爲，明式家具是中國古代文化精神的代表性器物，從藝術史的角度來看，地位應該等同於書法、繪畫、瓷器和玉器。

這些書出版後，風行於全球收藏界。當然，文物販子也幾乎人手一冊。不到十年的時間裡，民間收藏的明式家具被販子們搜刮一空，有部分甚至流失海外，以至於王世襄後來說：「全世界的明式家具熱，是我炒起來的。這些年，中國的好家具被倒賣出了國，國內出現了大量贗品。我寫明式家具的書，也許是千古罪人。」⑧

這些「書中的術語、分類和辨識標準，成了行業標準，被稱爲是中國古典家具研究的聖經」⑨。也就是說，王世襄成了這個新領域的「立法者」。他以一己之力開闢了一個文物研究門類。

傳統家具把大木梁架和壼門台座的式樣和手法運用到家具上。由於成功地使用了「攢邊裝板」及各種各樣的棖子、牙條、角牙、短柱、托泥等等，加強了結點的剛度，迫使角度不變、整體固定。

我國的榫卯工藝更可以毫不誇張地說是世界家具之最。由於使用了質地堅實細密的硬木，匠師們可以隨心所欲地製造出互避互讓但又相輔相成的各種各樣、精巧絕倫的榫子來。構件之間，金屬釘銷完全不用，鰾膠也只是一種並不重要的輔佐材料，僅憑榫卯就可以做到上下左右，粗細斜直，連結合理，面面俱到，工藝精確，扣合嚴密，天衣無縫，間不容髮，使人歡喜讚美，嘆為觀止。

對比之下，外國家具離不開螺絲釘銷，金屬構件。中國的榫卯，實非他們所能夢見。

——王世襄《京華憶往》

啓功先生盛讚王世襄是「玩物壯志」。一個人從玩開始，直到把一根高聳的標竿立在這裡，引得無數後來者紛紛立志跟進，這本來就是人類擴展文明新領域的方式。現代社會的很多職業，都是這麼「玩」出來的。今天幾乎所有的正式體育項目，源頭都是一個娛樂項目。甚至連數學，早期在歐洲也只不過是貴族們的智力遊戲。

比爾·布萊森的《趣味生活簡史》裡就說過一個現象：十八、十九世紀的英國，很多有創造性的人都是鄉村牧師。比如，發明貝氏定理的湯瑪斯·貝斯、發明動力織布機的埃德蒙·卡特賴特、寫出《人口論》❼的托馬斯·羅伯特·馬爾薩斯、近代考古學的創始人威廉·格林韋爾、發明煤氣燈的約翰·克萊頓、發明潛艇的喬治·加勒特等等。

爲什麼鄉村牧師這麼有才華？

原因很簡單：英國國教是一個獨立的系統，不受羅馬教會約束。鄉村牧師既受過很好的教育，又有穩定的收入，還有大量的閒置時間，生活很無聊，所以只好興致勃勃、嚴肅認眞地玩，順便就做出了點創新的事。

哲學家叔本華有一個了不起的洞察：人生就像鐘擺一樣，在痛苦與無聊之間搖擺。當欲望得不到滿足時就會痛苦，當欲望得到滿足時就會無聊。

從積極的角度來看，「痛苦」和「無聊」都不是壞事。它們都是老天爺給我們發來的信號——如果痛苦了，就說明我們該趕緊去做點有用的事了，以獲取資源、平息痛苦；如果無聊了，就說明我們該趕緊去幹點有趣的事了。

所以，無聊不是一段勞累生活的尾聲，而是一段嶄新旅途的序幕。

書單

你會看到這些作者把「愛好」玩得嚴肅認真：

《不去會死：環遊世界九萬五千公里的自行車單騎之旅》❽

（日）石田裕輔，劉惠卿譯，上海譯文出版社二〇一八年版。

《了不起的遊戲：京劇究竟好在哪兒》

郭寶昌、陶慶梅，生活．讀書．新知三聯書店二〇二一年版。

《京華憶往》

王世襄，生活．讀書．新知三聯書店二〇一九年版。

《李誕脫口秀工作手冊》

李誕，江蘇鳳凰文藝出版社二〇二一年版。

《玩兒》

于謙，湖南文藝出版社二〇一八年版。

3

快意：仰天大笑出門去

「閱讀是一座隨身攜帶的避難所。」——（英）毛姆

敢不敢痛快一下

上一章「趣味」，講的是我們怎麼透過閱讀，體驗少數玩家才能達到的高度。這一章，讓我們用閱讀來喚醒每個人內心都渴望的一種東西：痛快的感覺。

記得當年在研究生課堂上，老師講了這麼一段話，我印象很深——「音樂、電影這類時間性的藝術，都建立在人的生理基礎上。主要是兩個，一個是呼吸，一個是排泄。因爲人有呼吸，所以人喜歡有規律的節奏。因爲人有排泄，所以積累和釋放就成了藝術快感的來源。」

玩過俄羅斯方塊這個遊戲的人，都體驗過這種情形：方塊一個一個往下掉，越堆越高，你越來越焦慮，突然掉下了一個四格長條，一下子消掉了四行。哇，眞痛快！累積的緊張感得到了釋放。看電影的時候，情緒不斷累積，突然一個大爆發，往往就是精彩段落；聽相聲的時候，幾乎所有笑料都必須經過「三翻四抖」的累積，最後包袱一抖，才會博得滿堂喝彩。

「累積——釋放」，是我迄今聽過的關於「快意」最簡潔的解釋。爲什麼有些書能讓我們

感到「快意」？因爲有些情緒，我們自己能累積，但是釋放不出來，看見書中爽快人的做法，就會大呼過癮。

記得在大學的文學評論課上，有一次老師問：「中國古代文學作品中，最成功的男性形象是誰？」這時候，我們滿腦子想的都是賈寶玉、張生、武松、林沖之類的人物。

老師卻說：「我覺得是孫悟空。」

此言一出，所有人大笑。對啊，雖然孫悟空不一定是男性，但是他力大無窮，還敢大鬧天宮，神佛不懼，「金猴奮起千鈞棒，玉宇澄清萬里埃」⑩，做了所有人想做但是做不出的事情。閱讀者於是收穫了巨大的快感。

孫行者又把金箍棒鑽一鑽，望空又一指。慌得那：雷公奮怒，電母生嗔。雷公奮怒，倒騎火獸下天關；電母生嗔，亂掣金蛇離鬥府。呼喇喇施霹靂，振碎了鐵叉山；淅瀝瀝閃紅綃，飛出了東洋海。呼呼隱隱滾車聲，燁燁煌煌飄稻米。萬萌萬物精神改，多少昆蟲蟄已開。君臣樓上心驚駭，商賈聞聲膽怯忙。

那沉雷護閃，乒乒乓乓，一似那地裂山崩之勢。唬得那滿城人，户户焚香，家家化紙。孫行者高呼：「老鄧！仔細替我看那貪贓壞法之官，忤逆不孝之子，多打死幾個示眾！」那雷越發振響起來。

——（明）吳承恩《西遊記》

其實，書中所有的「急性子」角色，都會勾起我們的爽快感。道理是一樣的：書中的人物，替我們讀者完成了某種情緒的釋放。

史進看了，卻認得他，原來是教史進開手的師父，叫做打虎將李忠。史進就人叢中叫道：「師父，多時不見。」李忠道：「賢弟如何到這裡？」魯提轄道：「既是史大郎的師父，同和俺去吃三杯。」李忠道：「待小子賣了膏藥，討了回錢，一同和提轄去。」

魯達道：「誰奈煩等你，去便同去。」

李忠道：「小人的衣飯，無計奈何。提轄先行，小人便尋將來。賢弟，你和提轄先行一步。」

魯達焦躁，把那看的人一推一跤，便罵道：「這廝們挾著屁眼撒開，不去的酒家便打！」眾人見是魯提轄，一哄都走了。李忠見魯達兇猛，敢怒而不敢言，只得陪笑道：「好急性的人。」

當下收拾了行頭藥囊，寄頓了槍棒，三個人轉灣抹角，來到州橋之下一個潘家有名的酒店。

酒保唱了喏，認得是魯提轄，便道：「提轄官人，打多少酒？」魯達道：「先打四角酒來。」一面鋪下菜蔬果品案酒，又問道：「官人，吃甚下飯？」

魯達道：「問甚麼！但有，只顧賣來，一發算錢還你。這廝只顧來聒噪！」

——（明）施耐庵《水滸傳》

我們爲什麼會稱一些人爲「爽快人」？

他們的共同特點是：不糾結於當下的目標，能迅速撲向一個新目標。有的人是因爲能力強，比如孫悟空；有的人是因爲性子急，比如魯達。

其實還有一種人，他們之所以「爽快」，是因爲善於置身事外，能看到事物更多的價值。比如，一個生意人不在討價還價的事上過度糾結——「好了好了，就按你說的辦」——往往就是因爲看到了這樁合作本身的價值，或者是因爲很看重自己時間的價值。對這樣的人，我們往往會伸出大拇指，讚一聲：「爽快人！」要想當這種「爽快人」，需要更高超的感知力。

金聖歎在評點《西廂記》的時候，有一段很著名的「三十三不亦快哉」，摘錄一部分在此：

其一，子弟背誦書爛熟如瓶中瀉水，不亦快哉！

其一，存得三四癩瘡於私處，時呼熱湯關門澡之，不亦快哉！

其一，篋中無意忽檢得故人手跡，不亦快哉！

其一，夏日于朱紅盤中，自拔快刀，切綠沉西瓜，不亦快哉！

其一，久客得歸，望見郭門，兩岸童婦皆作故鄉之聲，不亦快哉！

其一，佳磁既損，必無完理，反覆多看，徒亂人意。因宣付廚人作雜器充用，永不更令到眼，不亦快哉！

其一，看人作擘窠大書，不亦快哉！

其一，推紙窗，放蜂出去，不亦快哉！
其一，作縣官，每日打鼓退堂時，不亦快哉！
其一，看人風箏斷，不亦快哉！
其一，看野燒，不亦快哉！
其一，還債畢，不亦快哉！
其一，讀《虯髯客傳》，不亦快哉！

——（元）王實甫《西廂記》（（清）金聖歎評點）

這些「不亦快哉」的段落是如何得來的？有一次金聖歎和朋友斫山先生一起在外地客居，遇上了十天的大雨，兩個人沒事可做，對床無聊，就玩了個遊戲：分別回憶生活中那些快意之事，你說一條，我說一條。二十年後，金聖歎批閱《西廂記》時，便逐條回憶出來，放在了批文之中。你看，「快意」之事，並不是什麼成功、財富、良緣、美食，而是切開一個大西瓜，把一隻野蜂趕出房間，凡此種種。只需要有情緒和身體全方位的感知能力，你就能隨時發現生活中「累積——釋放」的瞬間。

毒舌之書

年輕的時候，我特別愛看諷刺類的作品。原因很簡單：它們幫我「釋放」了對世界的攻擊欲。

還記得在中學語文課本上讀到馬克・吐溫《競選州長》❾的段落，「有人教唆九個剛剛在學走路的小孩，包括各種不同的膚色，穿著各式各樣的破爛衣服，衝到民眾大會的講臺上來，抱住我的雙腿，管我叫爸爸。」⑪，全班同學樂了好幾天。

後來，我就專門去找馬克・吐溫的小說看。印象最深的，不是他那些長篇名著，而是一些諷刺小短篇。比如，《田納西的新聞界》，誇張地描寫了一個不僅動口，而且動手的新聞界。

「老兄。我有一筆小小的帳要和您算一算。您要是有空的話，我們就開始吧。」

「我在寫一篇文章，談談『美國道德和智慧發展中令人鼓舞的進步』這個問題，正想趕完，可是這倒不要緊。開始吧。」

兩支手槍同時砰砰地打響了。主筆被打掉了一撮頭髮，上校的子彈在我的大腿上多肉的部分終結了它的旅程。上校的左肩稍微削掉了一點。

他們又開槍了，這次他們兩人都沒有射中目標，可是我卻遭了殃，胳臂上中了一槍。放第三槍的時候，兩位先生都受了一點輕傷，我的一塊指節被打碎了。

然後他們一面再裝上子彈，一面談選舉和收成的問題，而我則著手捆紮傷口。可是他們馬上又開槍了，打得很起勁，每一槍都沒有落空——不過我應該說明的是，六槍之中有五槍都光顧了我。

另外那一槍打中了上校的要害，他很幽默地說，現在他應該告辭了，因為他還有事情要進城去，於是他探聽了殯儀館的所在，

隨即就走了。

——（美）馬克・吐溫：《馬克・吐溫短篇小說選》❿

這些段落看得我樂不可支。

看這些書，最大的好處其實不是磨練心智，而是讓人的內在情緒有一個出口。這類書就像是幫青少年們舉辦的體育比賽，可以幫他們在激烈對抗的賽場上釋放掉內在的攻擊欲。其實寫作也是一樣的。據說作家毛姆講過：「你首先應該了解的一點，就是我的一生和我的作品在很大程度上都與我的口吃的影響分不開。」

我一度還非常愛看各種「毒舌」的作品。比如，形容一個人長得醜的段落，在文學作品裡俯拾皆是。

對於醜人，細看是一種殘忍。——錢鍾書《圍城》⓫

中國人醜得像造物者偷工減料的結果，潦草塞責的醜；西洋人醜像造物者惡意的表現，存心跟臉上五官開玩笑，所以醜得有計畫、有作用。——錢鍾書《圍城》

五官平淡得像一把熱毛巾擦臉就可以抹而去之的。——錢鍾書《圍城》

有些人的臉醜得像一樁冤案。——木心《瓊美卡隨想錄》[12]

那副面相嘛，十九世紀沒賣出去，二十世紀又趕上滯銷。——（日）夏目漱石《我是貓》[13]

虎妞剛起來，頭髮髭髭著，眼泡兒浮腫著些，黑臉上起著一層小白的雞皮疙瘩，像拔去毛的凍雞。——老舍《駱駝祥子》

她的臉紅起來，黑紅，加上半殘的粉，與青亮的燈光，好像一塊煮老了的豬肝，顏色複雜而難看。——老舍《駱駝祥子》

在現實生活中，取笑一個人的外貌是不禮貌的。人有教養的標誌之一，就是能夠隱藏內心眞實的想法，對別人的缺陷表現得若無其事。但在文字的世界裡，我們可以撕掉這層溫柔的面紗，看作家盡情地表達挖苦。那些人性裡原本陰暗的、難以啓齒的、見不得人的角落，經作家之手放大，立刻有了展覽的價値，甚至上升爲一種普遍處境。突破禁忌，就產生快意。

我一度非常愛看魯迅和李敖的雜文。坦白說，並不是因爲其中的思想性，而是因爲那種刁鑽刻薄的罵人腔調。讀了那些書，我自己好像也變得牙尖嘴利，獲得了一種虛妄的力量感。古話說：「良言一句三冬暖，惡語傷人六月寒。」年長之後，再回望那段心路，我是有一絲愧疚的。這是我人生當中爲數不多因爲讀書而後悔的事。

多年之後，我在王安憶的《小說六講》裡看到了一個主張：即使是把自己熟悉的人和事寫進作品，作家也應當極爲愼重，不能因文傷人，這是一種嚴肅的道德價值。

曾有人問我，寫作者可否用認識的人作故事題材。

小說者虛構所用材料多是身邊的人和事，問題是如何使用，又用於什麼企圖。寫作和發表，可說是一項特權，即「公器」，因此必須謹慎出手，切忌「私用」。

李漁指出「後世刻薄之流，以此意倒行逆施，借此文報仇洩怨」是違背了詞曲之道，用今天的話說，就是褻瀆藝術的純潔高尚。李漁說倉頡造字，是極其隆重的事，「天雨粟，鬼夜哭」，是上蒼賜予人類的恩典，不能輕率地揮霍。

我的理解是，我們的寫作，要對得起使用的文字，非是必須，不可隨便動筆，這是創造的價值，也就是藝術的價值。為什麼李漁是在詞曲部「結構」一節中談「戒諷刺」，大概是因為戲曲表現的多是人事，與現實生活很相像，也就極容易影射和暗指，洩憤報復，他說：「誰無恩怨？誰乏牢騷？」但是將詞曲用作於此，無疑是浪費社會公共資源，對人對己都不公正。

即便是詞曲，大觀園裡不讓沾染的俗物，在李漁看來，卻也有嚴肅的道德價值。

——王安憶《小說六講》

愼用文字的力量，不僅是對他人的道德責任，也是對自己的心智負責。

譏諷、貶低他人，雖然能獲得一時的快意，但也意味著從此對此人關上了心門，很少有機會再從他那裡獲得教益了。隨便說出口的一句「蠢貨」「壞蛋」，實際上傷害的是我們自己從外界獲取智力資源的能力。

宋神宗在位時，有一次要殺一個人，大臣們勸阻。宋神宗說：「那把他刺配到遠惡之處吧。」大臣們又勸阻，說「士可殺，不可辱」。宋神宗說：「快意事便一件做不得！」大臣說：「如此快意事，不做得也好。」⑫

是的，快意之事，大部分都做不得，從書中看看就好。

滔滔雄文

令人快意的閱讀體驗，還經常出現在各種滔滔雄文中。

這類文章，把豐富的意象彙集在極短的篇幅內，使其突然像煙火一樣在讀者眼前炸開。這是我們日常經驗中所沒有的，只有文采斐然的作家才鋪陳得出來。

我出生的時候，長安城陰雨連綿。一連數月的大雨將大明宮浸泡得彷彿失去了根基，甚至連人們的表情也因為多日未見陽光而日顯蒼涼傷感。

綿綿細雨周密而仔細地覆蓋住這座精緻皇家小院中的每一個角落，通往緊閉著房門的主廳的磚紅通道兩側，兩排衛士縱向一字排開，雨水沿著他們鐵灰色的冰冷頭盔亮晶晶地滑下。透過雨霧，簷下橫向站著一隊神色黯淡的侍從，瞪著空洞木然的眼睛懶懶地注視著眼前鋪天蓋地的雨霧。風悄悄地鼓動著他們輕盈的蔴制宮服，於是，那瑟瑟抖動的寬大衣袖，就成了此時死氣沉沉的潮濕空氣中惟的一線自由。

——鄭重、王要《大明宮詞》

這樣的意象大轟炸，具有超凡的說服力量。

還記得當年讀莎士比亞的《威尼斯商人》[14]，我印象最深的，倒不是幾個「正面人物」的智慧，而是那個猶太奸商夏洛克的悲情。他那一大段臺詞，滔滔不絕地控訴對猶太人的壓迫，即使拿到第二次世界大戰之後，也不過時。莎士比亞文采馳騁，反倒削弱了他想表達的主旨。

他曾經羞辱過我，奪去我幾十萬塊錢的生意，譏笑著我的虧蝕，挖苦著我的盈餘，侮蔑我的民族，破壞我的買賣，離間我的朋友，煽動我的仇敵；他的理由是什麼？只因為我是一個猶太人。

難道猶太人沒有眼睛嗎？難道猶太人沒有五官四肢、沒有知覺、沒有感情、沒有血氣嗎？他不是吃著同樣的食物，同樣的武器可以傷害他，同樣的醫藥可以療治他，冬天同樣會冷，夏天同樣會熱，就像一個基督徒一樣嗎？你們要是用刀劍刺我們，我們不是也會出血的嗎？你們要是搔我們的癢，我們不是也會笑起來的嗎？你們要是用毒藥謀害我們，我們不是也會死的嗎？那麼要是你們欺侮了我們，我們難道不會復仇嗎？要是在別的地方我們都跟你們一樣，那麼在這一點上也是彼此相同的。

要是一個猶太人欺侮了一個基督徒，那基督徒怎樣表現他的謙遜？報仇。要是一個基督徒欺侮了一個猶太人，那麼照著基督徒的榜樣，那猶太人應該怎樣表現他的寬容？報仇。

你們已經把殘虐的手段教給我，我一定會照著你們的教訓實行，而且還要加倍奉敬哩。

——（英）莎士比亞《威尼斯商人》

看了這一段，有人說，簡直懷疑莎士比亞是在借夏洛克之口默默為猶太人辯護。這不是妄加猜測。作家經常會在這種排山倒海的氣勢中，把自己不太符合主流價值觀的想法隱藏進來。

比如，法國文豪雨果，他毫無疑問是一個革命派、自由派。但是，我在讀他最後一部長篇小說《九三年》的時候，卻發現了一段演講。

發表演講的朗德納克侯爵，是小說中保王黨叛軍的首領。在小說的前半部分，朗德納克侯爵的形象一直是殘酷、狡猾、瘋狂的，但是在他被捕後，到了臨刑之時，雨果卻突然透過他的嘴發表了一次長篇演講，通篇講的都是法蘭西民族的寶貴傳統，這既是對王權和貴族的辯護，也是對革命黨人的譏笑。

下文是其中的節選。

法蘭西的特性，是由我們這個大陸的特性本身構成的，法蘭西的每個省代表著歐洲的一種美德：庇卡底顯示出德意志的坦誠，香檳顯示出瑞典的慷慨，勃艮第顯示出荷蘭的精明，朗格多克顯示出波蘭的活力，加斯科涅顯示出西班牙的莊重，普羅旺斯顯示出義大利的明智，諾曼第顯示出希臘的機敏，多菲內顯示出瑞士的忠誠。

這一切你們全然不知。你們一味地破壞、砸碎、砸爛、摧毀，心安理得地充當野獸。

哼！你們不再要貴族了！好啊，你們再也不會有貴族啦。你們就死了這條心吧。你們再也不會有騎士，再也不會有英雄。

永別啦，昔日的榮耀。

你們是一個沒落的民族，你們將遭受外敵的入侵和占領。阿拉里克二世打進來，再也遇不到克洛維那樣的對手；阿布德拉姆打進來，再也遇不到查理·馬特那樣的對手；薩克遜人再次來犯，不會有丕平那樣的人奮起抵抗了。你們再也不會有阿尼亞代爾、洛克魯瓦、朗斯、斯塔法德、內溫德、斯坦克爾克、馬賽、羅庫、勞菲爾德、馬翁等一類的戰役。

行了！得啦！幹你們的吧。成為新人吧，去做卑鄙小人吧！

——（法）雨果《九三年》

看完之後，我目瞪口呆。

這還是那個自由派、革命派的作家雨果寫出來的文字嗎？法國大革命爆發在一七八九年，而雨果的《九三年》發表於一八七四年。將近一百年過去了，打倒王權和貴族，早已成為法蘭西民族的共識，具有無可辯駁的正義性。如果雨果腦海的某個角落沒有一套完整的保守主義，甚至是保王黨的思想，怎麼會寫出這麼雄辯的論述？

多年之後，我看到了一句話：「一個人同時保有兩種相反的觀念，還能正常行事，這是第一流智慧的標誌。」這句話，才讓我真正理解了雨果。所以，在閱讀的時候，我們得留心那些汪洋恣肆的華美文字。在噴薄而出的情感中，可能藏有作者更完整的觀念圖譜。

快意之書，就是文字的煙花。既然是煙花，就不會是靜止的，裡面就會有無窮的因果。我們應該既可以想像它燃燒之前的樣子，也可以想像它寂滅之後的歸處。

書單

你可以在這些書中體會「仰天大笑出門去」的快意：

- 《毛姆短篇小說全集》
  （英）毛姆，陳以侃譯，廣西師範大學出版社二〇二〇年版。

- 《夜鶯與玫瑰》[15]
  （英）奧斯卡·王爾德，張樂譯，湖南文藝出版社二〇一九年版。

- 《水滸傳（金聖歎批評本）》
  （明）施耐庵著，（清）金聖歎評，上海古籍出版社二〇一五年版。

- 《魯迅雜文集》
  魯迅，天津人民出版社二〇一九年版。

- 《梁啓超傳》
  解璽璋，化學工業出版社二〇一八年版。

4

苦痛：總有人爲我們負重前行

「如果你感受到痛苦，那麼，你還活著。如果你感受到他人的痛苦，那麼，你才是人。」——（俄）列夫．托爾斯泰

驚人的無知

西方人有「天啓四騎士」之說：瘟疫、戰爭、饑荒和死亡。人類自古以來共同面對的苦難，也就這四種。而今天，除了死亡仍舊無法避免，其他三者似乎都在漸漸隱去。

在過去幾十年間，我們已經成功遏制了飢荒、瘟疫和戰爭。當然這些問題還算不上被完全解決，但已經從過去「不可理解、無法控制的自然力量」轉化為「可應對的挑戰」。我們不再需要祈求某位神或聖人來解救人類，而是已經相當了解怎樣預防飢荒、瘟疫和戰爭，而且通常都能成功。

此類災難發生的次數及頻率確實都在下降。因營養過剩而死亡的人數超過因營養不良而死亡的人數，因年老而死亡的人數超過因傳染病死亡者，自殺身亡的人數甚至超過被士兵、恐怖分子和犯罪分子殺害的人

數的總和，這些都是史無前例的。

——（以）尤瓦爾・赫拉利《未來簡史》⑰

瘟疫、戰爭和飢荒在漸漸消失，這當然是好事。但是，人類在苦難中的感受，以及在其中產生的人性變數，從此也被遮蔽了。這不僅是一個遺憾，更是一種危險。

人性恆常。生活在繁榮、安全和進步中的一代人，是經受不了人性陰暗面的突然反噬的。

二〇〇七年在成都的白夜酒吧，劉慈欣和科學史教授江曉原進行了一場著名的辯論。辯題是，如果世界末日到了，只剩下他們倆和現場的一位女主持人，「我們三人攜帶著人類文明的一切，而我們必須吃了她才能夠生存下去，你吃嗎？」

劉慈欣的選擇是：吃。因爲全部文明，包括莎士比亞、愛因斯坦、歌德等都在他們手裡。「只有現在選擇不人性，將來人性才有可能得到機會重新萌發。」

江曉原的選擇是：不吃。他的話擲地有聲：如果吃人，我們就丟失了人性。「一個丟失了人性的人類，就已經自絕於莎士比亞、愛因斯坦、歌德……還有什麼拯救的必要？」⑬

這段辯論一直在我腦子裡翻湧。站在今天看，江曉原教授的選擇無疑是正確的。但是，如果眞到了那種絕望的時刻，劉慈欣會怎麼選？江曉原會怎麼選？我們又會怎麼選？誰能知道呢？

畢竟，那個選擇並沒有眞實地擺在眼前。這是我們要讀書的一個理由。書籍中不僅記載了苦難本身，更重要的是，它們還保留了苦難下人性的狀態。瘟疫、戰爭和飢荒，不難想像。但是那種情況下的人會變成什麼樣子，經常會大出我們所料。

陳忠實的《白鹿原》裡有一段關於飢荒的描寫。

一個過門一年的媳婦餓得半夜醒來，再也無法入睡，摸摸身旁已不見丈夫的蹤影，懷疑丈夫和阿公阿婆在背過她偷吃，就躡手躡足溜到阿婆的窗根下偷聽牆根兒，聽見阿公阿婆和丈夫正商量著要殺她煮食。阿公說：「你放心度過年饉爸再給你娶一房，要不咱爺兒們都得餓死，別說媳婦，連香火都斷了。」新媳婦嚇得軟癱，連夜逃回娘家告知父母。被母親哄慰睡下，又從夢中驚醒，聽見父親和母親正在說話：「與其讓人家殺了，不勝咱自家殺了吃！」這女人嚇得從炕上跳下來就瘋了……危言流語像烏鴉的叫聲一樣令人毛骨悚然。

——陳忠實《白鹿原》

飢餓帶來的苦難，不是人「沒得吃、餓死了」這麼簡單。要不然，歷史上也不會留下那麼多「易子而食」的記載。在那樣的處境下，人性的底線能變得多低，我們今天是無法想像的。

戰爭期間，人性的變形就更嚴重了。戰爭，可不是我們在電影裡看到的槍林彈雨、血肉橫飛那麼簡單。戰爭機器一旦開動起來，發動者就有了一項內在衝動：必須把殺人說成一件正當的事。在和平時期無法想像的觀念，在戰爭期間反而會被廣泛宣傳。

張宏杰有一本書叫《大明王朝的七張面孔》[18]，裡面說到了明末的張獻忠。張獻忠未必是中國古代戰爭中殺人最多的，但他提出的「殺人觀」確實是很獨特的，他認爲自己是老天爺派到人間來「收人」的，殺人是他的天職。他曾經修葺了湖北上津縣的關帝廟，還撰寫了一篇碑文，其中寫道：「焚戮良民，非本心之所願，實天意之所迫。亦知同居率土，開州開縣，有干理法。無奈天意如此，實不我由。如黃巢往事劫數，固亦莫之爲而爲也。」[14]在這樣的觀念下，他還有什麼做不出來？

> 崇禎十七年（一六四四年）六月二十一，重慶通遠門外的空地上，三萬七千名明軍聚集。他們被編成百十個長隊，魚貫前進，到隊伍前的木案處，伸出右手，放在案上。
>
> 站在木案前的士兵手起刀落，那只手應聲而斷，留在案上的手指還在抖動。血如噴泉一樣從斷臂上噴出。執刀士兵一腳踢開他，喊道：「下一個，快點！」
>
> 這是明末農民起義軍張獻忠部在處理被俘明軍。六月二十，張獻忠攻破重慶城。這是他入川之後的第一個大勝仗，全軍上下，興高采烈。張獻忠特別指示，雖然明軍曾經頑抗，但八大王此次寬大為懷，俘虜一個不殺，僅剁手為戒。
>
> 這些俘虜沒有理由不慶倖，但還有人希圖進一步的僥倖。農民軍明令伸右手，有人卻伸出了左手。一刀下去，左手掉了，然而又被刀刃攔住：「右手！」
>
> 於是兩隻手都廢掉了。
>
> ——張宏杰《大明王朝的七張面孔》

其實，張獻忠這麼想，也不是沒有原因的。中國文化中確實有一個說法，那些亂世豪傑，都是「應劫而生」，是上天派到下界的魔頭。比如在《水滸傳》裡，梁山好漢就被說成了洪太尉誤放的妖魔。

當年我讀這本書的時候，有好幾個段落讓我非常費解。

《水滸傳》第三十一回「張都監血濺鴛鴦樓　武行者夜走蜈蚣嶺」裡，武松衝進都監府，從馬夫開始，一路取走了女使、丫鬟、都監夫人等十九條人命。但這些人既跟武松沒有前仇，也未參與迫害武松，更無法對他構成什麼威脅。在我們今天的道德觀念裡，這是一種無意義、無節制的濫殺。

宋江勸霹靂火秦明上山時的做法，就更駭人聽聞了——他先是濫殺平民，然後栽贓給秦明，害得秦明一家老小被處死。

宋江開話道：「總管休怪。昨日因留總管在山，堅意不肯，卻是宋江定出這條計來：叫小卒似總管模樣的，卻穿了足下的衣甲、頭盔，騎著那馬，橫著狼牙棒，直奔青州城下，點撥紅頭子殺人；燕順、王矮虎帶領五十餘人助戰，只做總管去家中取老小。因此殺人放火，先絕了總管歸路的念頭。今日眾人特地請罪！」

秦明見說了，怒氣於心，欲待要和宋江等廝並，卻又自肚裡尋思。一則是上界星辰契合；二乃被他們軟困，以禮待之；三則又怕鬥他們不過，因此只得納了這口氣。便說道：「你們弟兄雖是好意要留秦明，只是害得我忒毒些個，斷送了我妻小一家人口！」宋江答道：「不恁地時，兄長如何肯死心塌地。雖然沒了嫂嫂夫人，宋江恰知得花知寨有一妹，甚是賢慧，宋江情願主婚，陪備財禮，與總管為室，若何？」

——（明）施耐庵《水滸傳》

今天隔著紙面，我們仍然能夠感覺到宋江一夥兒得意洋洋的神態：死幾個平民算什麼？賺得好漢上山才是正經事。你的妻兒死了算什麼？給你另娶一房就是。

別忘了，《水滸傳》可是把梁山好漢當作正面角色來寫的。這種觀念差別，是不是彷彿兩個世界？

如果不借助這些書，我們對戰爭和飢荒時代的人的想法，很可能會陷入驚人的無知。

如果換作我們

更大的無知，是對自己。如果有一天被迫陷入絕境，我們會變成什麼樣子？

苦難剛降臨的時候，通常不太像滅頂之災。它會一點點襲來，狡猾地讓人看到一點點希望，然後再一點點把人性中最不堪的一面逼出來。

就像那個故事說的：一個劫匪上了一輛公共汽車，先宣布「我打劫有個規矩，第一個交錢的收一百，第二個收兩百，以此類推」。於是，車上的人爭先恐後地交錢。最後兩個人還爲誰先交錢而扭打在了一起。人類經常是先互相摧毀，然後才被苦難摧毀。

第二次世界大戰期間，德國納粹屠殺了大約六百萬猶太人。從集中營倖存的人寫了很多書，比如維克多．弗蘭克爾的《活出生命的意義》[19]、普里莫．萊維的《被淹沒與被拯救的》[20]。它們有一個共同點：不僅控訴納粹，還花了大量篇幅反思，在那些被迫害者身上到底發生了什麼。

在集中營裡，大家的注意力其實不在毒氣室和焚屍爐上，而在活下來的機會上。比如，有一個獄友興致勃勃地對弗蘭克爾說了一段話。

「別害怕！別害怕挑選！」「我只乞求你們一件事，」他繼續說，「如果可能的話，每天刮臉，不論要用鋒利的玻璃，還是用最後一塊麵包換刮臉用具。只有如此，你才能看起來更年輕，而且，刮臉還會使你臉色紅潤。想活下來，你唯一的辦法是，看上去能幹活。如果你腳後跟起了個水泡，走路瘸了，黨衛軍看見你這樣，就會把你招到另一邊。第二天，你就肯定要被送進毒氣室。你知道『Moslem』是什麼意思嗎？那些看起來可憐兮兮、落魄潦倒、體弱有病、不能幹體力活的人就是『Moslem』。或早或晚，一般會比你預計的時間要早，『Moslem』就會被送進毒氣室。要切記：刮臉，挺直腰板站立，精神抖擻地幹活，你就不用怕毒氣。所有站在這裡的人，即使你剛到這裡二十四個小時，做到這些你就不用怕毒氣。」

——（美）維克多．弗蘭克爾《活出生命的意義》

在集中營裡，很少有反抗。相反，那裡有一批幹活非常認眞的人。這些「兼職囚犯」主動承擔起了集中營裡清潔員、洗壺人、值夜人、床鋪整理員、蝨子疥癬檢查員的角色，還會積極防備身邊的其他囚犯把這份工作搶走——因爲這份工作讓他們每天可以多獲得半公升的湯。

在集中營裡，也很少有對納粹的仇恨。當被要求交出自己的手錶時，弗蘭克爾產生了一種非常奇怪的心理：「他們在看中我們的腕錶並婉言說服我們交出來時，顯得極其友好。難道我們不該向這些友好人士上交那些財產嗎？難道這樣的好人不該擁有這支手錶嗎？也許有一天他們會報答我們。」⑮

在集中營裡，老囚犯對「新來的」迫害得非常積極。如果有人膽敢不守規矩，老囚犯們會「蜂擁而至，撲滅對秩序的威脅。他們會暴怒而巧妙地毆打『罪犯』，直到他馴服或死亡。特權，當然，捍衛和保護特權」。⑯

萊維是奧斯維辛的倖存者，但是他一生都覺得，這是因爲自己是「最糟糕的」的人之一。

我活著，代價也許是另一個人的死去；我活著，是取代了另一個人的位置；我活著，便篡奪了另一個人的生存權，換言之，殺死了另一個人。

那些最糟的人倖存下來：自私者、施暴者、麻木者、「灰色地帶」的合作者和密探們。這並非一定之規，儘管如此，這仍然是一個規律。我感到無辜，沒錯，因為我也是「被拯救者」中的一員，所以通過我的眼睛永遠尋覓一個為自己辯解的理由。

最糟的人，也就是說，那些最適應環境的人，倖存下來；而那些最優秀的人都死了。

——（義）普里莫・萊維《被淹沒與被拯救的》

當被從集中營裡解放出來的時候，這批囚犯的反應也很奇怪。晚上，我們又聚在一起，有人悄悄對另一個人說：「告訴我，今天你高興嗎？」另一個人回答：「說實話，不！」他不知道，大家都是這個感覺。我們已經喪失了感受快樂的能力，要慢慢地重新培養這種能力。

從心理學的角度講，得到解放的犯人最初的感覺叫「人格解體」。一切都顯得不真實、不可能，像是在夢中一樣。我們不能相信這是真的。

——（美）維克多・弗蘭克爾《活出生命的意義》

這種「人格解體」的痛苦，折磨著每一個倖存者。其中，埃利・威塞爾憑藉一系列回憶錄，獲得了一九八六年的諾貝爾和平獎。但是很少有人知道，他曾經在長達十年的時間裡，不知道怎麼開口講這段故事。

威塞爾解釋說：「我知道倖存者承擔著證人的角色，但我不知道如何去做。我缺乏經驗，也缺乏一個清晰的框架。我不相信技巧和套路。是和盤托出，還是緘口不言？是高喊，還是低語？是把重點放在那些逝去的人身上，還是他們的後代身上？如何描述那些不可描述的事？如何節制地再現人類的墮落和眾神的黯然失色？最後，如何才能確認，把話說出口後，不會扭曲和背叛本想表達的意義？我的苦惱如此沉重，以至於我立下了一個宣言：至少十年不發聲，不觸及那些關鍵的內容。」

——（美）本・雅格達《偽裝的藝術》

就在埃利・威塞爾獲得諾貝爾和平獎的第二年，萊維最終沒有饒過自己——一九八七年，萊維跳樓自殺。當時的媒體說：「四十年後，萊維先生死於奧斯維辛。」

曾經有一段時間，我讀了很多本回憶猶太人大屠殺的書，一邊讀一邊問自己：如果我也是其中的一名囚犯，每一件關於人性扭曲的事情，我逃得過哪一樣？

我很敬佩的出版人張立憲，寫過一份《讀庫十八條》，其中有一條是這麼說的：

「一部偉大的戰爭電影，首先，它一定是反戰的；其次，它是告訴人們在生死之際，一個體面人會怎麼做。我們在別人的故事中傾灑自己的笑與淚，就是要看看在某種極端情況下，體面人是怎麼做的，以及警醒自己不體面的行爲是什麼。當面臨類似情況時，內心可以調用一種行爲模式或情感反應，或者說，人格養成就在其中。」[17]

閱讀這些苦難回憶錄的價值也類似。

據說杜斯妥也夫斯基有一句話：「我只擔心一件事，我怕我配不上自己所受的苦難。」這也應該是全人類的擔心：我們人格養成的成果，配得上那些人爲我們所受的苦難嗎？

爲什麼要寫下來

那些苦難的親歷者，爲什麼要把它們寫下來？

在阿蘭·德波頓的《藝術的慰藉》裡，有一段說法是迄今爲止我看到的最恰當的。

許多令人悲傷的事物，都因為我們認為自己獨自承擔了這樣的苦難而更令人難受。我們認為自己的煩憂是一種詛咒，或是揭露了我們邪惡卑鄙的本性。如此一來，我們的苦難就毫無尊嚴可言，而是我們惡劣的本質所應受的懲罰。

我們需要幫助，才能在自己最糟的經驗裡找到光榮，而藝術正能夠為這些經驗賦予社會性的表達。

——（英）阿蘭·德波頓《藝術的慰藉》

把悲傷上升到整個人類的經驗中，使其成爲公共品，個體的悲傷才能獲得尊嚴。

所以，好的苦難記載，通常不是憤怒地譴責加害者，而是轉過頭去，直視生命本身。

以色列的猶太人大屠殺紀念館，坐落在耶路撒冷城西的赫茨爾山上。這裡有非常龐大的館藏：一·三億頁檔、十萬份倖存者證詞、四十萬張照片、一·五萬份國家檔案檔以及二·五萬件文物和一·二萬件藝術品。

但是，紀念館覺得這還不夠。從二十世紀五〇年代開始，他們一直在做一件事：向世界各地徵集遇害者家人、朋友、熟人，以及倖存者的回憶和證詞。哪怕只是查證到遇害者的一個姓氏也好。截至二〇一七年五月，六百萬大屠殺遇害者中，已經有四百七十多萬人有跡可循，但剩下的一百三十多萬人還是姓名不詳。雖然查證出來的希望已經很渺茫了，但是他們還在倔強地進行著這項工作。

所以，這個紀念館的館名只有簡單的兩個詞「Yad Vashem」，意思是「有紀念、有名號」。這個說法來自《聖經》：「我必使他們在我殿中，在我牆內有紀念、有名號，比有兒女的更美。我必賜他們永遠的名，不能剪除。」⑱

從尤賽爾的浮雕像再向裡一轉，我肯定，所有的人都會像釘子一樣釘在地上動彈不得。因為在眼前一片漆黑的背景中，出現了各種各樣的兒童笑容。男孩，女孩，微笑的，大笑的，裝大人樣的，撒嬌的，調皮的都有。短髮似乎在笑聲中抖動，機靈全都在眼角中閃出。但他們，全被殺害了！

這些從遺物中找到的照片，不是用憤怒，不是用呼喊，而是用笑容面對你，你只能用淚眼凝視，一動不動，連拿手帕的動作都覺得是多餘。

我不敢看周圍，但已經感覺到，右邊的老人已哽咽得喘不過氣來，左邊一個年輕的妻子一頭扎在丈夫懷裡，丈夫一隻手擦著自己的眼淚，一隻手慰撫著她的頭髮。

——余秋雨《千年一歎》㉑

透過閱讀，我們不僅可以看見苦難，還可以考問自己在苦難中的人性，進而可以想見人類從苦難中穿越而出的莊嚴面貌。

閱讀苦難的一個附帶效果，是讓我們不再幼稚。看到更有質感的現實圖景，能驚醒各種粉色的夢。比如，很多人懷想農耕時代的田園生活。馬特・里德利在《理性樂觀派》[22]這本書裡，就替他們描述了一下：「十九世紀西歐或者北美東部的某個地方，在木板搭成的簡陋屋子裡，一家人圍坐在壁爐邊。父親大聲地朗讀《聖經》，母親爲大家準備好了牛肉燉洋蔥。二姐照顧年幼的小弟弟，大兒子從瓦缸裡舀水，倒進餐桌上每個人的杯子裡，大姐在馬廄裡餵馬。外面的世界沒有汽車發出的雜訊，沒有毒販子，牛奶裡絕對找不到戴奥辛或者放射性墜塵。一切如此寧靜安詳，窗外鳥語花香。」

是這樣嗎？粗線條的輪廓當然沒錯。但緊接著，里德利就拿出了細節，當頭棒喝。

拜託，少來了。

雖說這是村裡家境最好的一戶人家，正在讀經的父親仍會因為柴火冒出的煙使勁咳嗽個沒完。這麼咳嗽下去，他早晚會患上支氣管炎，五十三歲就沒了命。（他都算幸運了，一八〇〇年，就算是在英格蘭，人的預期壽命也不到四十歲。）

寶寶哭個不停，是因為他得了天花，隔不了多久就會死掉。他的二姐，很快就要嫁一個酒鬼丈夫，成為那人的奴隸。大兒子倒出的水有一股子奶牛味，因為奶牛跟人在同一條小溪裡取水。牙痛折磨著母親。馬廄裡，鄰居的房客讓大姐懷了身孕，等一生下來，那孩子就會被送到孤兒院。

燉牛肉吃起來沒滋沒味，很難嚼得動，但除了牛肉，平常的伙食就只剩稀粥了，因為這個季節沒有水果或者沙拉。全家人沒有一個看過戲、畫過畫、聽過鋼琴演奏。所謂的學校教育，就是讓偏執的郊區牧師教上幾年枯燥的拉丁語。父親進過一次城，但旅費用了他一個星期的薪水，其他人從來沒有離家超過十五英里。地上鋪著草墊當床，孩子們兩人合睡一張。至於窗戶外面的鳥嘛，明天就會被男孩捉到並吃進肚子裡。

——（英）馬特·里德利《理性樂觀派》

今天我們看到的苦難，只是前人的日常。

記得有一次，我在艾瑞克·霍布斯鮑姆的《革命的年代》[23]裡，看到了一則刊登在一八〇一年《莫斯科報》上的廣告。

有三位馬車夫和兩位姑娘待售。馬車夫訓練有素，出類拔萃。姑娘的年紀分別為十八歲和十五歲，兩人均容貌姣好，手工活樣樣精通。該家族尚有兩位理髮師可供出售，其中一人年紀二十一歲，能讀會寫，能演奏樂器，並能勝任馬車夫。另一位適合幫女士和先生美髮，也會彈鋼琴和拉手風琴。

——（英）艾瑞克·霍布斯鮑姆《革命的年代》

這是一則買賣農奴的廣告。三個馬車夫、兩個姑娘、兩個理髮師，就這樣像騾馬一樣被公開發售，文字中透露出生意人式的喜氣洋洋。我們不知道這筆買賣後來成交沒有，也不知道這幾個人之後的命運。但是僅僅這幾行字，已經足以讓我們看到一座黑漆漆的苦難深淵。

這段文字在提醒我們：即使我們生活的這個時代，也沒有什麼好誇耀的。我們須謹言慎行，栽培善念，以免我們今天寫下的一段得意揚揚的文字，讓後世的人看見了，悚然心驚。

書單

你可以在這些書裡體會個體在苦痛中的感受和行動：

《死屋手記》㉔

（俄）陀思妥耶夫斯基，耿濟之譯，生活·讀書·新知三聯書店二〇二〇年版。

《斯通納》㉕

（美）約翰·威廉斯，楊向榮譯，上海人民出版社二〇一五年版。

《理性樂觀派》

（英）馬特·里德利，閭佳譯，機械工業出版社二〇一五年版。

《我與地壇》

史鐵生，人民文學出版社二〇一八年版。

《逍遙遊》

班宇，春風文藝出版社二〇二〇年版。

5 角色：我的頭腦特工隊

「雖不能至，然心鄉往之。余讀孔氏書，想見其爲人。」——（漢）司馬遷

會議室裡的陌生人

人爲什麼要讀書？經常有人說：是爲了改變自己。

但問題是：改變是怎麼發生的？人就像一個空桶，而知識像水一樣注入其中嗎？知識越多，桶就越滿，人的能力就越強嗎？

這個邏輯鏈條太粗糙了。

人的改變每天都會發生，改變的方向也未必符合自己的期待。不是經常有人說，「我終於變成了自己最不喜歡的樣子」嗎？

實際上，知識改變命運，常常是透過一個介質——人格——來實現的。

我們讀過的書，大部分都會遺忘。但如果我們在書中遇到喜歡的人、尊敬的人、有趣的人，他們做事的方式就會留下來，變成清晰的烙印，深刻地影響著我們。

司馬遷在《史記》中，兩次寫到了同一句話：「想見其爲人。」一次是說孔子，「余讀孔氏

書，想見其爲人」。還有一次是說屈原，「余讀《離騷》《天問》《招魂》《哀郢》，悲其志。適長沙，觀屈原所自沈淵，未嘗不垂涕，想見其爲人」。意思是，我讀了屈原寫的文章，爲他的志向不能實現而悲傷；貶職到長沙，經過屈原自沉的地方，也經常流下眼淚，追懷他的爲人。

你看，讀書的結果不是記住了什麼資訊，而是能夠看到那些自己傾慕的人，感知他們的境遇，爲他們歡喜，爲他們讚歎，爲他們流淚，從此把他們留駐在自己的世界中。生命中每多一個這樣的人格，我們就向更好的自己邁進了一步。

這是人獨有的能力。

一隻豬看見另一隻豬的遭遇，會無動於衷。而一個人看到另一個人的遭遇，無論悲喜，都會感同身受。這種能力是進化史上的奇蹟。之所以擁有這樣的能力，是因爲我們的大腦中有一種叫「鏡像神經元」的神經細胞。

關於共情，最引人注目的新發現並非來自社會心理學，而是來自神經科學。基於人類和其它靈長類動物的最近研究表明，當我們觀察其他人做某個動作的時候，我們的與此動作相應的一部分運動神經元也活躍起來。這些所謂的「鏡像神經元」可能是共情的解剖學基礎。神經科學學家認為，在觀察他人面部表情和身體動作時，鏡像神經元為我們提供了自動的內在表徵，這種表徵進而被無意識地轉化為我們邊緣神經系統裡關於感情的經驗性反應。因而在神經層面，誠如休謨所說，我們的心靈是「他人心靈的鏡子」。

——（美）邁克爾·L·弗雷澤《同情的啓蒙》

有了鏡像神經元，我們就有能力在自己體內複製他人的感受。看體育比賽的時候，我們會爲自己支援的一方緊張得發抖。看電影的時候，好人挨打，我們也會產生躲閃的衝動。這不是靠理智和情感，這是本能。那些人格「活」在了我們體內。

可以把我們的頭腦想像成一間會議室。最開始，我們孤零零地坐在裡面，獨自面對一切順逆境遇。隨著我們漸漸長大，有更多的人走進這間會議室，安坐下來。他們可能是我們的父母、師長、朋友，也可能是我們在書中讀到的人。年紀越大，這間會議室裡的人就越多。每當遇到艱難的選擇，他們就會把意見放到桌上，供我們參考。

讀書多的人，不見得知識更多，但他們的「頭腦會議室」裡坐滿了厲害的角色。他們不是一個人在戰鬥。相反，他們最終會將一個人活得像一支隊伍。

更神奇的是，我們不必真的認識這些人，也不必了解他們人生的全部細節。只需要一些非常簡單的線索，我們大腦中的鏡像神經元，就能啓動對他們的感知。

據說，現在在迪士尼公司，一個人如果做了一件很棒的事，仍會得到一句表揚：「華特・迪士尼先生會很高興你這麼做的。」

你不覺得奇怪嗎？迪士尼先生在一九六六年就去世了。但是今天的人仍然能夠清晰地知道，如果看到我當前的處境，他會建議我怎麼做。

我自己年紀越大越喜歡讀傳記，就是因爲知道了這個祕密。而且，我讀傳記的時候，往往也只重點讀主人公在關鍵時刻的關鍵選擇。一旦讀懂這個選擇，「永遠活在我心中」就不是一句空話。比如，我們得到App的北京總部，兩間最大的會議室分別被命名爲「蔡元培」和「張元濟」，就是爲了讓同事們在做選擇的時候能想一想：如果是蔡元培先生和張元濟先生面臨著我們今天的處境，他們會怎麼做？

蔡元培先生是中國第一代現代教育家。關於他的書很多，比如《蔡元培傳》《蔡元培自述》《蔡元培年譜》《蔡元培日記》《追憶蔡元培》等等，我們不可能從頭到尾逐字逐句地讀完。但是沒關係，在我們腦子裡，只要有幾個印象深刻的片段就足夠了。

我素信學術上的派別是相對的，不是絕對的，所以每一種學科的教員，即使主張不同，若都是「言之成理，持之有故」的，就讓他們並存，令學生有自由選擇的餘地。最明白的，是胡適之君與錢玄同君等，絕對的提倡白話文學，而劉申叔、黃季剛諸君，仍極端維護文言的文學；那時候就讓他們並存。

我相信為應用起見，白話文必要盛行，我也常常作白話文，也替白話文鼓吹；然而我也聲明：作美術文，用白話也好，用文言也好。例如我們寫字，為應用起見，自然要寫行楷，若如江艮庭君的用篆隸寫藥方，當然不可；若是為人寫斗方或屏聯作裝飾品，即寫篆隸章草，有何不可？

那時候各科都有幾個外國教員，都是託中國駐外使館或外國駐華使館介紹的。學問未必都好，而來校既久，看了中國教員的闌珊，也跟了闌珊起來。我們斟酌了一番，辭退幾人，都按著合同上的條件辦的。有一法國教員要控告我，有一英國教員竟要求英國駐華公使朱爾典來同我談判，我不答應。朱爾典出去後，說：「蔡元培是不要再做校長的了。」我也一笑置之。

——蔡元培《蔡元培自述・我在北京大學的經歷》

從這段文字裡，我們至少可以讀到蔡元培的兩個重要原則。第一，在學術上，不拘一格，相容並包。第二，在選擇老師的時候，堅守標準。如遇外界壓力，一身當之。

有一次，我問一位著名的中學校長：「那麼多人託關係找你，什麼是一定要守的底線？什麼是可以妥協的空間？」他說：「可以降低標準收學生，但是絕不能降低標準招老師。在招老師這件事上，誰說話也沒用。這是一名好校長的底線。」他還說，他是跟蔡元培先生學的。估計他和我一樣，也讀過《蔡元培自述》中的這一段。

再說說張元濟先生。他的名字懸掛在我們另一間大會議室的門頭上。張元濟比蔡元培大一歲，跟蔡元培一樣，也是光緒壬辰科（一八九二年）的進士，也是清朝翰林出身。那一代知識分子面對的時代難題都是類似的：怎麼在中華文明的內部，消化西方舶來的現代技術元素？

張元濟做的是出版業。拿到現代印刷機的人，表面看起來有兩種選擇：一是印各種街頭小報、流行小說，也就是那個時候的「流量內容」；二是進行大規模的文化建設，出版教科書，整理傳統典籍，引進西方學術著作。

這兩個選擇，看起來前者更有商業價值，後者好像只是種情懷。但結果恰恰相反：張元濟領導的商務印書館不僅走了後一條路，而且在商業上獲得了巨大的成功。一九〇二年，商務印書館的資本是五萬元人民幣，到了一九二二年，就已經達到五百萬元人民幣了。⑲這個數字是什麼概念呢？它不僅是中國出版行業的第一名，也是中國所有民營企業的第一名。到了一九三二年，商務印書館被日本炸毀的時候，它的資本累積已經到了兩千萬元人民幣左右。⑳

憑什麼賺到這麼多錢？就是「文化建設」。從編寫大、中、小學的教科書，到編纂《辭源》這樣的大型工具書；從譯介《天演論》《國富論》等西方學術名著，到出版魯迅、巴金、冰心、老舍等中國當代著名作家的文學作品；從整理《四部叢刊》等重要古籍，到編輯「萬有文庫」「大學叢書」等大型系列圖書；從出版《東方雜誌》《小說月報》《自然界》等十多種各科雜誌，到創辦東方圖書館、尚公小學校等，進而發展公益事業，商務印書館幾乎主導了那個年代所有基礎文化的建設工作。㉑

葉聖陶先生曾回憶說：「我幼年初學英語，讀的是商務的《華英初階》，後來開始接觸外國文學，讀的是商務的《說部叢書》；至於接觸邏輯、進化論和西方的民主思想，也由於讀了商務出版的嚴復的各種譯本。我的情況絕非個別的，本世紀初的青年學生大抵如此。可以說，凡是在解放前進過學校的人沒有不曾受到商務的影響，沒有不曾讀過商務的書刊的。」（葉聖陶：《我和商務印書館》，《商務印書館九十年》）葉先生說了飲水思源的意思，歷史誠然如是。

——吳方《迴響的世紀風鈴》

今天，我們用「張元濟」來命名會議室，就是讓自己每時每刻都能看到這樣的道路：不用天天追逐流量，做經典文化的知識服務，不僅能創造社會價值，也能創造巨大的商業價值。

如果有猶豫的時候，就想一想：假設張元濟先生在世，他會建議我們怎麼做？他會怎麼解釋這個建議？順著這個建議的方向，他又希望我們看到什麼樣的遠景？

透過閱讀，進而調用我們頭腦中的「人格儲備」，這些問題的答案都不難想像出來。

他在，故他思

笛卡爾有句名言：「我思，故我在。」其實我們也可以倒過來用這層意思。

當一個人的人格存在於我們的世界，他就在幫助我們思考。很多時候，他不必眞的發言。他在，故他思。

諾貝爾獎獲得者司馬賀分享過一個故事。

卡內基理工學院的前院長鮑勃・多爾蒂畢業於耶魯大學，曾在通用電氣工作；他曾經是通用電氣著名工程師斯蒂格利茨麾下最聰明的年輕工程師之一。多爾蒂在遇到那些極難突破的工程問題時，就會敲開斯蒂格利茨辦公室的門與他交談；用不著多久，問題就迎刃而解了。

某天早上，多爾蒂在去斯蒂格利茨辦公室的途中問自己：我這次找斯蒂格利茨，到底要和他聊什麼？他回想到之前兩人談話時，斯蒂格利茨只是向他提問而已，答案就自然浮出水面了。

想到這裡，多爾蒂轉而向最近的洗手間走去，在那裡坐了會兒，問自己：斯蒂格利茨這次會問我什麼？

十分鐘後，他找到了解決方案。

——（美）司馬賀《關於學習，我們了解什麼》，載《工程教育雜誌》

僅僅在一個人辦公室附近的洗手間裡坐一會兒，就能知道他要說什麼，這個效應是不是很神奇？

傳記類作品讀多了，我們自然就會知道，人的反應模式其實就那幾種。決定選擇的，更多的是所處的位置。所以，調用大腦中的人格模型，也是在做一個思想實驗——強行把當下的自己切換到一個別人的位置上，然後想像自己該怎麼做。

這意味著，請到我們「大腦會議室」裡來的人格樣本，不需要是「榜樣」，只需要是我們用得著的思維方式，所以多多益善。

比如，我們絕大多數人這輩子都不會去當政治家，但是政治家在複雜環境中彙聚共識的本事，我們又都會用得著。要知道，政治家最大的本事，就是把各懷心思的人統一到同一個陣營。而他們最大的恐懼則是，堅持了一件正確的事，但是沒有人跟隨。就像美國前總統小羅斯福說的：「你想領個頭，但回頭一看，身後一個人也沒有，這種情況多麼可怕啊！」[22]所以，讀幾本政治家的傳記，看看他們是怎麼做的，需要的時候，我們就可以把他們「請出來」問一問。

在這些書中，我印象最深的段落，是關於美國前總統林登・貝恩斯・詹森的。

詹森出身低微，早年甚至當過垃圾清潔員，也沒有什麼個人魅力，是從底層一步步走入政界的。這麼一個人，是怎麼讓那麼多人追隨，後來當上總統的呢？一本叫《硬球》的書裡記載了這麼一個小故事。當時，詹森剛剛成爲一位國會議員的祕書，住在華盛頓的道奇飯店。

在這群地下房客中，有一位二十二歲的青年，他體格魁梧而笨拙，長了兩隻大象一樣的耳朵。他剛成為德克薩斯州民主黨眾議員理查・克萊柏格的祕書，兩週之前他還是休士頓一所中學的教書匠。

這位青年在道奇飯店度過第一夜的時候，就有一些奇怪的舉動。那些舉動，直到臨終之前的幾個月，他才告訴了他的好友兼傳記作家多里斯・基恩斯。

那天晚上，林登・詹森一共沖了四次澡。他四次披著浴巾，沿著大廳走到公用浴室，四次打開水龍頭，塗上肥皂。第二天凌晨，他又早早起床，五次跑去刷牙，中間間隔只有五分鐘。

這位德克薩斯州的青年人，這樣做有他自己的目的。飯店裡還有七十五個和他一樣的國會祕書。他要以最快的速度認識他們，認識得越多越好。

他的這一招成功了。在華盛頓還不過三個月，這位新來乍到的人就成了「小國會」的議長，那是一個由眾議院全體助手組成的團體。

這是詹森在華盛頓的首場「演出」，他展示了自己基本的政治手段。他向我們證明，向上爬就意味著結交人，兩者事實上是一回事。

——（美）克里斯・馬修斯《硬球》

不想當政治家沒關係，讀了這個段落，我們會知道：第一，認識更多的人本身就是競爭力；第二，我們可以把別人忽視的平凡場合當成自己的戰場。

如果你初入職場，剛加入一家陌生的公司，而詹森就在你身邊，你猜他會建議你怎麼做？其實，尋求「人格」的幫助，甚至都用不上他人，用自己就夠了。更準確地說，是用想像中不同情況下的自己。

假設你是一名家長，正在罵孩子，罵得特別生氣。這時候有一個錐心之問：「你眞的很生氣嗎？」你可能會說，我被孩子氣糊塗了，就是很生氣。那我們再假設一種情況：孩子的班主任突然一個電話打過來，你接起電話，是不是馬上就能摁住怒意，口氣平和起來？

面對老師能耐住脾氣，是因爲你很自然地切換了自己的情緒狀態。而在孩子面前耐不住，無非是因爲你覺得自己手中握有權力。每當這種時候，把一個「理性狀態的自己」請到「大腦會議室」，一定會大有幫助。

有一個很有趣的思維方式，叫「十加十加十思維模型」。意思是，當我們要做一個決定時，我們需要想像另外三個自己：十分鐘之後的自己、十個月後的自己和十年後的自己。想像一下，他們會如何看待當前的這件事？如果我要和朋友發一次飆，大概平均時長十分鐘後我就後悔了。那個十分鐘之後的自己會出面勸解：算了算了，何必逞口舌之快？如果我發願要學一門外語，十個月後的自己會覺得非常難受，而十年後的自己會覺得自己當年真是好樣的。

在同一個軀殼裡，居然住著這麼多不一樣的自己。

還有一種更神奇的方法：想像一個壓根兒不存在的人。最典型的案例發生在英特爾公司的兩個創始人之間。

二十世紀八〇年代之前，英特爾是一家生產記憶體的公司。但是到了一九八四年秋天，記憶體市場被日本廠商摧毀得七零八落。假如英特爾還死守著這個市場不放，前景非常堪憂。何去何從，公司上下舉棋不定。

一九八五年的一天，在英特爾的兩位創始人安迪．格魯夫和高登．摩爾之間，發生了一段非常有趣的對話。

我還記得一九八五年的一天，那時我們已經在漫無目的地徘徊中度過了一年。這一天，我正在辦公室裡，意志消沉地與英特爾公司的董事長兼首席執行官高登．摩爾談論我們的困境。

我朝窗外望去，遠處，大美利堅遊樂園的「費理斯摩天輪」正在旋轉。

我回過頭問高登：「如果我們被踢出董事會，他們找個新的首席執行官，你認為他會採取什麼行動？」高登猶豫了一下，答道：「他會放棄記憶體的生意。」

我死死地盯著他説道：「你我為什麼不走出這扇門，然後回來自己做這件事呢？」

——（美）安迪・格魯夫《只有偏執狂才能生存》㉖

我個人認爲，這可能是商業史上最睿智的一段對話。它反覆提醒我們：如果我們覺得一件事情很難，不過是因爲我們身上有過多的、毫無必要的負擔。這時，如果換一個陌生人的視角，就可以輕裝前進。

我們在閱讀中了解到，我們自己就可以是那個陌生人。

一個文明的最終成果是什麼

我們這代人，生活在一個強大的技術文明中。人類每天透過各種「技術外腦」存儲的資訊總量是一個天文數字，並且還在持續增加。

那麼問題來了：讀書人做爲文明的傳承者，傳承的到底是什麼？

肯定不是資訊。資訊的記誦可以由機器代勞。那麼，是習俗、藝術、觀念、生活方式嗎？那些東西也每天都在變。我在余秋雨的《君子之道》裡看到了一個有趣的答案。

文化有很多臺階，每一級都安頓著不同的項目。那麼，最後一級是什麼呢？

當然，最後一級不是名校，不是博士，不是教授，不是學派，不是大獎，不是國粹，不是唐詩，不是羅浮宮，不是好萊塢……

很多很多「不是」。但是，它們每一項，都有資格找到自己的文化臺階，拂衣整冠，自成氣象。它們很可能把自己看成是最後目標、最高等級，但實際上都不是。而且，它們之間，也互不承認。

世界各國的學者們，常常也在這麼多文化項目間比輕重，說是非。意見總是吵吵嚷嚷，直到聽到了一種聲音，情況才發生一點兒變化。

這種聲音說，文化的終極成果，是人格。

例如，中華文化的終極成果，是中國人的集體人格。復興中華文化，也就是尋找和優化中國人的集體人格。這也可以看作是文化的最後一級臺階。

——余秋雨《君子之道》

一個文明能讓後人繼承的東西，其實只有一樣——「理想人格」。也就是關於「如何體面度過這一生」這個問題的答案。

每個文明的答案都不同。西方人有「聖徒人格」「紳士人格」「騎士人格」「牛仔人格」「靈修人格」，日本人有「武士人格」「浪人人格」，中華文明有「君子人格」。

經過兩千多年的塑造，「君子」這兩個字，不僅內涵極其豐富，而且深入到了每一個人心中。「君子」必須有德行，還須用自己的德行影響世界；他必須有洞察力，但也須中庸；他必須能成人之美，但也須不參與朋黨；他必須遵守禮節，同時還要「君子不器」，有自己獨立的價值判斷……這張清單我們還可以拉得更長。

但奇怪的是，一個普通人，僅憑樸素的道德直覺，就可以在日常生活中精準辨別出什麼人是「君子」。一個人成功、富有、知名、學識淵博，甚至善良，都不足以讓一個別人眞心實意地稱他爲「君子」。而當眞正的「君子之行」出現時，我們每一個旁觀者都認得出來，都會覺得此刻的他當得起「君子」這一名號。

這就是文明傳承的強大力量。它能夠借用一個「人格」，把文明的核心主張傳遞下去，在日常生活的每一個岔路口，都能幫我們指引理想的方向。

世界上有「君子」嗎？準確地說，沒有任何一個人是君子。這個詞，僅僅是中華文明的先輩對後世的一份遺囑，「是一種永不止息的人格動員，使多數社會成員經常發覺自己與君子的差距，然後產生『見賢思齊』『景行行止』的嚮往」[23]。

我讀的書越多，就越喜歡讀傳記、回憶錄之類的書，也許有這個因素在內。知識不夠用了，隨時可以去查、去問，但是在人生兩難的時刻，如果自己的世界裡沒有豐富的「人格儲備」，我們就難免徬徨。

讀這類書的目的，不是看別人怎麼做，而是要不斷地反躬自問：他如果是我，此時會怎麼做？

書單

你可以把這些書中記錄的角色邀請到頭腦中來：

- **《愛因斯坦傳》**

（美）沃爾特·以撒森，張蔔天譯，湖南科學技術出版社二〇一九年版。

- **《拿破崙傳》**

（德）埃米爾·路德維希，梁錫江等譯，譯林出版社二〇二〇年版。

- **《孔子大歷史：初民、貴族與寡頭們的早期華夏》**

李碩，上海人民出版社二〇一九年版。

- **《杜甫敘論》**

朱東潤，華中科技大學出版社二〇一九年版。

- **《曾國藩的正面與側面》** [27]

張宏杰，岳麓書社二〇二〇年版。

6

文心：就是這個感覺

「讀書可使人充實，討論可使人敏銳，筆記則可使人嚴謹。」——（英）法蘭西斯·培根

文能造境

到最後一節了。我們聊聊文字世界本身吧。

關於寫作技術，我們最早知道的詞可能就是「描寫」。這是一個強大的暗示：寫作，無非就是對現實世界一一對應的描摹。眼前景、心中事，如實表達出來就好。

眞的是這樣嗎？

有一次，朋友和我聊到王維的那首詩：《鳥鳴澗》。

鳥鳴澗
人閑桂花落，夜靜春山空。月出驚山鳥，時鳴春澗中。

——（唐）王維《王維詩集》

詩很美。但如果非要挑毛病，有一點還是挺令人費解的：「春山」空，這不明明是春天

嗎？可是「桂花」落，只有秋天才有桂花啊？秋天的桂花怎麼會落在春天的山澗中呢？

自古以來，那些給王維的詩作註釋的人也備受困擾，找來找去，終於有了一個答案：確實有一種花叫「春桂」，春天開花的桂花，學名「山礬花」，「春桂」是它的俗名之一。那這個問題解決了嗎？沒有。而且這種解釋對詩的傷害更大。這首《鳥鳴澗》，每一句都在強調極度安靜的春山和鳥鳴之間的對比，每一個字都在拉伸這種張力。那種靜，到了月亮出來都能把山鳥驚到的程度。

爲什麼要說桂花？因爲桂花是常見花中花形最小的。說「桂花落」，就是因爲它的花瓣極細極小，落在地上的聲音極微極弱，這是在襯托那種靜。

而春桂的花形至少比桂花大四倍以上。如果非要把這裡的桂花解釋爲春桂，這首詩在事實上的破綻確實補上了，但是其言「桂花之小，落地之靜」的詩意就被破壞了。

原來，在這首詩中，秋天的桂花眞的就開放在春天的山谷裡。這不是什麼時空倒錯的失誤。這就是文字世界的自由之境。如王國維所說：「大詩人所造之境，必合乎自然，所寫之境，亦必鄰於理想。」㉔一個愛閱讀的人，就生活在自然和理想之間的一塊混沌天地之中。

更有意思的是，作家「造境」，並不會僅僅停留在紙面上，它會幻化出現實世界的實景。

王維的《鳥鳴澗》寫於南方的吳越山中，但他還有很多佳作就寫於長安郊區。那個地方叫「輞川」。輞川位於終南山腳，距離長安不足一百里。王維一生不過六十餘年，在輞川就住了十六年。

談王維不可不說「輞川」，「輞川別業」幾乎與詩人齊名。這個地方不僅產生了王維與摯友裴迪唱和的詩集《輞川集》，而且對詩人一生及其詩歌創作都具有重要意義。

「輞川」之於王維，首先是做為一個物質實體存在的，其次是精神與藝術的滋生地和投影地，具有極大的象徵意義。它既是詩人內在精神與理想的外化，同時又進一步支持和強化了詩人的精神。

詩人準備在此好好安頓自己。好像過去的一切經歷，都在為走向輞川做著準備，而後來的道路也要由此出發。他因為輞川而賦詩，緣此所成就的詩章數量居首。

縱觀古今中外的文學人物，他們常常擁有個人的生活基地，可是要從中找出一個比「輞川別業」更大的徘徊流連之所，卻不太容易。

——張煒《唐代五詩人》

輞川的面積很大，大約有七十平方公里。在王維的《輞川集》裡出現的地方有：「孟城坳、華子岡、文杏館、斤竹嶺、鹿柴、木蘭柴、茱萸沜、宮槐陌、臨湖亭、南垞、欹湖、柳浪、欒家瀨、金屑泉、白石灘、北垞、竹裡館、辛夷塢、漆園、椒園等」㉕。

如果今天再去尋訪，你能看到的只是一個普通的中國北方山區村鎮。王維當年用筆創制的那部立體長卷，已經找不到了。但是沒關係，我們有——「空山新雨後，天氣晚來秋。明月松間照，清泉石上流。」「獨坐幽篁裡，彈琴復長嘯。深林人不知，明月來相照。」「空山不見人，但聞人語響。返景入深林，復照青苔上。」

這些文字在，輞川就始終在。時機成熟的時候，一個度假村工程就能像魔法一樣把這些盛景召喚出來。你說，文字和現實，哪個才是更堅實的存在？

多年前，我在杭州遊覽岳王廟，正滿腦子秦檜、岳飛、忠奸善惡，出門沒走幾步，突然撞見了蘇小小墓。蘇小小是南齊名妓。我的時間感不得不瞬間從南宋切換到南齊，七八百年的時光一下子就倒轉了回去。蘇小小很有名，但是歷史上幾乎沒有關於她身世的記載，除了那首詩：「妾乘油壁車，郎騎青驄馬。何處結同心？西陵松柏下。」㉖我的思緒無從停留，只好又往後匆匆飄了三百年，想起唐朝李賀有一首詩是《蘇小小墓》，這才有了點安頓感。

從蘇小小墓一抬眼，我看到了蘇堤，想起了蘇東坡，這才重回了宋朝。往蘇堤走去的時候，我腦子裡卻莫名其妙地冒出了曾在此地雙棲的許仙和白娘子，算是短暫地在「二次元」世界飄蕩了一下。但是就在路上，你猜我遇到了什麼？赫然是武松的墓！他的墓怎麼會在這裡？湊近一看才知道，《水滸傳》上有記載，武松晚年在杭州六和寺出家，活了八十歲呢！

就這短短的十幾分鐘，你說，我是在杭州城裡行走，還是在文字的世界裡遊蕩？哪個才是更眞實的經歷？

在陳春成的小說《夜晚的潛水艇》裡，我看到了這樣的奇幻段落。

一九六六年一個寒夜，博爾赫斯站在輪船甲板上，往海中丟了一枚硬幣。硬幣帶著他手指的一點餘溫，跌進黑色的濤聲裡。博爾赫斯後來為它寫了首詩，詩中說，他丟硬幣這一舉動，在這星球的歷史中添加了兩條平行的、連續的系列：他的命運及硬幣的命運。此後他在陸地上每一瞬間的喜怒哀懼，都將對應著硬幣在海底每一瞬間的無知無覺。

一九八五年，博爾赫斯去世前一年，一位澳洲富商在航海旅途中無聊，借了同伴的書來看。對文學從無興趣的他，被一首題為《致一枚硬幣》的詩猝然擊中。一九九七年，在十餘年成功的商業生涯後，這位商人成了財產不可估量的巨富和博爾赫斯的頭號崇拜者。他收藏了各種珍貴版本的博爾赫斯作品，博爾赫斯用過的菸斗、墨鏡、吸墨紙，甚至連博爾赫斯的中文譯者王永年在翻譯時用的鋼筆他都收集了兩支（此時王還在世）。但這些仍無法平息他的狂熱。同年春天，一個念頭在黎明時分掉進他夢中，促使他資助了一場史上最荒誕的壯舉。他要找到博爾赫斯扔進海裡的那枚硬幣。

——陳春成《夜晚的潛水艇》

我至今也沒去求證，這段文字裡「澳洲富商」的故事是真是假。不過，那不重要了。我只知道，從此，我若再有機會站在輪船的甲板上，就一定會想起沉睡在某處海底、代表平行命運的那枚硬幣。

敬重每一段文字。它會讓我們的一生從此不同。

文有第一

著名科幻小說《二〇〇一：太空漫遊》裡有這樣一個情節：二〇〇一年，人類在月球的地表之下挖出了一塊純黑色的石板。

這塊石板高十一英尺，橫切面長五英尺、寬一又四分之一英尺。更仔細地檢查這些尺寸之後，發現三者正好是一：四：九——頭三個整數的平方。

沒有人能就此提出合理的解釋，但這恐怕不可能是巧合，因為這個比例已達到可測精准之極限。

想到窮全地球的科技之力，也沒法用任何材料造出比例如此精準的一塊板子，更別說是會活動的，實在令人感到自己的渺小。

——（英）亞瑟・克拉克《二〇〇一：太空漫遊》

一塊石板，無論人類用多麼精確的方式測量，它三個邊的比例永遠是一比四比九，沒有絲毫的誤差。這是外星文明在以一種既低調又狂妄的方式炫耀自己的力量。

這個情節提醒我們：文明發展的標誌，不僅是更高更快更強，而且是更精更準更細，是對精微尺度的控制力。

這個邏輯，不僅適用於人之外的星辰大海，還適用於人的內在精神世界。

很多人覺得，作家的能力就是天馬行空的想像力。這是一個天大的誤解。很多作家都說過同一個觀點：他們一生都在追求「寫得準確」。美國詩人艾茲拉．龐德甚至把話說到了這個分上：「不折不扣地準確陳述，是對寫作唯一的道德要求。」㉗

沈先生對我們說過語言的唯一標準是準確（契訶夫也說過類似的意思）。所謂「準確」，就是要去找，去選擇，去比較。也許你相信這是「妙手偶得之」，但是我更相信這是「眾裡尋他千百度，驀然回首，那人正在燈火闌珊處」。

——汪曾祺《生活，是很好玩的》

只不過，這種準確沒有客觀標準。作家沒有寫的時候，一切都在虛空之中。而當它果真在紙上浮現出來的時候，所有看到的人都會驚呼：「就是這個感覺！」

義大利作家卡爾維諾對這種感覺的訴說，簡直像是在描述一場躡足潛蹤的收網式圍獵。

我想，我們總是在尋找某些隱藏的事物，或僅僅是潛在或假想的事物，一旦它們浮出表面，我們就追蹤它們。我想，我們的基本精神步驟，是每一個歷史階段遺傳給我們的，可追溯至我們的舊石器時代的祖先，他們是狩獵者和採集者。文字把可見的痕跡與那不可見的事物，那不在場的事物，那被渴望或被害怕的事物聯繫起來，像一座用於緊急事故的搖搖欲墜的搭橋，架在深淵上。

恰如其分地使用語言，可使我們小心翼翼、集中精神、謹小慎微地接近在場或不在場的事物，敬重在場或不在場的事物所無言傳達的東西。

——（義）卡爾維諾《新千年文學備忘錄》

有一次，我去一個野生大熊貓自然保護基地參觀。陪同我的，是當地一個保護站的站長。我一邊興奮地趕著山路，一邊期待能偶遇野生大熊貓。

老站長說：「你別著急，肯定看不到的。」我說：「萬一我運氣好呢？」老站長停下來笑：「我在這裡二十年了，都沒有見過野生大熊貓。」

「怎麼可能？二十年都沒看到過，那你怎麼知道自己在保護大熊貓？」

老站長說：「我看得到牠們的糞便，看得到牠們吃剩的竹子，看得到牠們的行蹤，看得到牠們打架的痕跡。天冷的時候，我知道牠們下過山。這裡的風裡都有牠們的氣息。我天天都和牠們在一起。」

現在回想起這段對話，我驚覺，老站長生命中的大熊貓，也許就是卡爾維諾所講的那些「不在場的事物所無言傳達的東西」吧。

香菱笑道：「據我看來，詩的好處，有口裡說不出來的意思，想去卻是逼真的。有似乎無理的，想去竟是有理有情的。」

黛玉笑道：「這話有了些意思，但不知你從何處見得？」

香菱笑道：「我看他《塞上》一首，那一聯云：『大漠孤煙直，長河落日圓。』想來煙如何直？日自然是圓的。這『直』字似無理，『圓』字似太俗。合上書一想，倒像是見了這景的。若說再找兩個字換這兩個，竟再找不出兩個字來。再還有『日落江湖白，潮來天地青』，這『白』『青』兩個字也似無理。想來，必得這兩個字才形容得盡，念在嘴裡倒像有幾千斤重的一個橄欖。還有『渡頭餘落日，墟裡上孤煙』，這『餘』字和『上』字，難為他怎麼想來！我們那年上京來，那日下晚便灣住船，岸上又沒有人，只有幾棵樹，遠遠的幾家人家作晚飯，那個煙竟是碧青，連雲直上。誰知我昨日晚上讀了這兩句，倒像我又到了那個地方去了。」

——（清）曹雪芹《紅樓夢》

我原來一直相信「文無第一，武無第二」的說法。

上大學的時候，在武漢第一次登黃鶴樓，想起李白說的「眼前有景道不得，崔顥題詩在上頭」，心說，這文人眞是會誇張啊，哪至於崔顥的一首詩寫在這裡，你就眞不會寫了？你詩仙李白的能力，不就是可以像驅使奴僕一樣驅使語言嗎？

後來我自己開始寫東西，才漸漸明白了那種感覺。當有人把難以言明的抽象之物，凝聚爲文字的具象表達時，無論是自己還是讀者，都心知肚明他寫到了幾分成色，看到高出一籌的寫法，心裡眞的會有一聲廢然的歎息：「服了！」

有一位做文學評論的老師跟我講過好幾次，關於饑餓時期的人怎麼吃飯，阿城的一段文字已經寫絕了。他說，自己這輩子怕是看不見比這更準確的表達了。

拿到飯後，馬上就開始吃，吃得很快，喉結一縮一縮的，臉上綳滿了筋。常常突然停下來，很小心地將嘴邊或下巴上的飯粒兒和湯水油花兒用整個兒食指抹進嘴裡。若飯粒兒落在衣服上，就馬上一按，拈進嘴裡。若一個沒按住，飯粒兒由衣服上掉下地，他也立刻雙腳不再移動，轉了上身找。這時候他若碰上我的目光，就放慢速度。吃完以後，他把兩隻筷子舔了，拿水把飯盒沖滿，先將上面一層油花吸淨，然後就帶著安全抵岸的神色小口小口地呷。

有一次，他在下棋，左手輕輕地叩茶几。一粒乾縮了的飯粒兒也輕輕跳著。他一下注意到了，就迅速將那個乾飯粒兒放進嘴裡，腮上立刻顯出筋絡。我知道這種乾飯粒兒很容易嵌到槽牙裡，巴在那兒，舌頭是趕它不出的。果然，待了一會兒，他就伸手到嘴裡去摳。終於嚼完，和著一大股口水，「咕」的一聲兒咽下去，喉結慢慢移下來，眼睛裡有了淚花。

他對吃是虔誠的，而且很精細。有時你會可憐那些飯被他吃得一個渣兒都不剩，真有點兒慘無人道。

——阿城《棋王》

文如鄉鄰

我在電視臺工作的時候，隔壁部門有一位老編輯，他能背誦全本的《文心雕龍》。我們一幫年輕人佩服得五體投地，午休的時候經常圍過去，「老師，來一段。」

有一天，他閉目吟誦了一段。

文之思也，其神遠矣。

故寂然凝慮，思接千載；悄焉動容，視通萬里；

吟詠之間，吐納珠玉之聲；眉睫之前，卷舒風雲之色。

登山則情滿於山，觀海則意溢於海，我才之多少，將與風雲而並驅矣。

——（南朝梁）劉勰：《文心雕龍・神思第二十六》

我將永遠記得那天中午聽到這段文字時的感受。那是一個靈魂出竅的時刻。在那一刻之前，書籍和文字要嘛是我消遣的工具，要嘛是我上進的臺階。我躺在它們身上神遊，或者披掛著它們上陣。總之，是身外之物。

在那一刻之後，我有了一個全新的視角：書籍和文字本來就是我的一部分，而我正是仰賴它們從脆弱的軀殼中脫身而出，在更寥廓的世界裡呼吸、聆聽和眺望。

書籍是我們的「增強現實技術」。別人在登山，而我們是「情滿於山」；別人在觀海，而我們是「意溢於海」。看在別人眼裡的荒原，在我們眼裡則是「土地平曠，屋舍儼然，有良田美池桑竹之屬」。

有一個故事是這麼說的——有人問上帝：「假如你碰到兩頭惡魔，其中一頭一箭就可以射死，另一頭則需要兩箭才能射死。它們同時向你撲來，而你只有兩支箭，你怎麼辦？」看起來這是一個無解之局，上帝不管怎麼選，都會面對其中一個麻煩。

上帝說：「那頭兩箭才能射死的，先射它一箭。然後告訴兩頭惡魔，我還有一支箭，誰不聽話，我就招呼誰。這樣，我就有兩個奴隸可以用了。」

面對外來之物，我們的本能是利用或者征服。但還有一種更高明的辦法：馴化它們，和它們共存，讓它們成爲自己的一部分。

無盡的時空自由，就是這麼來的。

F．佩索阿說，他更願意「遊歷第八大洲」，即蝸居斗室裡的個人想像。我沒有他那樣自閉，只是相信空間還有另一種展開方式，相信人們完全可以投入另一種遠行，比方以前面的荒坡一角為目的地，訂一張免費船票或免費機票，於是在手中的石片上俯瞰黃山，在雜草裡發現大興安嶺，在身旁的石凋清潭中觸摸太平洋。

只要人們願意，他們還可以自立憲法，發動革命，在細胞、分子、原子的世界裡任意創建共和國。只要人們願意，他們還可以捏一捏火星，搓一搓金星，摘一顆冥王星放入口袋，在細胞、分子、原子的世界裡舉步跨進另一條銀河——這一切只需要我隨便找個什麼地方蹲下來，坐下來，趴下來，保持足夠的時間，借助凝視再加一點想像，就可以投入另一片燦爛太空。

我終於在一片落葉前流連忘返。

——韓少功《山南水北》

文字和書籍，不管本身是厚是薄，他人是褒是貶，都僅僅是我村莊中的鄰家，彼此雞犬相聞，巷陌可通。

我一生的時間有限，照看不了多大一個村莊。我每天早出晚歸，和每一個遇到的鄉鄰打招呼。有他們在，新人就會絡繹而來。有他們在，我就可以「貧而無諂，富而無驕」。有他們在，我就得保持住起碼的體面。有他們在，我的村莊就不會蕭疏。

我不知道這個村莊，真正多大，我住在它的一個角上。我也不知道這個村裡，到底住著多少人。天麻麻亮人就出村勞動了，人是一個一個走掉的，誰也不知道誰去了哪裡，誰也不清楚誰在為哪件事消磨著一生中的一日。村莊四周是無垠的荒野和地，地和荒野盡頭是另外的村莊和荒野。人的去處大都在人一生裡，人咋走也還沒走出這一輩子。

——劉亮程《一個人的村莊》

據說，有一位投資人想搞鄉村扶貧，但不願意直接給錢。於是，他買了幾十萬株金絲楠木的樹苗，免費送給深山裡的農民，讓他們種在房前屋後、山上路邊。

金絲楠木是中國的原生樹種，也是極珍貴的木材，過去只能用於修建皇家宮殿，所以只砍伐不種植，如今已經非常罕見了。

這位投資人把樹苗送給村民，只附帶了一個條件：五年之內不准賣。這些樹苗雖然生長速度不快，但是只要悉心照料、耐心等待，它們就會長成四十釐米粗的木材。一戶村民在房前屋後種上一百棵，大概價值三十萬元。這就是他家的「綠色銀行」了。

我第一次聽到這個故事的時候，有點震撼。

我們這代人非常熟悉一句話：「唯一不變的就是變化。」但是在這個故事裡，我突然看到了另一種可能性——在這個世界上，有些東西會確定地成長、向好、不退行、不逆轉。

金絲楠木會給深山的農民一筆確定的回報，這是由古老的物種基因來保證的，堅若磐石。任何銀行、任何理財高手、任何資產管理機構都不敢承諾的收益，世界上居然真有。轉念一想，讀書不也是這樣的事嗎？

每一本書，「那是五千年的象形文字，那是未來人們凝視的眼睛」㉘，那是古老的文明基因賜予我們確定的福澤。

從遠古天地的洪流，到未來宇宙的神祕。從熱烈的赤道，到曠寒的極地。從最小的物質單位夸克，到最大的生命個體鯨魚。從人的情感，到神的法則。從零點一秒，到一千零一夜，再到億萬斯年。

每本書都是一道打開的幻門，我們的身體無法棲居其間，但心思暢遊。這才是立即兌現的穿越，我們可以英雄馳騁疆場，可以神仙逍遙江湖，甚至可以體驗花的一生、獸的一生、礦物質的一生。何須羨慕孫悟空七十二變？我們可以七百二十變、七千二百變、七萬二千變……通過閱讀，我們得以進入萬花筒的魔法世界。身體像最緩慢的植物一樣安靜，頭腦像最狂野的動物一樣奔行。

我們就這樣，以文字抵達理想意義的遠方。

——周曉楓《悅讀》，載《散文海外版》二〇二〇年第十一期

農民們春種一粒粟，秋收萬顆子；牧民們蓄養牛羊，逐水草而居；我們工作讀書，敦睦親友。沒有人是孤獨的。

我們都在物種或文明的基因庫藏中穿行，各自生長，彼此滋養，並沐浴在時光的恩寵之中。

書單

你可以在這些書中探索文字世界的準確性：

《風格感覺：二十一世紀寫作指南》

（美）史蒂芬·平克，王爍、王佩譯，機械工業出版社二〇一八年版。

《老舍全集》

老舍，人民文學出版社二〇一三年版。

《「阿城作品典藏」（共四冊）》

阿城，上海三聯書店出版社二〇一九年版。

《幻獸之吻》

周曉楓，中信出版集團二〇二一年版。

《唐詩鑒賞辭典》

上海辭書出版社文學鑒賞辭典編纂中心，上海辭書出版社二〇一三年版。

後記

做爲一名文科生，我偶然知道了一個「理工科」色彩很強的詞：「向量圖」。簡單說，它就是一種構造圖形的方式，由軟體生成，對其任意縮小和放大，清晰度都不會下降。

我很快就對這個詞著了迷，因爲它暗合我對這個世界的理解：無限豐富，且受有限規則的約束。用古人的話說就是：「致廣大而盡精微。」

在構思這本書的時候，我就想讓它盡量符合「向量圖」的精神——即使只看其中任意一章，你也能感受到全書整體的風格。四個部分，構成一個結構完整、邏輯自洽的框架。

二十四篇，既可以縮微成十二篇，未來也可以擴展成四十八篇，乃至更多（二十四，是一個神奇的數字，比如「二十四史」「二十四節氣」「二十四詩品」。所以，本書第一版，就乾脆只有二十四篇，踏準這個古老且美好的節律）。

一本書，也可以擴展成多本書，比如《大學生．閱讀的方法》《教師．閱讀的方法》《家長．閱讀的方法》。

散陳於本書中的那些「小書展」的段落，也暗含了「小舒展」的諧音。它們在本書中起到了藏山納湖、移步換景的作用，未來也可以專門結集，成爲《閱讀的方法》的各種「別冊」。

總之，如果你喜歡這本書，我們將來有很多機會再見。

感謝我的同事白麗麗、馮啓娜、翁慕涵、丁叢叢、張永新、王青青、張慧哲。沒有他們的鼎力幫助，這本書不可能順利完成。

感謝賈行家、宣明棟、李倩、李翔、張宇辰等諸位老師。他們總能在關鍵時刻給我關鍵啓發。

感謝我的搭檔脫不花。我給她的《溝通的方法》寫了序，她又給我這本書寫了序。這不是投桃報李。有些話，確實只有她才能說得透徹。

感謝所有推薦書、借書給我看的人。感謝所有寫書給我看的人。

感謝你。我能想見你捧起書之後好看的樣子。

繁體書目對照表

前言

❶《與成功有約：高效能人士的七個習慣》，史蒂芬・柯維、西恩・柯維著，2020年10月，天下文化出版。

❷《演員自我修養》，史旦尼斯拉夫斯基著，2013年4月，新銳文創出版。

❸《西方美學史》，朱光潛著，2022年1月，五南出版。

❹《藝術的慰藉》，艾倫・狄波頓、約翰・阿姆斯壯著，2014年7月，聯經出版公司出版。

第一章　強勁的大腦

❶《數學通識講義：搞懂人生最強思考工具，升級判斷與解決問題的能力》，吳軍著，2022年6月，日出出版。

❷《尼羅河謀殺案》，阿嘉莎・克莉絲蒂著，2022年6月，遠流出版。

❸《秦謎：秦始皇的秘密》，李開元著，2020年4月，聯經出版公司出版。

❹《克莉絲蒂繁體中文版20週年紀念珍藏1-10》，阿嘉莎・克莉絲蒂著，2022年6月，遠流出版。

❺《猶大之窗》，約翰・狄克森・卡爾著，2008年3月，臉譜出版。

❻《玫瑰的名字：義大利文原版全新翻譯，艾可大師親自註解！【新譯本＋註解本】》，安伯托・艾可著，2014年3月，皇冠出版。

❼《姑獲鳥之夏（經典回歸版）》，京極夏彥著，2021年3月，獨步文化出版。

❽《聰明人的工作哲學：如何握手、如何閉嘴，沒有人會告訴你的關鍵商業技巧》，羅斯．麥卡蒙著，2019年3月，如果出版社出版。

❾《林語堂作品精選4：蘇東坡傳【經典新版】》，林語堂著，2017年10月，風雲時代出版。

❿《品格：履歷表與追悼文的抉擇》，大衛．布魯克斯著，2016年3月，天下文化出版。

⓫《創新者的DNA：5個技巧，簡單學創新（暢銷改版）》，克雷頓．克里斯汀生、傑夫．戴爾、海爾．葛瑞格森著，2017年8月，天下雜誌出版。

⓬《亞馬遜逆向工作法：揭密全球最大電商的經營思維》，柯林．布萊爾、比爾．卡爾著，2021年7月，天下文化出版。

⓭《洞穴奇案的十四種判決》，彼得．薩伯著，2013年9月，商務出版。

⓮《哲學的故事（跨世紀經典，威爾杜蘭暢銷全球鉅作）（二版）》，威爾．杜蘭著，2021年12月，野人出版。

⓯《思考的技術》，大前研一著，2015年6月，商周出版。

⓰《文化研究關鍵詞》，汪民安著，2013年11月，麥田出版。

⓱《宇宙的鐘擺：從天使魔鬼、煉金術走向科學定律，現代世界的誕生》，愛德華．多尼克著，2014年9月，夏日出版。

⓲《到奴役之路（平裝版）》，弗雷德里希．海耶克著，2019年5月，國立臺灣大學出版中心出版。

⓳《君子之道》，余秋雨著，2018年5月，天下文化出版。

⓴《百年孤寂：首度正式授權繁體中文版！出版50週年紀念全新譯本【平裝典藏版】》，加布列．賈西亞．馬奎斯著，2018年2月，皇冠

出版。

㉑《想像的共同體：民族主義的起源與散布（新版）》，班納迪克．安德森著，2010年5月，時報出版。

㉒《菊與刀》，露絲．本尼迪克特著，2008年12月，笛藤出版。

㉓《單向度的人：發達工業社會的意識型態研究》，赫伯特．馬庫色著，2015年3月，麥田出版。

㉔《盲眼鐘錶匠：解讀生命史的奧祕》，理查．道金斯著，2020年12月，天下文化出版。

㉕《小說 言葉之庭》，新海誠著，2015年8月，悅知文化出版。

㉖《資訊：一段歷史、一個理論、一股洪流 (平裝)》，詹姆斯．葛雷易克著，2011年9月，衛城出版。

㉗《狼廳》，希拉蕊．曼特爾著，2018年6月，天下文化出版。

㉘《蘇東坡傳》，林語堂著，2005年7月，遠景出版。

㉙《認得幾個字》，張大春著，2007年10月，印刻出版。

㉚《國史大綱(修訂四版)》，錢穆著，2017年2月，臺灣商務出版。

㉛《樞紐：縱覽歷史3000年，探索當代世界的中國》，施展著，2019年1月，聯經出版公司出版。

㉜《槍炮、病菌與鋼鐵：人類社會的命運．25週年暢銷紀念版》，賈德．戴蒙著，2019年8月，時報出版。

㉝《規模的規律和祕密：老鼠、小鳥、雞、大象，和我們居住的城市，隱藏規模縮放的規律，掌握其中驚奇的祕密，也同時掌握企業和地球的未來》，傑弗里．魏斯特著，2017年11月，大塊文化出版。

㉞《高手思維：《羅輯思維》人氣作家，要新、要硬、要讓你「得到」最有用的知識》，萬維鋼著，2018年7月，遠流出版。

㉟《霍布斯邦的年代四部曲（從法國大革命到冷戰結束，追尋歐洲歷史

的里程碑）》，艾瑞克·霍布斯邦著，2020年9月，麥田出版。

㊱《棉花帝國：資本主義全球化的過去與未來》，斯溫·貝克特著，2017年2月，天下文化出版。

㊲《禪與摩托車維修的藝術（45週年紀念版）》，羅伯·波西格著，2020年5月，天下雜誌出版。

㊳《凱撒時代(盧比孔之前) -羅馬人的故事4》，鹽野七生著，2003年3月，三民出版。

㊴《天龍八部 (全五冊)新修版(四版)》，金庸著，2005年9月，遠流出版。

㊵《松浦彌太郎的100個基本》，松浦彌太郎著，2016年4月，悅知文化出版。

㊶《歷史的溫度（1）：尋找歷史背面的故事、熱血和眞性情》，張瑋著，2019年1月，河景書房出版。

第二章　遙遠的地方

❶《穿越百年中東：中東，爲什麼會變成現在這樣子？資深媒體人冒險深入中東！第一本以華人觀點揭開中東神祕面紗》，郭建龍著，2017年3月，平安文化出版。

❷《文化苦旅》，余秋雨著，1992年11月，爾雅出版。

❸《我在太空的340天》，史考特·凱利著，2019年5月，三采出版。

❹《赫丘力士之柱》，保羅·索魯著，2013年3月，馬可孛羅出版。

❺《旅行的藝術》，艾倫·狄波頓著，2002年11月，先覺出版。

❻《聖經的故事（暢銷百年紀念版）》，房龍著，2017年1月，漫遊者文化出版。

❼《魯迅 雜文全集：《僞自由書》《准風月談》《花邊文學》》，魯迅

著，2022年4月，好優文化出版。

❽《繁華落盡的黃金時代：二十世紀初西方文明盛夏的歷史回憶》，弗洛里安・伊里斯著，2014年1月，商周出版。

❾《巴黎・和會：締造和平還是重啓戰爭？重塑世界新秩序的關鍵180天》，瑪格蕾特・麥克米蘭著，2019年4月，麥田出版。

❿《旁觀者：管理大師杜拉克回憶錄(經典精裝版)》，彼得・杜拉克著，2016年5月，天下文化出版。

⓫《慈禧全傳【平裝新版】(共10冊)》，高陽著，2013年6月，皇冠出版。

⓬《翻轉思維：整合已知，從小細節突破思考框架，深度進化的心智進擊術》，采銅著，2022年2月，高寶出版。

⓭《卡夫卡日記【完整德文直譯・繁體中文首次出版】》，法蘭茲・卡夫卡著，2022年7月，商周出版。

⓮《嘗試集》，胡適著，1986年4月，遠流出版。

⓯《我的前半生》，愛新覺羅・溥儀著，2020年8月，商務出版。

⓰《昨天的雲》，王鼎鈞著，2005年2月，爾雅出版。

⓱《共產黨宣言》，馬克思、恩格斯著，2004年6月，左岸文化出版。

⓲《王鼎鈞回憶錄四部曲》，王鼎鈞著，2021年4月，印刻出版。

⓳《李宗仁回憶錄》，李宗仁、唐德剛著，2018年7月，遠流出版。

⓴《木心1989-1994 文學回憶錄套書(共4冊)》，木心、陳丹青著，2013年10月，印刻出版。

㉑《分成兩半的子爵》，伊塔羅・卡爾維諾著，1998年7月，時報出版。

㉒《義大利童話套書(1-4)》，伊塔羅・卡爾維諾著，2003年5月，時報出版。

㉓《給下一輪太平盛世的備忘錄》，伊塔羅．卡爾維諾著，1996年11月，時報出版。

㉔《百變小紅帽：一則童話的性、道德和演變》，凱薩琳．奧蘭絲妲著，2003年7月，張老師文化出版。

㉕《童年的消逝》，N. Postman著，1994年12月，遠流出版。

㉖《雅舍小品》，梁實秋著，1990年8月，遠東圖書出版。

㉗《薛西弗斯的神話》，卡繆著，2017年8月，大塊文化出版。

㉘《人類大歷史：從野獸到扮演上帝（新版）》，哈拉瑞著，2018年1月，天下文化出版。

㉙《中年的意義：一個生物學家的觀點》，大衛．班布里基著，2016年6月，如果出版。

㉚《凝視死亡：一位外科醫師對衰老與死亡的思索》，葛文德著，2018年8月，天下文化出版。

㉛《楊照選讀：中國傳統經典（第一輯）一套10冊》，楊照著，2015年1月，聯經出版公司出版。

㉜《老子的幫助》，王蒙著，2012年1月，麥田出版。

㉝《推出你的影響力：每個人都可以影響別人、改善決策，做人生的選擇設計師》，理查．塞勒、凱斯．桑思坦著，2014年6月，時報出版。

㉞《跟任何人都可以聊得來3：學會愛的語言、追愛得愛，人見人愛就是你。》，萊拉．朗德絲著，2015年4月，李茲文化出版。

㉟《挺身而進》，雪柔．桑德伯格著，2018年4月，天下雜誌出版。

㊱《了不起的我：0到99歲適用，自我發展的心理學》，陳海賢著，2020年8月，究竟出版。

㊲《解答之書：專屬於你的人生答案（柔紋皮面燙金＋方背穿線精

裝）》，卡羅·波特著，2018年11月，三采出版。

㊳《亂，但是更好：亂中取勝、即興發揮、攻其不備、創造機會》，提姆·哈福特著，2019年7月，天下文化出版。

㊴《溝通的方法》，脫不花著，2021年9月，天下文化出版。

第三章　奇妙的創新

❶《紅與黑》，斯湯達爾著，2020年5月，天蠍座製作出版。

❷《浮士德》，歌德著，2021年8月，商周出版。

❸《野叟曝言(上/中/下)》，夏敬渠著，2005年1月，三民出版。

❹《必然：掌握形塑未來30年的12科技大趨力》，凱文·凱利著，2017年6月，貓頭鷹出版。

❺《理想國》，柏拉圖著，2018年2月，華志文化出版。

❻《純粹理性批判：康德三大批判之一（二版）》，康德著，2020年7月，聯經出版公司出版。

❼《胡適口述自傳(平裝)(2版)》，胡適、唐德剛著，2010年11月，遠流出版。

❽《知人論世：旅美十二家》，李懷宇著，2012年4月，允晨文化出版。

❾《寬容（中文導讀英文版）(電子書)》，亨德里克·威廉·房龍著，2022年5月，清文華泉出版。

❿《人類的故事【名家重譯精裝珍藏版】：房龍傳世經典巨著，掌握領略九千年的全球通史》，亨德里克·威廉·房龍著，2021年8月，漫遊者文化出版。

⓫《蒙田隨筆》，蒙田著，2019年7月，五南出版。

⓬ 《引爆趨勢》，葛拉威爾著，2005年6月，時報出版。

⓭ 《刀爾登讀史 俞：不必讀書目》，刀爾登著，2019年6月，大寫出版。

⓮ 《如何做一個正直的人套書》，楊照著，2010年8月，本事文化出版。

⓯ 《流螢集Fireflies【中英雙語版】：詩哲泰戈爾，亞洲第一位諾貝爾文學獎得主》，泰戈爾著，2017年10月，好讀出版。

⓰ 《查理與我：史坦貝克攜犬橫越美國》，約翰・史坦貝克著，2003年4月，馬可孛羅出版。

⓱ 《萬曆十五年》，黃仁宇著，1985年4月，食貨出版。

⓲ 《乾隆一日》，吳十洲著，2002年10月，遠流出版。

⓳ 《大明王朝1566 (1-4冊) 硬殼典藏版》，劉和平著，2008年8月，人人出版。

⓴ 《戰爭論 卷一 論戰爭的性質、軍事天才、精神要素與軍隊的武德》，克勞塞維茨著，2012年3月，左岸文化出版。

㉑ 《蘇菲的世界（上／下冊）》， 喬斯坦・賈德著，2017年12月，木馬文化出版。

㉒ 《社會性動物》，大衛・布魯克斯著，2017年12月，商周出版。

㉓ 《厭世辭典：愛在酸語蔓延時》，安布羅斯・比爾斯著，2020年4月，遠足文化出版。

㉔ 《現實一種》，余華著，2006年6月，麥田出版。

㉕ 《追憶似水年華（全新校訂書盒典藏版）》，馬塞爾・普魯斯特著，2015年1月，聯經出版公司出版。

㉖ 《魔山》，湯瑪斯・曼著，2017年6月，桂冠出版。

㉗ 《城堡》，卡夫卡著，1900年1月，桂冠出版。

㉘《尤利西斯（上）（增訂新版）》，詹姆斯．喬伊斯著，2016年6月，九歌出版。

㉙《聲音與憤怒》，福克納著，2000年6月，桂冠出版。

㉚《夜晚的潛水艇》，陳春成著，2021年10月，麥田出版。

㉛《夜譚十記：《讓子彈飛》電影原著》，馬識途著，2011年3月，推守文化出版。

㉜《銀河英雄傳說》，田中芳樹、藤崎　著，2017年12月，青文出版。

㉝《華人第一人雨果獎得主：《三體》系列套書》，劉慈欣著，2016年1月，貓頭鷹出版。

㉞《流浪地球 (電子書)》，劉慈欣著，2019年3月，崧博出版。

㉟《超新星紀元 (電子書)》，劉慈欣著，2019年2月，崧博出版。

㊱《呼吸：姜熒楠第二本小說集》，姜熒楠著，2020年2月，鸚鵡螺文化出版。

㊲《蒼蠅王【十週年紀念版】》，威廉．高汀著，2021年7月，高寶出版。

㊳《清單革命：不犯錯的祕密武器》，葛文德著，2018年9月，天下文化出版。

㊴《像火箭科學家一樣思考：9大策略，翻轉你的事業與人生》，歐贊．瓦羅著，2020年11月，究竟出版。

㊵《人類群星閃耀時：14個容易被人忽略卻又意義深遠的「星光時刻」（德文原典直譯本）》，史蒂芬．褚威格著，2021年3月，方舟文化出版。

㊶《江村經濟 (電子書)》，費孝通著，2020年4月，如是文化出版。

㊷《螺絲愈來愈鬆：從政客、名流和小人物，記錄當代美國走向內在瓦解與重建的心靈史》，喬治．派克著，2022年1月，黑體文化出版。

第四章　極致的體驗

❶ 《魯迅 雜文全集：《華蓋集》《華蓋集續編》《而已集》》，魯迅著，2022年1月，好優文化出版。

❷ 《小王子》，聖修伯里著，2010年1月，木馬文化出版。

❸ 《羊道：春牧場（2021全新修訂版）》，李娟著，2021年7月，東美出版事業有限公司出版。

❹ 《關於跑步，我說的其實是……》，村上春樹著，2008年11月，時報出版。

❺ 《心流：高手都在研究的最優體驗心理學（繁體中文唯一全譯本）》，米哈里．契克森米哈伊著，2019年3月，行路出版。

❻ 《酸甜苦辣鹹(新版)》，唐魯孫著，2020年1月，大地出版社出版。

❼ 《人口論》， 托馬斯．羅伯特．馬爾薩斯著，2019年9月，五南出版。

❽ 《不去會死！（二版）》，石田裕輔著，2021年12月，大家出版。

❾ 《競選州長：馬克吐溫中短篇小說選》，馬克．吐溫著，2013年1月，海鴿出版。

❿ 《馬克·吐溫短篇小說精選（中文導讀英文版）(電子書)》，馬克．吐溫著，2022年5月，清文華泉出版。

⓫ 《圍城》，錢鍾書著，2007年2月，大地出版社出版。

⓬ 《瓊美卡隨想錄（散文）》，木心著，2012年6月，印刻出版。

⓭ 《我是貓》，夏目漱石著，2017年12月，好讀出版。

⓮ 《威尼斯商人》，莎士比亞著，2006年9月，聯經出版公司出版。

⓯ 《夜鶯與玫瑰：王爾德童話與短篇小說全集（精裝版）》，奧斯卡．王爾德著，2019年10月，時報出版。

⓰《夜鶯與玫瑰：王爾德童話與短篇小說全集（精裝版）》，奧斯卡．王爾德著，2019年10月，時報出版。

⓱《人類大命運：從智人到神人》，哈拉瑞著，2017年1月，天下文化出版。

⓲《大明王朝的七張面孔》，張宏杰著，2006年11月，聯經出版公司出版。

⓳《向生命說Yes：弗蘭克從集中營歷劫到意義治療的誕生（德文原典直譯＋英文版重要內容，最完整中譯本）》，維克多．弗蘭克著，2022年1月，啓示出版。

⓴《滅頂與生還》，普利摩．李維著，2020年12月，時報出版。

㉑《千年一嘆》，余秋雨著，2011年1月，時報出版。

㉒《世界，沒你想的那麼糟：達爾文也喊Yes的樂觀演化》，麥特．瑞德里著，2012年2月，聯經出版公司出版。

㉓《革命的年代》，艾瑞克．霍布斯邦著，1997年7月，麥田出版。

㉔《死屋手記》，杜斯妥也夫斯基著，2013年5月，遠景出版。

㉕《史托納》，約翰．威廉斯著，2014年11月，啓明出版。

㉖《10倍速時代（新版）暢銷全球20年・全新增訂版：唯偏執狂得以倖存 英特爾傳奇CEO 安迪．葛洛夫的經營哲學(二版)》，安迪．葛洛夫著，2017年7月，大塊文化出版。

㉗《先求穩，再求奇：曾國藩的內功與外功》，張宏杰著，2018年12月，楓樹林出版社出版。

參考資料

前言

① 萬方編劇、賴聲川導演：《冬之旅》。

② McLuhan, Marshall, The Gutenberg Galaxy: The Making of Typographic Man , University of Toronto Press, 1962.

③ 夏征農、陳至立主編：《大辭海·教育卷》，上海辭書出版社2015年版。

第一章　強勁的大腦

① 吳軍：《吳軍數學通識講義》，新星出版社2021年版。

② 潘文捷：《呼延雲對話陸燁華：愛葛莎·克利斯蒂何以風靡一百年？》，https:// www.jiemian.com/article/4837500.html，2022年1月1日訪問。

③ 吳軍：《數學思維：數學家如何從邏輯出發想問題？》，參見得到App課程《吳軍·數學通識50講》。

④ 郭豫適：《半磚園齋論紅學索隱派》，復旦大學出版社2016年版。

⑤ （英）朱利安·巴恩斯：《終結的感覺》，郭國良譯，譯林出版社2021年版。

⑥ （明）吳承恩：《西遊記》，華文出版社2018年版。

⑦ 參見（義）翁貝托·埃科：《帕佩撒旦阿萊佩》，李婧敬、陳英譯，上海譯文出版社2018年版。

⑧ 朱碧蓮、沈海波譯注：《世說新語》，中華書局2011年版。

⑨ （清）曾國藩：《曾國藩全集》（全 12 冊），中華書局2018年版。

⑩ 小叮噹仙子（又名叮噹小仙女）是迪士尼著名的卡通人物。

⑪ 轉引自（美）大衛・布拉特納：《宇宙的尺度》，陽曦譯，北京聯合出版公司2017年版。

⑫ （英）以賽亞・伯林：《俄國思想家》，彭淮棟譯，譯林出版社2011年版。

⑬ 爲便於理解，這裡用蘋果與生薑，分別指代德勒茲在書中提到的簇根（fascicular root）和塊莖（rhizome）。詳見：（法）德勒茲、（法）加塔利：《資本主義與精神分裂（卷二）：千高原》，薑宇輝譯，上海書店出版社2010年版。

⑭ （宋）岳珂：《桯史》，中華書局1981年版。

⑮ 趙建永：《錢穆〈國史大綱〉寫作前後的學術交往》，載《中國社會科學報》2015年12月17日第868期。

⑯ 斯蒂芬・茨威格：《斷頭王后——瑪麗・安托瓦內特傳》，張玉書譯，人民文學出版社2017年版。

⑰ 朱君侃：《江蘇歷代文化名人傳・徐霞客》，江蘇人民出版社2021年版。

⑱ 轉引自唐曉峰：《新訂人文地理隨筆》，生活・讀書・新知三聯書店2018年版。

第二章　遙遠的地方

① 海蘭生涯：《那些間隔年後回來的人都怎麼樣了？》，https://www.jianshu.com/ p/0bdba82d45f9，2022年1月2日訪問。

② 吳鉤：《原來宋朝這麼有趣》，廣西師範大學出版社2021年版。

③ Nicholas Kristof：China，the World ’ s Capital，https://www.nytimes.com/2005/05/22/ opinion/china-the-worlds-capital.html，2022年1月2日訪問。

④ 他被土耳其人稱爲阿塔圖克，也就是「土耳其國父」的意思。

⑤ 轉引自余秋雨：《文化苦旅》，長江文藝出版社2019年版。

⑥ 與狼爲伍的羊：《航太的風險》，https://www.jianshu.com/p/635929028d51，2021年1月2日訪問。

⑦ 參見鄭天挺、譚其驤主編：《中國歷史大辭典》，上海辭書出版社2007年版。

⑧ （宋）朱熹：《四書章句集注》，中華書局2012年版。

⑨ （德）馬克思、（德）恩格斯：《馬克思恩格斯全集》，人民出版社2016年版。

⑩ 課程教材研究所中學語文課程教材研究開發中心編：《義務教育課程標準實驗教科書·語文：八年級下冊》，人民教育出版社2008年版。

⑪ 轉引自王水照：《北宋三大文人集團》，上海古籍出版社2021年版。

⑫ 長江古今譚：《北宋歐陽修、司馬光、王安石、蘇軾四位大師的恩怨情仇》，https://mp.weixin.qq.com/s/77ljb8s9nofBnVEtb47yYQ，2021年11月1日訪問。

⑬ 北宋元祐年間，朝臣形成蜀、洛、朔三黨。蜀黨之首是蘇軾，洛黨黨魁爲程頤，朔黨領袖則是劉摯。三大黨派所持政治意見不同，「既交惡，其黨迭相攻」，史稱「蜀洛朔黨爭」。

⑭ 轉引自梁啓超：《悲情宰相：李鴻章傳》，新星出版社2016年版。

⑮ 胡適：《胡適家書》，金城出版社2013年版。

⑯ 轉引自（清）蘅塘退士編選：《唐詩三百首》，上海古籍出版社2018年版。

⑰ 聞一多撰：《唐詩雜論》，上海古籍出版社2019年版。

⑱ 周汝昌選注：《楊萬里選集》，上海古籍出版社2012年版。

⑲ 錢鍾書：《談藝錄》，生活·讀書·新知三聯書店2019年版。

⑳ 陳村：《卡爾維諾的小說》，http://www.ruanyifeng.com/calvino/2007/10/calvinos_ stories.html，2021年10月1日訪問。

㉑ （漢）班固：《漢書》，中華書局2007年版。

㉒ 轉引自（宋）李公煥箋：《箋注陶淵明集》卷五，冊三。

㉓ （漢）司馬遷：《史記：孔子世家》。

㉔ （明）王陽明：《傳習錄》，江蘇鳳凰文藝出版社2015年版。

㉕ 特魯多醫生（Edward Trudeau）的墓誌銘（To cure sometimes, to relieve often, to comfort always）。

第三章　奇妙的創新

① 梁啓超：《國學入門書要目及其讀法 要籍解題及其讀法》，中州古籍出版社 2016年版。

② 唐德剛：《李宗仁回憶錄》，廣西師範大學出版社2016年版。

③ 何帆：《何帆讀書法|第三招：順藤摸瓜》，參見得到App課程《何帆大局觀》。

④ Z-Jian：《與余華對話（三）——灼見獨家》，https://zhuanlan.zhihu.com/p/48639514，2021年10月9日訪問。

⑤ 轉引自王爍：《在耶魯精進》，民主與建設出版社2018年版。

⑥ （清）趙翼：《廿二史箚記》，曹元甫注解，鳳凰出版社2008年版。

⑦ 徐玲：《爲什麼說奧運會是一次「策展」？》，參見得到App專欄《得到頭條》。

⑧ （印）泰戈爾：《流螢集》，王欽剛譯，四川文藝出版社2019年版。

⑨ （唐）房玄齡等：《晉書》卷六十，中華書局1974年版。

⑩ 馬伯庸：《文化不苦旅》，四川人民出版社2015年版。

⑪ 《趣味生活簡史》（第 2 版）內容簡介，https://baike.baidu.com/item/趣味生活簡史（第 2 版）／50914465，2022年1月20日訪問。

⑫ 同上。

⑬ 鮑鵬山：《鮑鵬山說孔子》，浙江古籍出版社2012年版。

⑭ 萬維鋼：《特別放送：2018 最值得一讀的 8 本好書》，參見得到App專欄《萬維鋼·精英日課 3》。

⑮ 余華：《溫暖和百感交集的旅程》，作家出版社2012年版。

⑯ 賈行家：《妖魔鬼怪的週一：〈山海經〉裡有哪些密碼》，參見得到App課程《賈行家·文化參考》。

⑰ （漢）劉歆：《上〈山海經〉表》。轉引自葉舒憲、蕭兵：《山海經的文化尋蹤》，湖北人民出版社2004年版。

⑱ 賈行家：《妖魔鬼怪的週一：〈山海經〉裡有哪些密碼》，參見得到App課程《賈行家·文化參考》。

⑲ 同上。

⑳ （英）毛姆：《小說要有故事》，劉文榮譯，人民文學出版社2022年版。

㉑ 荊晶：《英國人愛「裝」有文化》，http://ne ws.sina.com.cn/w/2012-05- 11/070024400101.shtml，2022年2月3日訪問。

㉒ 劉慈欣：《流浪地球》，長江文藝出版社2017年版。

㉓ 劉慈欣：《用科幻的眼睛看世界》，https://open.163.com/newview/movie/free?pid=A FTNBBHIO&mid=TFTNBIMQC，2022年1月25日訪問。

㉔ 張笑宇：《技術與文明》，廣西師範大學出版社 2021 年版。

㉕ 劉瑜：《觀念的水位》，江蘇文藝出版社2012年版。

㉖ 馮學榮：《不忍面對的眞相：近代史的 30 個疑問》，九州出版社2015年版。

㉗（美）阿圖·葛文德：《清單革命》，王佳藝譯，浙江人民出版社2012年版。

㉘ 同上。

㉙ 劉晗：《人類法律史 一部甩鍋史 》，https://z t.igetget.com/visual/gOMZzqR7D9fWLXX8 wljw.html#/，2021 年 9 月 1 日訪問。

㉚ 同上。

㉛ 同上。

㉜ 同上。

㉝ 王瀟：《五種時間：重建人生秩序》，中信出版集團2020年版。

㉞（奧）斯蒂芬·茨威格：《人類群星閃耀時》（增補本），高中甫、潘子立譯，譯林出版社2017年版。

㉟ 同上。

㊱（美）菲茨傑拉德：《了不起的蓋茨比》，巫寧坤等譯，上海譯文出版社2018年版。

㊲（美）喬恩·威特：《社會學的邀請》，北京大學出版社2014年版。

第四章　極致的體驗

① （美）喬納森·海特：《象與騎象人》，李靜瑤譯，浙江人民出版社2012年版。

② 賈行家：《汪曾祺：海內文章誰是我，順水來的隨水去》，參見得到

App課程《賈行家·文化參考 2》。

③ 同上。

④ 同上。

⑤ Frank A. Brown, Jr.(1954), Persistent Activity Rhythms in the Oyster. In Michael Caplan (Ed.), The American Journal of Physiology (pp.510-514).

⑥ （美）米哈里·契克森米哈賴：《心流》，張定綺譯，中信出版集團2017年版。

⑦ 同上。

⑧ 賈行家：《〈錦灰堆：王世襄自選集〉丨賈行家〈解讀〉》，參見得到App聽書欄目。

⑨ 同上。

⑩ 毛澤東：《七律·和郭沫若同志》。

⑪ （美）馬克·吐溫：《馬克·吐溫短篇小說選》，董衡巽等譯，外語教學與研究出版社2013年版。

⑫ 虞雲國：《從中州到錢塘：虞雲國說宋朝》，中華書局2021年版。

⑬ 《劉慈欣 裝在格子襯衫裡的人》，載《人物》2015年第10期。

⑭ 《鄖陽志·祠記》，轉引自馮廣宏：《張獻忠多面性人格》，載《文史雜誌》2010年第2期。

⑮ （美）維克多·弗蘭克爾：《活出生命的意義》，呂娜譯，華夏出版社2014年版。

⑯ （義）普里莫·萊維：《被淹沒與被拯救的》，楊晨光譯，中信出版集團2018年版。

⑰ 張立憲：《讀庫十八條》，https://d.dedao.cn/DwI7K0TVhL3diIs8，2021年10月20日訪問。

⑱ 關於猶太人大屠殺紀念館的內容，參見江山：《每個名字都是一段歷史》，載《中國青年報》2017年10月18日09版。

⑲ 吳方：《迴響的世紀風鈴》，生活·讀書·新知三聯書店2018年版。

⑳ 谷舟主編：《文明之光：中國印刷史話》，九州出版社2018年版。

㉑ 商務印書館：出版社簡介，https://www.youfabiao.com/swysg/，2021年12月10日訪問。

㉒ 肖石忠主編：《二戰風雲人物》，華夏出版社2014年版。

㉓ 余秋雨：《君子之道》，北京聯合出版公司2016年版。

㉔ 王國維：《人間詞話》，上海古籍出版社2019年版。

㉕ 王維：《輞川集並序》，轉引自張煒：《唐代五詩人》，人民文學出版社2022年版。

㉖ 無名氏：《蘇小小歌》，轉引自《漢魏六朝詩鑒賞辭典》，上海辭書出版社2016年版。

㉗ Carver, Raymond, Conversations with Raymond Carver , University Press of Mississippi, 1990.

㉘ 北島：《回答》，轉引自《朦朧詩選》（新編），春風文藝出版社2020年版。

Eurasian Publishing Group 圓神出版事業機構 圓神出版社 Eurasian Press

www.booklife.com.tw　reader@mail.eurasian.com.tw

天際系列 002

閱讀的方法：找到文明世界中，本該如此的我

作　　者／羅振宇
發 行 人／簡志忠
出 版 者／圓神出版社有限公司
地　　址／臺北市南京東路四段50號6樓之1
電　　話／（02）2579-6600．2579-8800．2570-3939
傳　　真／（02）2579-0338．2577-3220．2570-3636
總 編 輯／陳秋月
主　　編／賴真真
責任編輯／歐玟秀
校　　對／歐玟秀．林振宏
美術編輯／林韋伶
行銷企畫／陳禹伶．林雅雯
印務統籌／劉鳳剛．高榮祥
監　　印／高榮祥
排　　版／杜易蓉
經 銷 商／叩應股份有限公司
郵撥帳號／18707239
法律顧問／圓神出版事業機構法律顧問　蕭雄淋律師
印　　刷／祥峰印刷廠
2022年9月　初版

定價 410 元　ISBN 978-986-133-840-8　

書籍世界其實不是什麼莊嚴的藏寶聖山，而是一處繁華的鬧市。個個店鋪的主人都在挖空心思吸引我們進去、逗留、成交，所以，我們讀者在這鬧市上走來走去，那怕目光游移、心不在焉也無妨。

——《閱讀的方法 ：找到文明世界中，本該如此的我》

國家圖書館出版品預行編目資料

閱讀的方法：找到文明世界中，本該如此的我／
羅振宇 著. — 初版. — 臺北市：
圓神出版社有限公司，2022.9
416面；14.8×20.8公分（天際系列；2）

ISBN 978-986-133-840-8（平裝）

1.CST：讀書法　2.CST：成功法

019　　111011074